不良资产
处置与催收法律实务

莫非 ◎ 编著

中国法制出版社
CHINA LEGAL PUBLISHING HOUSE

编委会成员

编　著：莫　非
其他成员：肖丽红　杨兆鹏　王　侃　张　阳　彭家仪

序言

如何处置不良贷款及不良资产是业内最为基础的问题，也是非常重要的问题。

笔者结合工作中的实操案例撰写此书，以期能给读者带来启发和帮助。

从内容来看，本书在实操案例的基础上围绕不良贷款、债务的催收和处置模式展开，对处置模式以及存在的难点和热点问题进行剖析，以期读者可以在实践和理论两个层面均有收获。

从章节来看，本书第一章至第三章主要讲述如何快速、批量地处置不良贷款。其中，第一章介绍债权转让的模式。该模式在不良资产处置中最为常见。第二章介绍收益权转让。收益权转让是债权转让的一种特殊模式。狭义上的收益权转让，一般是银行持不良资产对应的本金、利息和其他约定款项的权利作为转让标的，经银行业信贷资产登记流转中心（以下简称银登中心）备案登记后，通过资金信托计划转让给受让方的一种不良资产处置模式。第三章重点讨论不良资产批量处置的证券化方案。在该章节中，我们通过不良资产证券化的案例，详细讨论不良资产证券化的底层资产类型、交易结构、难点、解决办法、法律尽职调查及评级关注要点等。

从第四章至第十二章，这九个章节重点关注不良贷款和债务的司法催收方式。第四章通过对比研究的方式讨论在债务有抵押物或强制执行公证时的处置方式，即可通过最直接的方式实现担保物权，强制执行债权文书直接参与债务执行和司法推拍。

第五章介绍如何通过诉讼/仲裁方式追回债权。这里涉及债权转让情形下，诉讼主体如何变更？债务人破产情形下，申报债权还是起诉保证人？混合担保情形下，担保人之间能否互相追偿？我们也将引入案例，以达到让读者有更深入了解的效果。

第六章我们将目光聚焦于实践中广泛存在的担保债务催讨问题，即通过执行推拍担保物实现债权。在本章节中，我们除了介绍司法拍卖的流程，还就司法拍卖项目核心风险及尽调重点进行了概括。此外，我们还对司法拍卖中的一些难点问题进行分析和阐述，包括唯一住房是否可以拍卖？在建工程抵押与拍卖中的法律问题、一物数押情况下的抵押权实现问题、担保债权的范围，以及流拍后如何以物抵债的问题等。

从第七章开始，我们将介绍其他相对"非常规"的司法处置途径，比如如何行使撤销权来增加债务人的收入？如何通过代位权的行使来保障债权人利益？如果被执行人没有财产的，我们该怎么办？是否追加其他受偿主体？哪些主体可以被追加为被执行人？如何追究债务人股东的责任？被执行人及其法定代表人纳入失信被执行人名单有哪些方式？……

如果上述处置模式都不见效，第十三章我们介绍债转股及其常见模式，该处置方式无论在破产重整司法程序中还是企业自行重组中都有不错的效果。

本书的最后一个部分，即从第十四章至第十八章，我们将介绍债务人陷入困境后，甚至进入破产程序后，不良资产和债务催收如何处理。第十四章聚焦债务重组，即在企业流动性出现问题但还未破产时，如何进行债务重组，最终形成债务人起死回生、债权人收回债务皆大欢喜的局面。第十五章我们重点关注目前司法实践中的热门处置方式——破产预重整，该章节从预重整制度的介绍、制度建设现状、实操现状以及与债务重组的区别等，深入浅出地为读者进行剖析。第十六章是本书的一大亮点，本章详细介绍破产重整和破产和解。本章从投资人的角度介绍破产重整中常见的模式，以及参与重整程序时面临的一些疑难问题，比如共益债融资问题、房地产企业破产重整中的商品房消费者优先权问题、建设工程价款优先受偿权问题、职工债权问题等。

当然，如果债务人资不抵债，破产重整也可转为破产清算。本书第十七章将介绍破产清算情形的处置问题。

最后，我们注意到在最近一两年里，中资企业海外债违约也越来越引发关注，因此我们在本书第十八章将为读者介绍有关中资企业海外债违约后，债券持有人如何通过"维好协议"救济的问题。

总之，我们始终认为，无论是不良资产处置领域的从业者，还是对于债务的催讨者，如通读本书后，在债务催讨中找到指引，有所收获，甚至有所启发，那么将是我们最大的荣幸和欣慰。最后，也希望并期待各位读者与我们交流想法、向我们提出宝贵的建议！

莫非

2023年6月

目录

第一章 债权转让

一、债权转让快速入门 / 002

二、实战案例：国内AMC向国际性金融服务公司涉外债权转让 / 007

三、转让不良债权实务中的七大注意点 / 011

（一）债权转让后是否需要办理抵押权变更登记？/ 011

（二）债务重组时，是否需要办理抵押权变更登记？/ 013

（三）AMC是否需要通过公开方式向第三方转让不良债权？/ 014

（四）受让人合法取得不良资产债权后，通过登报等方式通知债务人是否有效？/ 014

（五）受让人是否依旧可享有利息求偿权？/ 015

（六）《债权转让合同》签署的主体并非原债权人，是否会影响债权转让合同效力？/ 016

（七）《债权转让合同》签署后，未通知债务人，是否会影响转让合同效力？/ 016

第二章 收益权转让

一、收益权转让快速入门 / 020

二、实战案例：不良资产收益权转让信托计划 / 021

三、不良资产收益权转让的流程 / 021

四、不良资产收益权转让业务中的5个实操要点 / 023

第三章　不良资产证券化

一、不良资产证券化快速入门 / 026

二、实战案例：首批城商行不良资产证券化 / 031

三、不良资产证券化底层资产有哪些？ / 034

四、不良资产证券化的交易结构及其设置目的 / 041

五、不良资产证券化的难点和解决办法 / 046

六、不良资产证券化的法律尽职调查 / 049

七、不良资产证券化评级关注要点 / 052

第四章　实现担保物权程序和公证债权文书强制执行制度

一、实现担保物权程序快速入门 / 058

二、公证债权文书强制执行快速入门 / 061

三、实现担保物权程序、公证债权文书强制执行在实践中的利弊 / 062

四、结论 / 063

第五章　通过诉讼/仲裁方式追回债权

一、诉讼/仲裁快速入门 / 066

二、实战案例：承包人不再隐忍，通过诉讼要回款项 / 066

三、债权转让后，诉讼主体是否可以变更？ / 068

四、债务人破产，申报债权还是起诉保证人？ / 072

五、混合担保中，担保人之间能否互相追偿？ / 075

第六章　执行推拍，实现担保

一、司法拍卖快速入门 / 080

二、司法拍卖的常规流程 / 081

三、迟延履行期间的加倍债务利息，是否在抵押担保优先受偿的范

围内？/ 083

　四、司法拍卖项目的十大核心风险 / 088

　五、在一物数押的情况下，抵押权如何实现？/ 093

　六、担保债权的范围是以合同约定为准，还是以登记为准？/ 097

　七、被执行人的"唯一住房"能拍卖吗？/ 099

　八、在建工程抵押实务问题 / 102

　　（一）为什么要进行在建工程抵押，是否有法律依据？/ 102

　　（二）什么样的物业可以做在建工程抵押？/ 103

　　（三）在建工程抵押中，抵押物范围是抵押权设立时已完工的部分还是抵押权实现时已完工的部分？/ 104

　　（四）非金融机构是否可以作为在建工程的抵押权人？/ 105

　　（五）在建工程抵押是办理抵押设立登记还是预告登记？/ 107

　　（六）房屋竣工后，未及时办理在建工程抵押转现房抵押登记，原在建工程抵押登记是否会失效？/ 109

　九、执行流拍后的"以物抵债" / 110

第七章　行使撤销权

　一、撤销权快速入门 / 116

　二、实战案例：只付20万元定金转让42套房，结果被债权人撤销 / 117

　三、撤销权适用的实际情形 / 118

第八章　行使代位权

　一、代位权快速入门 / 126

　二、实战案例：8年不追债，被债权人行使代位权 / 126

　三、《民法典》后，代位权实务行使中的四大变化 / 127

第九章　追加被执行人

　一、追加被执行人快速入门 / 132

　二、实战案例：股东不实缴，一样被追缴 / 132

三、实务中追加被执行人的7种情况 / 133

第十章　追究债务人股东的责任

一、"刺破公司面纱"快速入门 / 140

二、实战案例：母公司与子公司人格混同，母公司也脱不了干系 / 141

三、"刺破公司面纱"的核心：如何证明公司财产与股东财产混同？ / 142

第十一章　强制清算诉股东

一、强清追股东快速入门 / 146

二、实战案例：清算公司账册丢失，债权人另案追股东 / 150

三、强制清算案件如何终结？ / 150

四、强制清算程序中的衍生程序及股东究竟有哪些责任？ / 151

第十二章　纳入失信被执行人名单，限制高消费

一、失信被执行人快速入门 / 158

二、实战案例："老赖"被纳入失信名单，主动还钱 / 159

三、什么情况下会进入人民法院的失信黑名单？ / 160

四、"老赖"的哪些利益会受到直接影响？ / 162

第十三章　债转股

一、债转股快速入门 / 168

二、实战案例：甲钢集团、乙钢集团的债转股 / 169

三、债转股常见的四大模式 / 171

四、债转股退出时应注意的3个事项 / 174

第十四章　债务重组

一、债务重组快速入门 / 176

二、实战案例：甲房地产企业千亿元债务重组案 / 177

三、困境房企债务重组的常见模式与法律问题 / 179

（一）融资+小股操盘代建 / 179

　　（二）引入合作开发方 / 180

　　（三）出售项目公司资产或股权，带走或清偿债务 / 181

　　（四）债务协商展期、借新还旧或者清偿 / 183

　　（五）引入纾困基金或AMC进行债务重组 / 183

　　（六）信托受益权的使用 / 185

四、资产管理公司（AMC）与房地产开发企业三大常见合作模式 / 186

五、困境企业债务重组中的集中管辖及债权人如何规避？ / 188

第十五章　破产预重整

一、破产预重整快速入门 / 192

二、实战案例：上海典型破产预重整案例分析 / 196

三、破产预重整的核心作用 / 197

四、破产预重整实践操作中的常见问题 / 199

第十六章　破产重整和破产和解

一、破产重整和破产和解快速入门 / 204

二、实战案例：首例特大钢铁企业重整案——某钢厂"破茧重生" / 206

三、破产重整的六大模式 / 209

四、共益债融资及其实务问题 / 213

五、房企破产中，商品房购房者优先权的有关实务问题 / 219

六、破产案件中建设工程价款优先受偿权实务问题 / 223

　　（一）建设工程价款优先受偿权的性质和实现顺位 / 224

　　（二）勘察、设计、监理方是否享有建设工程价款优先受偿权？ / 226

　　（三）装饰装修工程中的承包人是否享有建设工程价款优先受偿权？ / 227

　　（四）实际施工人是否享有建设工程价款优先受偿权？ / 228

　　（五）建设工程价款债权转让后，受让人是否享有建设工程价款优先受偿权？ / 229

（六）发包人与承包人约定事先放弃建设工程价款优先受偿权的效力 / 229

（七）建设工程价款优先受偿权行使的必要条件是什么？ / 230

（八）建设工程价款优先受偿权是否及于承包人的垫资款及其利息？ / 231

（九）建设工程价款优先受偿权是否及于发包人预扣质保金？ / 231

（十）建设工程优先受偿权的期限 / 232

（十一）工程价款优先受偿权能否及于建设用地使用权？ / 234

七、破产程序中职工债权的四大实务问题 / 235

第十七章　破产清算

一、破产清算快速入门 / 242

二、实战案例：债务人通过申请破产清算获得100%受偿 / 244

三、破产清算中的实务问题 / 246

第十八章　境外债券之"维好协议"如何成为救济手段

一、"维好协议"产生的背景 / 250

二、"维好协议"的法律效力分析 / 252

三、从两个不同案例看"维好协议"的维权效果 / 253

四、境外债券处置建议 / 255

CHAPTER 1

第一章

债权转让

一、债权转让快速入门

无论是金融机构还是非金融机构的不良债务催收，债权人通过债权转让来变现，都是高效的处置方式。

根据《民法典》第545条规定，债权人可以将债权的全部或者部分转让给第三人，但有法定情况的除外。第546条规定，债权人转让债权，未通知债务人的，该转让对债务人不发生效力。债权转让的通知不得撤销，但是经受让人同意的除外。第547条进一步规定债权人转让债权的，受让人取得与债权有关的从权利，但是该从权利专属于债权人自身的除外。受让人取得从权利不因该从权利未办理转移登记手续或者未转移占有而受到影响。

1. 债权转让的客体

不良资产大致上可分为金融机构不良资产和非金融机构不良资产。

金融机构不良资产是指银行业金融机构和金融资产管理公司经营中形成、通过购买或其他方式取得的不良信贷资产和非信贷资产，如不良债权、股权和实物类资产等[①]。在金融机构不良资产中，占比最大的是不良贷款。根据2001年中国人民银行出台的《贷款风险分类指导原则》（银发〔2001〕416号）[②]，贷款分为正常、关注、次级、可疑和损失五类，后三类即为不良贷款。

而非金融机构不良资产是指非金融机构所有，但不能为其带来经济利益，或带来的经济利益低于账面价值，已经发生价值贬损的资产（包括债

---

① 《不良金融资产处置尽职指引》（银监发〔2005〕72号）第3条第1款的规定。
② 该文件已失效，现参见原中国银监会《贷款风险分类指引》（银监发〔2007〕54号）。

权类不良资产、股权类不良资产、实物类不良资产），以及各类金融机构作为中间人受托管理其他法人或自然人财产形成的不良资产等其他经监管部门认可的不良资产[①]。非金融机构不良资产认定较为复杂。对此，《金融资产管理公司开展非金融机构不良资产业务管理办法》特别强调，非金融机构不良资产符合"真实""有效""洁净"三个原则。如果无法达到该标准，那么以化解不良资产名义实质进行融资的资产转让将会认定为无效。[②]

实践中的不良资产，以金融机构的不良贷款为主。非金融机构的债权也可以使用类似的机制进行转让。

2.收购不良资产的相关主体

不良资产收购的主体方一般称为金融资产管理公司（Asset Management Corporatiom，AMC），目前国内AMC行业呈现"5+2+AIC+N"的多元化模式。

1997—1998年亚洲金融危机爆发之际，中国的银行信贷资产出现危机，于是，为化解金融风险，1998年，国务院筹划设立不良资产专业处置机构。同年4月，信达资产在北京挂牌成立，成为国内首家AMC，承接建设银行3730亿元不良信贷资产。紧接着华融资产、长城资产和东方资产也在同年10月相继成立，并分别承接工行、农行和中行4007亿元、3458亿元和2674亿元的不良信贷资产，四家AMC合计接收了约1.5万亿元的不良贷款。[③]在此后长达20年的时间里，一直维持着四大全国性AMC的格局。2020年3月16日，原银保监会[④]批复，同意建投中信资产管理有限责任公司转型为金融资产管

[①]《金融资产管理公司开展非金融机构不良资产业务管理办法》（财金〔2015〕56号）第4条规定。

[②] 2021年1月5日，华融虚假收购不良债权案〔中国华融资产管理股份有限公司云南省分公司、昆明呈钢工贸有限责任公司借款合同纠纷二审民事判决（2020）最高法民终537号〕中，最高人民法院最终认定：虚伪的意思表示无效，应当按照隐藏的民事法律行为处理。原审法院认定债权转让协议系虚伪意思表示无效，并无不当。

[③] 涛动宏观："起底四大AMC"，https://new.qq.com/rain/a/20220219A03NMM00，最后访问时间2023年3月23日。

[④] 2023年3月，机构改革新组建国家金融监督管理总局，中国银行保险监督管理委员会（银保监会）不再保留。

理公司并更名为中国银河资产管理有限责任公司。

"5"代表以下5家全国性AMC,包括信达资产管理公司、东方资产管理公司、长城资产管理公司、华融资产管理公司四大资产管理公司以及后来成立的银河资产管理公司。

"2"是指根据原银保监会规定,每个省最多可设置2家地方性AMC。截至2022年3月,全国地方性AMC共59家。

此外,"AIC"(Financial Asset Investment Company)是指国有五大行中国银行、中国农业银行、中国工商银行、中国建设银行、交通银行设立的金融资产投资公司。

"N"代表众多未经国家金融监督管理总局批复,非持牌从事不良资产业务的民企和外资AMC。

3. 债权转让的方式

(1) 批量转让与单户转让

批量转让不良资产(3户/项以上)是金融企业对一定规模的不良资产进行组包,转让给不良资产经营主体的行为。根据一系列规定[①],"批量转让不良资产"的范围为金融企业在经营中形成的不良信贷资产和非信贷资产,即认定为次级、可疑、损失类的贷款、已核销的账销案存资产、抵债资产、其他不良资产。需要特别注意的是,根据2021年1月7日,原中国银保监会发布的《关于开展不良贷款转让试点工作的通知》要求,个人不良贷款已被纳入可批量转让的范畴之中,批量受让个人不良贷款不受区域限制。参与试点的个人贷款范围以已经纳入不良分类的个人消费信用贷款、信用卡透支、个人经营类信用贷款为主。针对批量受让的个人不良类贷款,资产管理公司应当建立完善与试点业务相关的催收制度,投诉处理制度,并配备相应机构和人才队伍,在清收方式上,资产管理公司针对批量收购的个人贷款,只能

---

① 《金融企业不良资产批量转让管理办法》(财金〔2012〕6号)、《中国银监会关于进一步推进改革发展加强风险防范的通知》(银监发〔2011〕14号)、《关于进一步规范银行业金融机构信贷资产转让业务的通知》(银监发〔2010〕102号)、《金融资产管理公司商业化收购业务风险管理办法》(财金〔2004〕40号)、《关于商业银行向社会投资者转让贷款债权法律效力有关问题的批复》(银监办发〔2009〕24号)、《金融资产管理公司开展非金融机构不良资产业务管理办法》(财金〔2015〕56号)等相关规定。

"大成·集"系列图书

"大成·集"丛书，是大成律师事务所和中国法制出版社联手打造的法律实务系列丛书，是一套"集大成律师智慧"的实践、提炼之作。本丛书具有专业性、统一性、实战性和全面性等特点，是法律实务图书中不可多得的"集大成"之作。

"大成·集"有三个方面的含义。第一就是表面的意思，本丛书是大成律师的相关著作；第二层含义是反过来看——"集大成"，"集大成"是指大成律师事务所的专业团队一直奋战在法律实务一线，本丛书就是要把这些专业上的涓涓细流集合起来，为全面推进依法治国贡献力量；第三层含义就是"集大成者"，是指律师作为法律的应用者，要不断让自己在学习和实践中融会贯通、自成一格。立身应以立学为先，立学应以读书为本。读书要读什么书？就要读好书。一方面要读那些经典的著作，另一方面一定要读来自实践的思考之作，希望"大成·集"系列图书可以成就更多的"集大成者"。

书名：**国企混改法律实务**
作者：徐永前 李雨龙
书号：978-7-5216-1224-0
定价：98.00元

书名：**公司治理法律实务**
作者：雷莉 刘思柯
书号：978-7-5216-1759-7
定价：88.00元

书名：**离婚纠纷法律实务**
书号：978-7-5216-3306-1
定价：69.00元

书名：**知识产权案件裁判规则与要旨集成：实用速查版**
书号：978-7-5216-3304-7
定价：138.00元

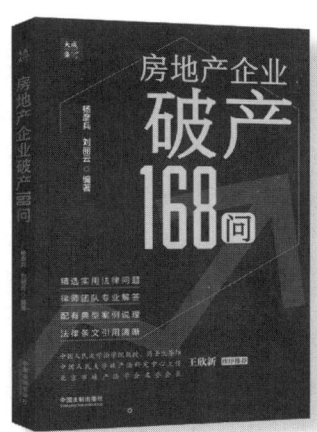

书名： 房地产企业破产 168 问

作者：杨彦兵 刘丽云

书号：978-7-5216-3173-9

定价：68.00 元

书名： 私募股权基金行业合规管理实务：操作指引与实务范本

作者：张颖

书号：978-7-5216-2064-1

定价：108.00 元

书名： 首席合规官与企业合规师实务

作者：陈立彤 黄鑫淼

书号：978-7-5216-3184-5

定价：138.00 元

待出版图书

公司法案例解析与风险提示：对照新公司法【大成公论】

雷莉：公司治理法律实务【第二版】

刘丽云：企业家犯罪常见罪名辩护要点

蒋健：刑事合规法律实务

张洪、李卓颖：新公司法下的投资并购争议解决实务操作

许永盛：法律文书写作思维与技能

书名： 知识产权典型案例与实务评析

作者：王现辉

书号：978-7-5216-2474-8

定价：79.80 元

书名： 知识产权 80 个热点问题

作者：王现辉

书号：978-7-5216-2721-3

定价：79.80 元

采取自行清收、委托专业团队清收、重组等手段自行处置，不得再次对外转让，禁止暴力催收不良贷款。

于当前监管要求，批量转让系指3户以上、2户以下的不良资产转让均应属于单户转让，单户转让较为简单。《关于开展不良贷款转让试点工作的通知》要求参与该试点工作的不良资产转让银行为18家，即6大国有商业银行和12家股份制银行，试点参与不良资产收购的机构包括金融资产管理公司和符合条件的地方资产管理公司、金融资产投资公司。根据该通知要求，参与试点的商业银行可以向金融资产管理公司和地方资产管理公司转让单户对公不良贷款，地方资产管理公司可以受让本省（自治区、直辖市）区域内的银行单户对公不良贷款。

（2）公开转让与非公开转让

不良资产的转让方式可以分为公开转让与非公开转让两种类型。

对于不良资产的一级市场交易，也即不良资产批量从金融机构转让至持牌不良资产经营机构这一过程，必须采用拍卖、招标、竞价等公开转让方式进行。

对于不良资产的二级市场交易，也即五大金融资产管理公司、地方资产管理公司、银行系金融资产投资公司、外资资产管理公司在受让不良资产后的对外转让过程中，可以采取非公开转让的方式即协议转让。但根据《金融资产管理公司资产处置管理办法（修订）》（财金〔2008〕85号）的规定，未经公开竞价处置程序，即便在二级市场交易，也不得采取协议转让方式向非国有受让人转让资产。对于持有国有企业（包括国有全资企业和国有控股企业）的债权资产进行出售时，应提前15天书面告知国有企业及其出资人或国有资产管理部门。

（3）跨境转让

目前，不良资产收购转让业务主要集中于境内，但不可否认的是，跨境转让也逐渐成为一种发展趋势。

2014年后，国家外汇管理局等相关监管部门对金融资产管理公司开展不良资产涉外转让业务进行了特殊规定，其转让流程被极大地简化。如《国家外汇管理局关于进一步改进和调整资本项目外汇管理政策的通知》（汇发〔2014〕2号）中，就对境外投资者受让境内不良资产外汇管理进行大规模的简化：

- 取消国家外汇管理局对金融资产管理公司对外处置不良资产涉及的外汇收支和汇兑核准的前置管理。
- 简化境外投资者受让境内不良资产登记手续。有关主管部门批准境内机构向境外投资者转让不良资产后30日内，受让境内不良资产的境外投资者或其境内代理人应持规定要求的材料到主要资产所在地外汇局或其境内代理人所在地外汇局办理境外投资者受让境内不良资产登记手续。
- 取消外汇局对金融资产管理公司处置不良资产收入结汇核准，改由银行直接办理入账或结汇手续。
- 取消外汇局对境外投资者处置不良资产所得收益购付汇核准，改由银行审核办理。
- 因境外投资者受让境内不良资产导致原有担保的受益人改变为境外投资者的，该担保不纳入对外担保管理。而且境外投资者受让境内不良资产后新发生的对外担保，按照现行对外担保外汇管理规定进行管理。

同时，《国家外汇管理局关于金融资产管理公司对外处置不良资产外汇管理有关问题的通知》（汇发〔2015〕3号）规定，经有关主管部门批准金融资产管理公司对外处置不良资产的，金融资产管理公司在收到对外处置不良资产的对价款后，可持规定要求的材料直接到银行办理入账及结汇手续。但因金融资产管理公司对外处置不良资产导致原有担保的受益人改变为境外投资者的，以及金融资产管理公司对外处置不良资产后新发生的跨境担保，按照现行跨境担保外汇管理规定进行管理。

《国家外汇管理局关于金融资产管理公司对外处置不良资产外汇管理有关问题的通知》（汇发〔2015〕3号）还规定，经主管部门批准，金融资产管理公司以外的其他境内机构对外处置不良资产，可参照该通知办理。

根据国家发展和改革委员会颁布的《关于做好对外转让债权外债管理改革有关工作的通知》（发改外资〔2016〕1712号）规定，境内金融机构向境外投资者转让不良债权，形成境内企业对外负债，适用《国家发展改革委关于推进企业发行外债备案登记制管理改革的通知》有关规定[①]，统一纳入企业外债登记制管理。境内金融机构对外转让不良债权登记需要提交的申请材料，境内金融机构收到国家发展改革委出具的登记证明后，可向外汇主管部门申请办理外债登记及资金汇兑手续。由此，在债权外债管理简化的助推下，对外不良资产转让业务的口径逐渐打开。

国家还鼓励部分省市采用试点地区试行方式对不良资产跨境转让业务进行区域性探索。其中，国家外汇管理局广东省分局、国家外汇管理局深圳市分局于2020年3月30日颁布了《关于外汇管理支持粤港澳大湾区和深圳先行示范区发展的通知》（以下简称15号文），明确指出，按照风险可控、审慎管理的原则，允许粤港澳大湾区内试点机构对外转让银行不良贷款和银行贸易融资，并配套了相应的操作指引。15号文是对2018年批准广东金融资产交易中心开展不良资产跨境业务试点的进一步延伸。

2020年4月24日，中国人民银行、中国银行保险监督管理委员会（以下简称银保监会）、中国证券监督管理委员会（以下简称证监会）和国家外汇管理局发布《关于金融支持粤港澳大湾区建设的意见》，进一步提出稳步扩大跨境资产转让业务试点，探索扩大跨境转让的资产品种。

二、实战案例：国内AMC向国际性金融服务公司涉外债权转让[②]

我们通过国内AMC向国际性金融服务公司涉外债权转让案例更好地理解不良资产以债权转让方式的处置。

[①] 根据《国家发展改革委关于推进企业发行外债备案登记制管理改革的通知》（发改外资〔2015〕2044号）规定，简化企业发行外债备案登记，境内企业及其控制的境外企业或分支机构向境外举借的、以本币或外币计价、按约定还本付息的1年期以上债务工具，包括境外发行债券、中长期国际商业贷款等，国家发改委自受理企业备案登记申请之日起7个工作日内，出具《企业发行外债备案登记证明》。

[②] 案例来源：《剥离1.4万亿不良资产成中国金融业60年重要拐点》，载中国新闻网 https://www.chinanews.com/cj/cj-gncj/news/2009/09-11/1862084.shtml，最后访问日期为2023年7月25日。

1.案例背景和交易具体过程

1999年,中国工商银行、中国农业银行、中国银行、中国建设银行四大国有商业银行准备上市。但是,四大国有商业银行历史遗留且长期得不到解决的不良资产贷款约1.4万亿元。[①]政府为剥离并集中处置上述不良资产贷款,对应中国工商银行、中国农业银行、中国银行、中国建设银行四大国有商业银行,对口设立了中国华融资产管理公司、中国长城资产管理公司、中国东方资产管理公司、中国信达资产管理股份有限公司四家国有资产管理公司,也就是我们常说的四大AMC公司。

当时,我国并没有处置不良资产的经验。AMC公司员工大多来自银行,对于银行的坏账,四大AMC公司最初也无从下手。在与国际接轨的背景下,四大AMC公司积极了解与借鉴国外金融机构相关经验。所以,2001年,国内甲资产管理公司首次采取了面向国际投行打包拍卖不良资产的做法,乙国际资产管理公司、丙国际资产管理公司、丁国际资产管理公司等国际投行一时蜂拥而至。但是国际投行对中国不良资产处置也没有经验。

此时,有美国华尔街不良资产行业从业经验的华人王某出现。1999年,王某与其妻李某创办了一家专门从事中国不良资产投资的公司——己基金管理公司。

为此,国际资管公司与王某夫妇的己基金管理公司共同出资在境外组成投标团,世界银行下属的庚国际金融公司为投标团提供了融资,这也是庚国际金融公司第一次参与中国不良资产债务融资。以乙国际资产管理公司为首的投标团筹获资金后与国内甲资产管理公司组建中外合作企业:第一联合资产管理公司。

为协助中外合作公司处置不良资产,投标团还计划同时设立两家专门从事资产管理服务的公司(以下统称服务公司)。其中一家服务公司为己基金管理公司、乙国际资管公司与国内辛公司共同设立的中外合作企业(壬资产服务有限公司),主要负责资产处置服务。另一家服务公司为乙国际资管公

---

① 《盘点:过去四次全国金融工作会议背后的故事》,载新华网,http://www.xinhuanet.com/fortune/ksh/zhuanti/20177/iframe_172.html,最后访问日期为2023年7月27日。

司在中国独资设立的外商独资企业，主要是为服务公司的运营提供技术。最终处置完成，108亿元不良资产回收资金约20亿元。乙国际资管公司首付只出了几千万元，最后赚了约10亿元[①]。

2.重要交易事宜

2001年2月21日，国内甲资产管理公司与美国甲会计师事务所签署资产组合顾问及交易服务合同，拉开了中国金融资产管理公司按照国际通行的不良资产处置模式和国际规范的信息披露原则，批量处置金融不良资产的序幕。

2001年7月26日，经过多次国际路演活动，国内甲AMC正式发布招标公告，面向国内外投资者进行公开招标。

2001年8月至11月，国内甲AMC向投资者开放华融国际招标项目资料室。

2001年9月27日，国内甲AMC在北京举行与参加竞标的12家国外投资者和4家国内投资者的见面会。

2001年10月，由财政部、中国人民银行、当年的外经贸部发布的《金融资产管理公司吸收外资参与资产重组与处置的暂行规定》（该文件已失效），其中第2条规定，"资产管理公司可以通过吸收外资对其所拥有的资产进行重组与处置"。

2001年11月19日，7家国际著名的投资银行和国内企业单独或联合组成3个投标团，递交了对账面值合计为156亿元人民币的5个不良资产包的投标书。

2001年11月29日，国内甲AMC宣布不良资产国际招标结果，把账面值为108亿元人民币的4个资产包，以现金加合作经营的方式出售给以乙国际资管公司为首的投标团。

2002年3月和4月，经过对交易合同细节的反复磋商，国内甲AMC与乙国际资管公司投标团和丙国际资管公司签署《合作经营合同》和《出资协议》。

[①] 王都：《警惕外资银行为中国处置不良资产暗设大陷阱》，载中国经济网，http://www.ce.cn/ztpd/tszt/caijing/2004/cjqrhm/hgyw/200412/06/t20041206_2496914.shtml，最后访问时间为2023年7月13日。

2002年3月，国内甲AMC正式向外经贸部提出成立中外合作公司的申请并同时向财政部、中国人民银行、国家外汇管理局、国家税务总局等进行汇报。

2002年4—11月，外经贸部牵头召集由财政部、中国人民银行、国家税务总局、国家外汇管理局等部门及4家资产管理公司反复讨论了合作合同和章程，多次提出修改意见，解决了外资进入我国不良资产市场的一系列复杂的技术难点，包括外资投资方式以及合作公司资质、外汇管理、税收政策和服务商设立等。中外交易双方根据监管部门的有关要求对合同和章程又作了进一步修改。

2002年11月26日，外经贸部正式批准国内甲AMC同乙国际资管公司投标团成立第一联合资产管理公司，并致函国家工商行政管理总局[1]，说明对外处置不良资产的特点，建议同意办理该两公司的注册登记。同时，国内甲AMC向国家工商行政管理总局申请办理第一联合资产管理公司的工商注册登记。随后，一家中外合作的资产服务公司和一家乙国际资管公司独资的WFOE也相继成立。

3.启示和评论

此次交易对于中国不良资产市场有如下意义：首先，国内甲AMC第一次通过国际招标处置不良资产，它是国际与国内投资者首次合作成立中外合作公司收购并管理中国不良资产。其次，世界银行下属的庚国际金融公司第一次在中国提供不良资产债务融资，从而开始该组织在中国不良资产市场的第一个合作投资项目。在此，出售的不良资产将由KL资产服务有限公司管理，KL为国内第一家中外合资资产管理服务公司。

但是乙国际资管公司通过参与不良资产的处置获得丰厚利润的时候，也是中国不良资产处置市场培育与发展应当积累经验的时候。中外合作的服务公司，甲资产服务有限公司，在处置买来的近300件不良资产贷款的过程中，一个所谓追加投资的项目都没有。它们的处置方法很简单：以8%面值买到的资产再以15%—20%的面值卖出，这些不良资产的债务人纷纷找到具体负责处置这批不良资产的壬资产服务公司，主动要求还款。而当时市场上购买资产包的人，是从国内甲AMC直接购买的，国内甲AMC的开价平均为20%。

---

[1] 现为国家市场监督管理总局。

当时资产处置速度比国内甲 AMC 处置至少快了 1 倍。当第二笔付款日到来之际，7 亿元已全部收回。自此，第一联合资产管理公司拿收回来的现金支付华融，把余下的现金折算为利润。

三、转让不良债权实务中的七大注意点

如今，不良资产再次出现，四大 AMC 公司为了有效、快捷地处理曾经从国有商业银行处收购的不良资产，回笼资金成本，向第三方出售不良债权成为常态，其中亦包括社会资本的参与。但上述受让人在获得不良资产债权后，如何保障自身的权益，如何能够顺利地向原债务人继续追偿债务及利息？本书将根据法律法规及社会实践对该类问题进行浅析。

（一）债权转让后是否需要办理抵押权变更登记？

银行向金融资产管理公司转让债权或金融资产管理公司向社会机构继续转让债权，甚至债权的重组在不良资产处置过程中十分常见。

对于有抵押担保的债权，其转让过程中，如何保证担保措施的有效是十分关键的问题。那么，债权转让后，抵押权是否需要变更或重新登记？这是债权受让人需要谨慎对待的一个现实问题。

《最高人民法院关于审理涉及金融资产管理公司收购、管理、处置国有银行不良贷款形成的资产的案件适用法律若干问题的规定》（法释〔2001〕12号，该文件已失效）第9条规定，"金融资产管理公司受让有抵押担保的债权后，可以依法取得对债权的抵押权，原抵押权登记继续有效"。由此可见，金融资产管理公司收购并处置银行不良贷款时因受让债权而享有的抵押权无须进行变更登记，原抵押权继续有效。

那么，在金融资产管理公司将债权继续转让给社会机构或社会机构继续转让债权的商业化交易中，债权受让人不是金融资产管理公司是否需要办理抵押变更登记？

在《物权法》颁布前,《担保法》[①]及其司法解释,对抵押权的转让登记没有具体规定。于2007年10月1日生效的《物权法》[②]第9条第1款规定,不动产物权的设立、变更、转让和消灭,经依法登记,发生效力;未经登记,不发生效力,但法律另有规定的除外。根据于2021年1月1日生效的《民法典》第209条规定,不动产物权的设立、变更、转让和消灭,经依法登记,发生效力;未经登记,不发生效力,但是法律另有规定的除外。依法属于国家所有的自然资源,所有权可以不登记。根据《物权法》第192条规定,抵押权不得与债权分离而单独转让或者作为其他债权的担保。债权转让的,担保该债权的抵押权一并转让,但法律另有规定或者当事人另有约定的除外。根据《民法典》第407条规定,抵押权不得与债权分离而单独转让或者作为其他债权的担保。债权转让的,担保该债权的抵押权一并转让,但是法律另有规定或者当事人另有约定的除外。

有学者认为,上述规定生效后,转让不动产抵押权应当采取无须办理变更登记即发生物权效力的思路,最高人民法院关于资产管理公司的司法解释应普遍适用于所有受让抵押权的情形。理由是,《民法典》规定的不动产物权(含不动产抵押权)变动依登记生效,仅指设立该不动产物权,适用于不动产物权的原始取得,而随同债权取得的不动产抵押权属为要件。另外,抵押权的设立登记已起到公示作用,不因是否变更登记而影响其公示效用。[③]

由此可见,从《民法典》的角度,主债权转让,一般情况抵押权一并转让,此种情况下抵押权转让的效力已经发生,无需经变更登记才产生物权变动的效力。

然而,商业化交易是复杂多变的,债权受让人只是众多商业利益主体之一,即便在理论上,债权受让过程中无需变更登记即可获得抵押权,也要审查抵押合同中,当事人是否存在另有约定的除外情况。

[①] 已废止。现参见《民法典》物权编。
[②] 已废止。现参见《民法典》物权编。
[③] 毕亚博:《金融资产管理公司收购债权并重组业务抵押权变更登记中的法律风险及其防范》,载中国东方资产管理有限公司主编:《特殊机会投资之道》,北京大学出版社2018年版,第412—415页。

另外，也要考虑与其他债权人及债务人的利益博弈等问题对抵押权受让人的影响。如受让债权后未能办理抵押登记的变更，则存在原登记权利人形式上释放抵押物，其他债权人（抵押权人）则存在趁此空档期获取抵押登记或使抵押权进位的可能。若发生此类风险，虽然有法律保护，但作为债权受让人则可能需要付出较大代价去博取相关的司法救济，且结果可能因证据、利益平衡等因素的影响而存在较大的不确定性。

由此可见，无论是金融资产管理公司还是受让债权的社会机构，最好还是要办理抵押登记的变更。

实践中，值得注意的是，《中国银监会、国土资源部[①]关于金融资产管理公司等机构业务经营中不动产抵押权登记若干问题的通知》（银监发〔2017〕20号）（以下简称《通知》）已经对金融资产管理公司依法申请办理不动产抵押登记予以了明确规定，并要求登记部门给予许多高效便利的保障。

但是，作为受让债权的社会机构，在实践中可能会遇到抵押权变更登记的障碍，有时还需债权受让人去登记部门协调。

综上所述，在债权转让的业务中，理论上不需要进行抵押权的变更登记即可取得抵押权，但如果不予变更登记，则可能存在形式上被其他权利人解除抵押等多种操作风险。

（二）债务重组时，是否需要办理抵押权变更登记？

债权转让后如果需要进行债务重组，即债权受让人与债务人达成一致，延长还款期限，同时提高债务利率，这种安排加重了抵押人的担保责任。此时抵押权是否需要变更登记就不再仅仅是主债权转让抵押权一并转让的问题了。因为涉及抵押权本身的变化，抵押权的变更登记就变得更有必要了。而且此时，更需要征得抵押权人的书面同意。

根据《通知》第2条规定，金融资产管理公司收购不良资产后重组的，与债务人等交易相关方签订的债务重组协议、还款协议或其他反映双方债权债务内容的合同，可作为申请办理不动产抵押权登记的主债权合同。

[①] 现为自然资源部。

而受让债权后，进行债务重组的，改变了债权的情况，抵押权的变更登记是必要的。实践操作中，为促使相关交易对手及时有效地协助办理抵押权的变更登记，将抵押权变更登记办理完毕作为向对手受让债权的付款条件，或将规定时间内办理完毕抵押登记变更登记作为债权转让合同的解除条件，是控制风险的有效途径之一。

（三）AMC是否需要通过公开方式向第三方转让不良债权？

根据《金融资产管理公司条例》《金融企业不良资产批量转让管理办法》及《最高人民法院关于审理涉及金融不良债权转让案件工作座谈会纪要》（以下简称《会议纪要》）的规定：AMC处置国有银行不良资产的，应当按照公开、竞争、择优的原则运作；为了防止不良资产处置过程中国有资产的流失，相关地方人民政府，或代表本级人民政府履行出资人职责的机构，或持有国有企业债务人国有资本的集团公司对不良债权享有优先购买权；通过公开转让方式只产生一个符合条件的意向受让人时，可采取协议转让的方式。

因此，根据相关的法律法规，AMC在处置国有不良资产时，原则上应采取竞标、竞价、拍卖等公开转让方式。否则，根据《民法典》第153条的规定，AMC和第三方订立的合同可能因违反法律、行政法规的强制性规定而被认定为无效。

（四）受让人合法取得不良资产债权后，通过登报等方式通知债务人是否有效？

根据原《最高人民法院关于审理涉及金融资产管理公司收购、管理、处置国有银行不良贷款形成的资产的案件适用法律若干问题的规定》（以下简称《若干问题的规定》，该文件已失效），AMC受让国有银行债权后，原债权银行在全国或者省级有影响的报纸上发布债权转让公告或通知的，人民法院可以认定债权人履行了《民法典》项下的通知义务。

但是，上述原法规仅规定了AMC作为受让人的情形，而对于AMC受让债权后再次转让债权，是否能够同样适用通知的方式，目前尚无法律法规支持，各地法院也因存在不同观点而作出了不同的判决。

因此，为保障非AMC受让人作为债权人应有的权利，最保险的方式是由债权人就债权转让事宜书面通知债务人，并由债务人签字认可。但因上述方式在实操中具有一定的难度，有一些不良资产的债务人去向不明。因此，有些法院亦认可登报公告的方式，但前提是需要保证这些报纸在当地是公开广泛发行，且该债务转让亦没有致使债务人错误地履行债务或加重债务人履行债务的负担。

另外，就担保是否继续有效的问题，根据《民法典》的规定，AMC处置不良贷款的，担保债权同时转让，无须征得担保人的同意，担保人仍应在原担保范围内对受让人继续承担担保责任。担保合同中关于合同变更需经担保人同意的约定，对债权人转让债权没有约束力。综上，由于担保债权附随于主债权，因此担保债权随主债权的转让而一并转让，而无须单独履行通知程序。

（五）受让人是否依旧可享有利息求偿权？

首先，就AMC作为受让人而言，根据《金融资产管理公司条例》及《民法典》规定，债务人逾期归还贷款，原借款合同约定的利息计算方法不违反法律法规规定的，该约定有效。没有约定或者约定不明的，依照《人民币利率管理规定》计算利息。由此可见，无论债务人是否为国有企业，AMC受让银行不良债权后，均享有利息求偿权。

其次，就社会投资者而言，根据《会议纪要》的规定，在AMC处置不良贷款后，社会投资者对《会议纪要》规定的两种特殊债权之外的一般债权，无论债权人是否为国有企业，均享有利息求偿权；但对于两种特殊的不良债权，社会投资者仅享有受让日之前产生的利息，而不享有受让日之后产生的利息。上述两种特殊的不良债权，一是政策性不良债权，即1999年至2000年AMC在国家统一安排下通过再贷款或者财政担保的商业票据形式支付从中国银行、中国农业银行、中国建设银行、中国工商银行以及国家开发银行收购的不良债权；二是商业性不良债权，即2004年至2005年AMC在政府主管部门主导下从交通银行、中国银行、中国建设银行和中国工商银行收购的不良债权。

最后，若受让人为地方资产管理公司，是否享有《会议纪要》项下两种特殊债权的利息求偿权，目前尚无法律依据，但若将地方资产管理公司和AMC归为一类，又缺乏依据且亦有不妥之处。因此，笔者认为，在利息求偿权问题上，地方资产管理公司应与社会投资者享有相同的地位，即对《会议纪要》项下两种特殊的债权，不享有受让日之后产生的利息。

（六）《债权转让合同》签署的主体并非原债权人，是否会影响债权转让合同效力？

正如我们所知，在四大AMC收购不良资产时，为了方便操作，一般会采用地方性债务一并打包出售的方式，即由四大AMC设在各地的办事处与原债权银行的省级分行就当地一系列的债权签署《债权转让合同》。

但是，由于原债权债务是在原债权银行的地、市、县的二级分行或支行与债务人之间发生的，当初的合同亦是由上述两个主体签署的。那么，在合同签署主体前后不一致的情况下，上述转让行为是否有效？省级分行是否会构成无权代理或者越权代理？

笔者认为，根据《最高人民法院商事审判指导案例》中的案件裁判书[（2008）民二终字第138号]可以看出：商业银行（总行，股份有限公司）属于一级法人，支行分行都是根据法人授权经营的。因此，实践中，省级分行作为地、市、县的二级分行或支行的上级机构，可以处分二级分行或支行的债权，且上述处分行为一般也有总行的授权。

综上，笔者认为，省级分行有权将该区域内的不良资产债权打包出售给四大AMC，该转让程序合法，已签署的《债权转让合同》亦有效。

（七）《债权转让合同》签署后，未通知债务人，是否会影响转让合同效力？

正如我们所知，债权转让需要通知债务人，但由谁发出通知才可视为"有效通知"？不良资产转让中，对通知又有什么特殊的规定？未经通知是否影响合同的效力？笔者将依据法律法规及司法判例对上述问题进行简要阐述。

1. 履行通知义务的主体是原债权人还是受让人？

在原《最高人民法院关于审理涉及金融资产管理公司收购、管理、处置国有银行不良贷款形成的资产的案件适用法律若干问题的规定》（现已废止）中明确了不良资产转让过程中"通知义务"的特殊履行方式，即"四大AMC受让国有银行债权后，原债权银行在全国或者省级有影响的报纸上发布债权转让公告或通知的，人民法院可以认定债权人履行了通知义务"。可见，原债权银行可以通过刊登报纸公告的方式履行通知义务。

但是，对于四大AMC作为受让人直接刊登报纸公告履行通知义务是否可行？四大AMC将不良资产债权再次转让给社会资本时，由社会资本直接刊登报纸公告是否可行？法律对此并没有明文规定，但我们可从法院的司法实践中了解审判倾向。

实践中，多数法院倾向于认为：虽然法律没有为受让人设定通知义务，但为便于债务人适当履行债务，只要受让人主动进行的通知并不违反法律、行政法规的强制性规定，受让人发出的通知可被视为有效通知。但是，亦有法院严格依照原《合同法》（已废止，现为《民法典》合同编）的规定，认为受让人无权通知。另外，有些法院还将"受让人就债务履行问题起诉债务人"的行为视为《民法典》合同编下的通知，但该观点值得商榷，笔者认为，诉讼中的诉请并不能够等同于通知的效果。

2. 不履行通知义务，是否影响转让合同的效力？

《民法典》第546条第1款规定："债权人转让债权，未通知债务人的，该转让对债务人不发生效力。"但这仅仅是对债务人不发生效力，而履行通知义务并非债权转让行为的生效条件，也就是说，除非原债权人与受让人在《债权转让合同》中另行约定了生效条件，否则债务人无权仅以原债权人未履行通知义务，而主张原债权人和受让人之间的《债权转让合同》无效。

综上所述，笔者认为：履行通知义务的主体原则上仍应该是原债权人，部分法院认可原债权人发出的通知，不应被视为实践惯例及有效依据；债权转让通知原则上还应通过书面的形式送达债务人，通过登报的方式仅为法律对于国有资产的特殊保护，并不完全适用于所有债权转让；债权转让未通知债务人，仅对债务人不发生效力，但《债权转让合同》并不会因此而无效。

第二章

收益权转让

一、收益权转让快速入门

广义的不良资产收益权转让业务，是指银行业金融机构、不良资产经营机构（如AMC）等转让方将对不良资产本金、利息和其他约定款项的权利转让给信托机构、社会投资方等受让人的业务。

而本章重点讨论的狭义的不良资产收益权转让业务是指：银行业金融机构信贷资产收益权转让业务，即银行业金融机构作为转让方，按监管要求以其所持不良资产对应的本金、利息和其他约定款项的权利作为转让标的，经银行业信贷资产登记流转中心（以下简称银登中心）备案登记后转让给受让人的业务。

2016年1月全国银行业监管工作会议最早提出了不良资产收益权转让试点，并在2016年4月中国银行业监督管理委员会（该机构已撤销，现为国家金融监督管理总局）发布的《关于规范银行业金融机构信贷资产收益权转让业务的通知》（银监办发〔2016〕82号，以下简称82号文）中得到规范，而82号文的出台为银行业金融机构处置不良资产提供了一种新的选择，即不良信贷资产收益权转让。随后，于2016年6月，银登中心发布了《银行业信贷资产登记流转中心信贷资产收益权转让业务规则（试行）》（以下简称《业务规则》）和《银行业信贷资产登记流转中心信贷资产收益权转让业务信息披露细则（试行）》，进一步明确了银行业金融机构信贷资产收益权转让业务的操作规则和信息披露要求。

二、实战案例：不良资产收益权转让信托计划[①]

2016年9月6日，甲银行作为发起机构、乙信托作为受托机构设立的首单2.54亿元不良资产收益权转让信托计划，在银登中心正式备案并完成登记流转。作为82号文发布后首单基础资产为不良资产收益权的信贷资产收益权转让业务，该信托计划的成功设立，意味着银行业金融机构不良资产收益权转让业务正式启动。

该首单不良资产收益权转让业务系由甲银行发起，由乙信托设立甲2016年第一期不良资产收益权转让集合信托计划，以该信托计划所募集的资金受让甲银行不良资产收益权，同时，甲银行作为资产服务机构负责对基础资产进行管理，基础资产原始金额为4.245亿元，实际转让金额为2.54亿元，打折比例约5.98折。该信托计划分为优先级和劣后级，由合格机构投资者认购，投资者包括地方AMC，但不涉及外资机构。中诚信国际信用评级有限责任公司给优先级的评级为AAA。甲2016年第一期不良资产收益权转让集合信托计划涉及的信贷资产包括流动资金贷款和房地产开发贷，贷款五级分类均为次级，共涉及9个借款人，所属地区为江苏，所涉行业包括零售业、房地产业、批发业、电器机械和器材制造业、有色金属冶炼和压延加工业等。

由甲2016年第一期不良资产收益权转让集合信托计划可以看出，不良资产收益权转让主要分为两个环节：第一个环节为设立信托计划，由信托公司向优先级投资者和劣后级投资者募集信托资金，设立不良资产收益权转让信托计划；第二个环节为不良资产收益权转让交易，由信托计划以募集资金受让银行的不良资产收益权。

三、不良资产收益权转让的流程

根据《业务规则》，不良资产收益权转让的大致流程如下：

[①] 《不良资产收益权转让落地两单 专家称规模难做大》，载中国经济网 http://finance.cnr.cn/gundong/20161010/t20161010_523186088.shtml，最后访问时间2023年7月13日。

1. 银登中心开户。拟开展信贷资产收益权转让业务的出让方银行与信托公司均须按照相关要求，在银登中心开立信贷资产登记账户。已在银登中心开户的，无须再次申请开户[①]。

2. 构建信贷资产包。出让方银行在对贷款风险收益进行充分评估的基础上，构建信贷资产包[②]。

3. 设立信托计划。信托公司设立信托计划受让信贷资产收益权。对于设立优先级、劣后级等分级信托计划的，信托合同中须明确信托计划现金流的支付顺序[③]。

4. 评级与估值定价。出让方银行或信托公司可选择具备相关资质的评级机构对信贷资产收益权信托计划进行评级。出让方银行、信托公司可自行对信贷资产及信托计划进行估值定价，也可选择第三方估值机构估值定价[④]。

5. 银登中心备案。信贷资产收益权在银登中心相关平台转让前，出让方银行、信托公司应当按照监管要求向银登中心提交相关材料进行备案，完成备案之后方可开展信贷资产收益权转让业务[⑤]。

6. 收益权登记转让。收到银登中心的备案通知后，方可进行信贷资产收益权转让，双方通过银登中心资产流转平台完成信贷资产收益权转让。出让方银行须在交易完成后的1个工作日内，通过银登中心集中登记系统上传转让协议[⑥]。

7. 信贷资产管理与清收。出让方银行与信托公司应当以贷款管理协议形式确定贷款管理人，明确信贷资产的日常管理职责和清收职能。信托计划到期时，对尚未完全偿付的信贷资产，可由贷款管理人通过市场化方式，规范、透明地进行处置，将回收现金用于信托受益权的兑付[⑦]。

8. 信托利益分配及信托终止后清算。出让方银行将信贷资产本息、利息及其他约定款项转付给信托公司后，信托公司进行信托利益分配。信托终止

---

① 参见《业务规则》第10条。
② 参见《业务规则》第11条。
③ 参见《业务规则》第12条。
④ 参见《业务规则》第13条。
⑤ 参见《业务规则》第14条。
⑥ 参见《业务规则》第15条、第18条。
⑦ 参见《业务规则》第19条。

后，信托公司按照信托合同的约定对信托计划进行清算，以信托财产变现收回的现金，或信托财产原状，或合同约定的其他合法合规方式进行分配。[①]

四、不良资产收益权转让业务中的5个实操要点

1. 投资者要求

根据82号文与《业务规则》的要求，信贷资产收益权的投资者应当持续满足监管部门关于合格投资者的相关要求。不良资产收益权的投资者限于合格机构投资者，且实行"穿透原则"，即个人投资者参与认购的银行理财产品、信托计划和资产管理计划不得投资，不得通过嵌套等方式直接或变相引入个人投资者资金。

2. 全额计提资本

为防止隐藏资本风险，按照82号文的规定，出让方银行应当根据《商业银行资本管理办法（试行）》[②]，在信贷资产收益权转让后按照原信贷资产全额计提资本，也就是说，不良资产收益权转让仅能够实现会计出表（按照《企业会计准则》在风险、报酬实际转移的情况下），但不能实现监管资本出表。

3. 强调真实、完整转让

与银行业金融机构信贷资产转让业务要求的"真实性、整体性和洁净性"转让三原则一致，82号文规定，出让方银行不得通过本行理财资金直接或间接投资本行信贷资产收益权，不得以任何方式承担显性或者隐性回购义务，强调收益权转让的真实性、完整性。

4. 信贷资产包的构建要求

根据《业务规则》，银行作为出让方，应在对贷款风险收益进行充分评估的基础上，构建信贷资产包，谨慎遴选基础资产，优先选择预期回收现金流期限分布与信托计划偿还期限相匹配，以及抵质押物估值方法比较成熟的信贷资产。需要注意，正常类信贷资产收益权与不良信贷资产收益权应分别

---

① 参见《业务规则》第20条。
② 部分失效。《系统重要性银行附加监管规定（试行）》施行之日（2021年12月1日）起，系统重要性银行附加资本要求不再适用《商业银行资本管理办法（试行）》第二十五条的规定。

转让，出让方银行不能构建混合信贷资产包。

5.不良资产收益权转让不改变底层债权债务关系

不良资产收益权的转让行为并不改变信贷资产原债权债务关系，也即信贷资产的债权债务关系仍存在于银行与债务人之间，仍应由银行作为债权人向债务人主张债权权利，债权并不转移给受让人，但收益权的转让使得债权人不能保持债权给付，而应将从债务人处收回的本金、利息和其他约定款项转付给受让人。正是由于收益权转让不改变债权债务关系，故《业务规则》中规定，出让方银行与信托公司应当以贷款管理协议形式确定贷款管理人，明确信贷资产的日常管理职责和清收职能[①]。而实操中，一般会指定转让方银行作为贷款管理人，这与转让方银行仍是债权人，且对信贷资产更为熟悉，便于管理和清收有很大关系。

---

① 参见《业务规则》第19条。

CHAPTER 3

第三章

不良资产证券化

一、不良资产证券化快速入门

1. 不良资产证券化的概念

不良资产证券化是资产证券化（ABS）的一种特殊表现形式。商业银行在对不良资产（不良贷款[①]）的可回收本金和利息进行客观全面评价的基础上，将一部分流动性较差的资产经过一定的排列组合，使组合后的这组资产赋予它较稳定的现金流，同时通过金融市场上的各种工具进行信用增级，从而转换为在金融市场上流动的证券的一种过程。

不良资产证券化可以使批量不良贷款在短时间内高效变现。

2. 不良资产证券化的特点和优势

与传统由金融资产管理公司批量收购的模式不同，不良资产证券化的优势在于，可以使那些原本购买力有限的资产管理公司也加入金融交易中，同时避免了银行的被动处境，由此逐步受到世界各国债权银行的青睐，当然我国也不例外。具体特点如下：

（1）提高资产处置效率。资产证券化技术是一项具有出表功能的金融工具，如果不良资产满足"真实销售"要求，银行在会计处理上可将之移出资产负债表，确认资产处置收益并释放不良贷款占用的风险资本金。不良资产证券化模式，可以打破由单一的资产管理公司收购产生的垄断性低价。通过更多参与者的竞争，既能降低道德风险，也可以依赖市场这种"看不见的手"实现不良资产的价值回收。

（2）有效降低处置成本。与其他不同类别的不良资产处置方式不同，不

[①]《贷款风险分类指引》第5条的规定，通常将"次级""可疑""损失"三类贷款统称为"不良贷款"。

良资产证券化交易，使得交易成本降低，而且能够快速变现，提高资金的流动性。

（3）银行将增加派生收益。在不良资产证券化模式下，银行作为原始权益人因全面了解基础资产，又具有比作为通道的SPV（special purpose vehicle，特殊目的的实体）更专业的管理优势，通常被聘为资产服务商。与此同时，在项目设立后继续提供日常资产管理和现金流回收等服务，由此可以收取资产服务费。另外，为了鼓励银行积极催收贷款，项目大多设置了超额回收激励机制，允许银行在收取基本资产服务费之后，分享一定比例的超额回收不良贷款的现金流。

（4）有效转移风险。不良资产证券化，将债权转变为市场可流通的有价证券。同时注入市场资金，通过引入信用增级措施后，使产品采用优先级/次级结构这种常见的内部信用增级方式，满足不同投资者的喜好，实现不同风险和不同收益挂钩的证券模式。

3. 不良资产证券化行业概况

截至2020年3月17日，银行间市场共发行96单NPAS，证券发行规模588.01亿元，入池不良资产总额2494.17亿元[①]。

截至2022年第4季度，我国大型商业银行不良贷款余额共计12113亿元，不良贷款率1.31%；股份制商业银行不良贷款余额共计5120亿元，不良贷款率1.32%；城市商业银行不良贷款余额共计4776亿元，不良贷款率1.85%；民营银行不良贷款余额共计166亿元，不良贷款率1.52%；农村商业银行不良贷款余额共计7546亿元，不良贷款率3.22%；外资银行不良贷款余额共计109亿元，不良贷款率0.72%[②]。

（1）行业发行规模逆势增长

相较于2018年，2019年不良资产证券化产品发行单数从34单下降至29单，发行规模从158.81亿元下降至143.49亿元，净减少15.32亿元，同比减少9.65%；相较于2019年，2020年不良资产证券化产品发行单数从29单增

[①] 根据中债资信公布的数据整理而来。

[②] 《2022年商业银行主要指标分机构类情况表（季度）》，载国家金融监督管理总局官网，http://www.cbirc.gov.cn/cn/view/pages/ItemDetail.html?docId=1054678&itemId=954，最后访问时间2023年3月23日。

加到55单，发行规模从143.49亿元增加到282.60亿元，净增139.11亿元，同比增长96.95%。[①]

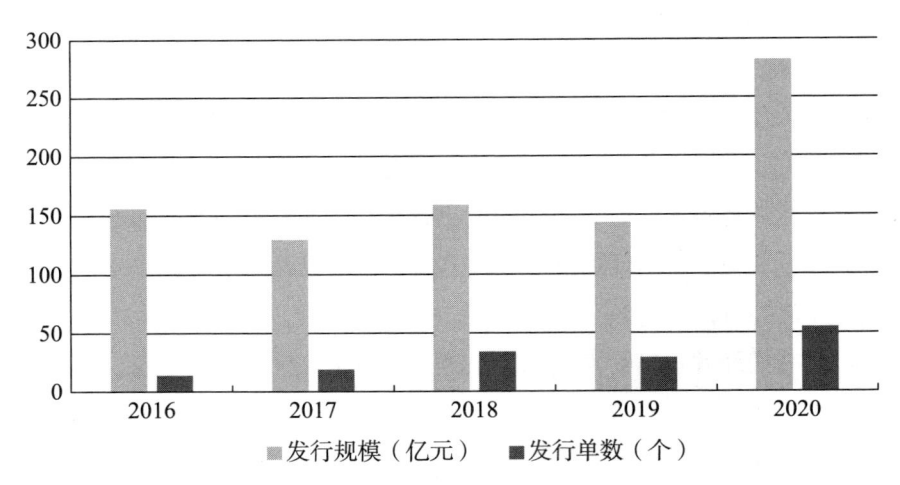

图3-1 不良资产证券化发行规模逆势增长

表3-1 不良资产证券化发行规模和发行单数

年份	2016	2017	2018	2019	2020
发行规模（亿元）	156.10	129.61	158.81	143.49	282.60
发行单数（个）	14	19	34	29	55

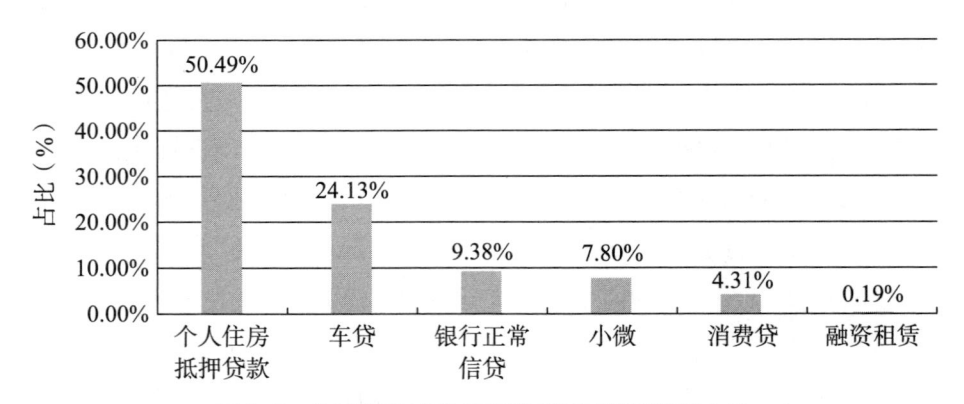

图3-2 关于2020年资产证券化不同类型产品占比

---

① 根据中债资信公布的数据整理而来。

2020年度，信贷资产证券化产品一共发行184单，规模共计8041.90亿元，其中，以个人住房抵押贷款、车贷、银行正常信贷、小微、消费贷、融资租赁为底层资产的资产证券化产品占比分别为50.49%、24.13%、9.38%、7.80%、4.31%、0.19%，同比都有不同幅度的缩减，但不良资产证券化产品的市场份额则从1.49%提升至3.50%，呈现逆势增长。

（2）产品发行主体的多元化对不良资产证券化未来市场的影响

参与机构的类型逐渐从国有银行、股份制银行向城商银行拓展；从银行类金融机构向非银行类金融机构延展，发行主体日渐多元化。截止到2020年底，不良资产证券化产品发行主体为国有银行、股份制银行、城商银行和金融资产管理公司这两大类四种类型十五家机构，共发行55单，发行规模达282.6亿元。国有银行发行规模和单数最多，发行规模占整个不良资产证券化发行规模的73.1%，相信未来国有银行依然是发行的主体力量。目前，国有银行处在第一梯队。

表3-2 国有银行2020年不良资产证券化产品发行情况统计[①]

发起机构	发行单品数（单）	发行规模（亿元）	规模占比（%）
建设银行	9	104.29	36.90
工商银行	8	54.42	19.26
交通银行	3	28.10	9.94
中国银行	2	12.30	4.35
农业银行	5	7.48	2.65
总计	27	206.59	73.10

2020年股份制银行资产压力较大，不良资产化解需求更为突出，因此不良资产证券化发行产品较多。其中以浦发银行发行规模总数最大，共计11.66亿元。而民生银行发行规模最小，共计1.74亿元。综观全局，股份制银行不良资产证券化产品发行规模占比总计18.08%，占比远不及国有银行，处在第二梯队。

[①] 数据来源于中债资信。

表 3-3 股份制银行 2020 年不良资产证券化产品发行情况统计[1]

发起机构	发行单品数（单）	发行规模（亿元）	规模占比（%）
浦发银行	6	11.66	4.13
平安银行	2	10.49	3.72
中信银行	3	9.70	3.43
招商银行	7	9.46	3.35
兴业银行	4	8.01	2.83
民生银行	2	1.74	0.62
总计	24	51.06	18.08

在第三次不良资产证券化产品试点扩容阶段，金融资产管理公司也被纳入试点范围之中，华融资产和东方资产首先获得了试点资格并成功发行多期不良资产证券化产品。虽然机构少，发行笔数少，但发行规模总体较大，其中仅华融资产一家就发行了规模总计达13.5亿元的单品。同时，华融资产和东方资产两家金融资产管理公司总计发行规模占比达到7.96%，相信随着越来越多的金融资产管理公司获得发行资格，未来规模占比会远超股份制银行。目前，金融资产公司仅处在第三梯队。

表 3-4 金融资产管理公司 2020 年不良资产证券化产品发行情况统计[2]

发起机构	发行单品数（单）	发行规模（亿元）	规模占比（%）
华融资产	1	13.5	4.78
东方资产	1	9	3.18
总计	2	22.5	7.96

同样，在第三次不良资产证券化产品试点扩容阶段，与金融资产管理公司同时纳入试点范围的金融机构还有部分城商银行，它们参与程度不高，仅浙商银行和贵阳银行获得了发行资格，但发行规模总计仅有2.45亿元，规模占比总计0.89%，位列末尾为第四梯队。

---

[1] 数据来源于中债资信。
[2] 同上。

表 3-5 城商银行 2020 年不良资产证券化产品发行情况统计[①]

发起机构	发行单品数（单）	发行规模（亿元）	规模占比（%）
浙商银行	1	1.60	0.56
贵阳银行	1	0.85	0.33
总计	2	2.45	0.89

二、实战案例：首批城商行不良资产证券化

2018 年 10 月 22 日，由甲银行作为发起机构和贷款服务机构的"甲 2018 年第一期不良资产支持证券"（以下简称甲 ABS）在银行间债券市场成功发行。它是甲银行首单不良资产证券化项目，也是全市场首批城商行不良资产证券化项目之一。

1. 项目简述

甲 ABS 发行规模（面额）为 4.25 亿元，分为优先档和次级档。其中，优先档发行规模占比 64.71%，（面额）为 2.75 亿元，评级为 AAA，票面利率 5.35% 加权平均期限为 0.675 年；次级档发行规模占比 35.29%，（面额）为 1.50 亿元，加权平均期限为 1.326 年。如表 3-6 所示：

表 3-6 甲 ABS 相关数据

资产支持证券	发行金额（万元）	发行利率	规模占比（%）	预期到期日	法定到期日	评级（中诚信）	评级（中债资信）
优先级资产支持证券	27500	固定	64.71	2021年4月26日	2023年4月26日	AAAsf	AAAsf
次级资产支持证券	15000	—	35.29	2023年4月26日	2023年4月26日	无评级	无评级
总计	42500	—	100.00	—	—	—	—

数据来源：甲 ABS 发行说明书。

---

① 数据来源于中债资信。

2. 基础资产

中债资信认为，本期证券入池基础资产主要为发起机构的次级、可疑、损失类对公贷款，其中抵质押类贷款占比较高。根据甲ABS发行说明书[1]显示，入池资产涉及39户借款人共计124笔贷款，入池总额为9.9128亿元，其中本金8.87亿元，利息总额1.04亿元；39户借款人平均每户预计可回收金额1541.53万元、124笔贷款平均每笔预计可回收金额484.84万元。从行业方面分析，房地产业不良贷款未偿本息余额占比29.24%，资产笔数为3笔，资产笔数占比2.42%；商服服务业未偿本息余额占比24.23%，资产笔数仅为1笔；从借款人地区分布来看，浙江省杭州市未偿本息余额占比52.16%；上海市入池资产未偿本息余额占比31.13%。同时，本项目入池的不良资产债权抵押率较高，加权平均初始抵（质）押146.48%，预计抵（质）押物回收金额占总预计回收金额比例67.97%，这样单笔不良资产债权现金回收不达预期的风险大大降低。

3. 交易结构

图3-3中列出了本期证券发行的基本交易结构、各方之间的法律关系框架及现金流转过程：

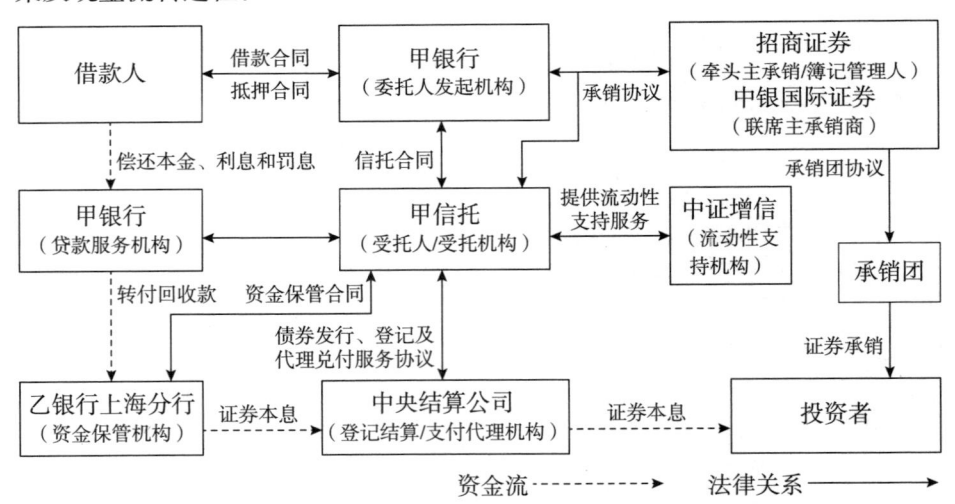

图3-3 本期证券发行的基本交易结构、各方之间的法律关系框架及现金流转过程

数据来源：杭州ABS发行说明书。

---

[1]《甲2018年第一期不良资产支持证券发行说明书》，第121—147页。

具体交易过程如下：

甲银行作为发起机构将相关"资产池"委托给作为受托人的甲信托，由甲信托设立2018年第一期不良资产证券化信托。受托人将发行以信托财产为支持的资产支持证券所得的资产支持证券募集资金支付给发起机构。

受托人向投资者发行资产支持证券，并以信托财产所产生的现金为限支付相应税收、发行费用、中介机构报酬、信托费用及本期资产支持证券的本金和收益。本期资产支持证券分为优先级资产支持证券和次级资产支持证券。

发行人与发起机构、主承销商签署《主承销协议》，主承销商再与其他承销团成员签署《承销团协议》，组建承销团对优先级资产支持证券和次级资产支持证券均以簿记建档方式发行，由牵头主承销商招商证券股份有限公司担任簿记管理人。

信托存续期间，受托机构委托甲银行作为贷款服务机构，履行基础资产池日常管理和维护及处置回收、制订年度资产处置计划和资产处置方案、定期编制资产服务报告等工作；同时，委托乙银行上海分行作为资金保管机构负责信托财产账户资金的保管工作。

本项目中，由委托人和受托人协商确定中证信用增进股份有限公司为"资产支持证券"提供流动性支持的机构。当发生流动性支持触发事件时，流动性支持机构须提供约定金额的流动性支持款项，并取得相应份额的特别信托受益权。

根据《债券发行、登记及代理兑付服务协议》的约定，受托人委托中央国债登记结算有限责任公司对资产支持证券提供登记托管和代理兑付服务。

本期资产支持证券成功发行后，将在全国银行间债券市场上市交易。

4.增信措施

本次交易采用优先/次级结构、信用触发机制、流行性差额补足、流动性储备账户、贷款服务机构超额回收奖励机制等交易结构安排，实现信用及流动性提升。

（1）优先/次级结构

优先/次级安排是证券化项目中最常见的内部信用增级安排。优先级资产支持证券的本息偿付次序优于次级资产支持证券，次级资产支持证券的受偿顺序次于优先级资产支持证券，若因资产池违约使本期证券遭受损失，则首先由次级资产支持证券承担损失，当违约金额大于次级资产支持证券本金余额时，优先级资产支持证券投资者将承担损失。

（2）设立"流动性储备账户+差额补足承诺"机制

本产品在产品结构设计中安排了信托（流动性）储备账户，其金额为必备流动性储备金额。这既可起到流动性支持的作用，又可在一定程度上保障投资者的利益。

必备流动性储备账户和流动性支持机构的差额补足一定程度上缓释了证券的流动性风险。本期证券对优先级证券利息支付设置了流动性储备账户和流动性支持机构的差额补足承诺机制，其中当期的流动性储备账户中会计提下一个支付日所应支付的税收及规费、登记/支付机构费用、优先支出上限内的费用、中介机构当期服务报酬及优先级证券利息总和的2倍。同时，按照交易文件的规定，符合约定规则的次级资产支持证券持有人（除发起机构外）将依照交易文件在流动性支持触发事件发生后对优先级证券应付利息进行差额补足，这在一定程度上降低了优先级证券的流动性风险。

（3）贷款服务机构超额回收奖励机制

本期证券交易结构设置了贷款服务机构超额回收奖励机制，有利于激励服务商的尽职履责意愿。交易文件中规定，按照约定的现金流分配顺序支付完毕次级资产支持证券固定资金成本后，剩余金额的80%将作为贷款服务机构的超额奖励服务费，此规定具有一定的激励作用，能够增加贷款服务机构的尽职意愿。

三、不良资产证券化底层资产有哪些？

1.不良ABS底层资产类型和分析

不良ABS底层资产类型分为：信用类、个贷抵押类及对公类三种。

自2016年发行不良ABS以来，信用类不良ABS发行规模呈递增发行趋势，其中2020年信用类不良ABS共发行39单，占当年不良ABS总发行单数的70.91%，发行金额共计92.69亿元，规模同比增长34.29%，依然稳固占据不良ABS的主流地位[①]。

个贷抵押类不良ABS自2017年发行以来，每年的发行总金额均能突破70亿元的发行量。及时发行单数与发行金额成反比。其中2020年个贷抵押类不良ABS发行8单，发行金额130.36亿元，规模同比增长75.05%。

对公类不良ABS的发行，无论是发行单数，还是发行金额，总体保持平稳。特别是在经历2021年的发行空白后重新兴起，共发行8单，发行金额59.55亿元，其中包含两单小微企业不良ABS。

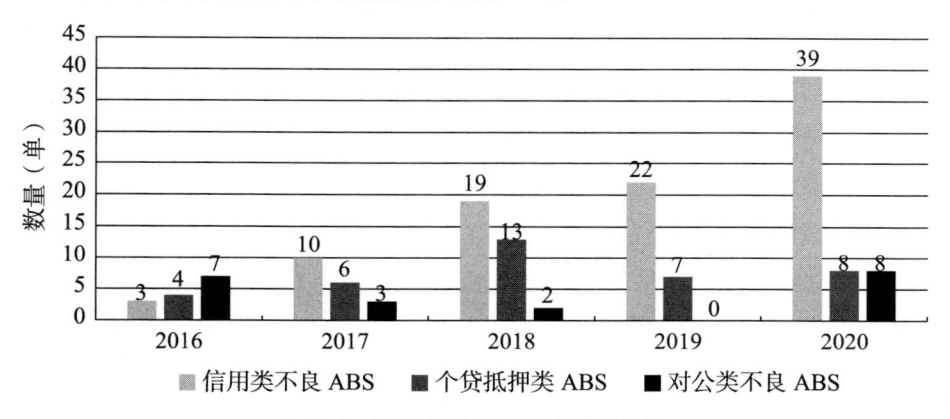

图3-4 不良ABS底层资产发行单数

数据来源：Wind，中债资信。

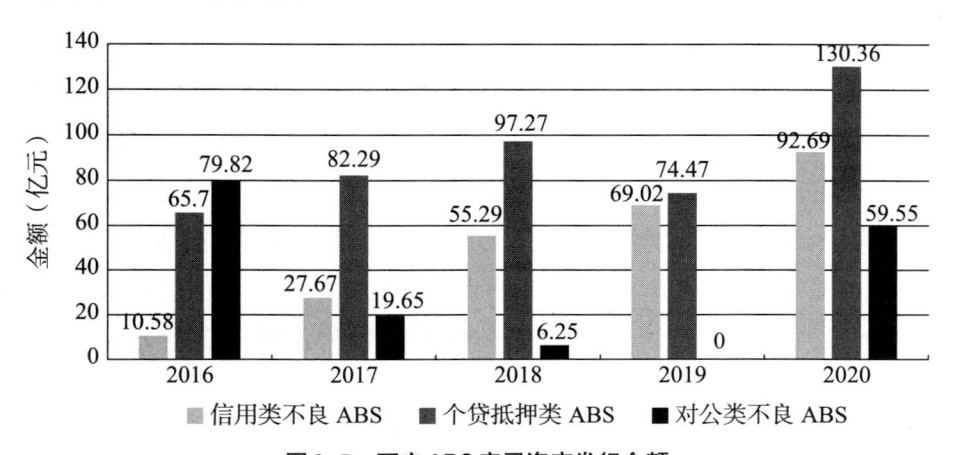

图3-5 不良ABS底层资产发行金额

数据来源：Wind，中债资信。

[①] 数据来源于中债资信。

2.不良资产证券化相关政策分析

我国资产证券化业务经历了四个阶段：试点、暂停、重启、放量。

（1）试点阶段

试点阶段是从2004年到2008年，主要出台的政策有：《关于证券公司开展资产证券化业务试点有关问题的通知》（证监会2004年10月）、《金融机构信贷资产证券化试点监督管理办法》（中国银行业监督管理委员会令2005年第3号）、《信贷资产证券化试点管理办法》（中国人民银行公告〔2005〕第7号）、《资产支持证券信息披露规则》（中国人民银行公告〔2005〕第14号）、《中国人民银行公告〔2007〕第16号——信贷资产证券化基础资产池信息披露有关事项公告》。虽然在试点阶段出台了上述政策，但由于受2008年国际金融危机的影响，我国的资产证券化业务被叫停。

（2）暂停阶段

从2008年到2011年，随着美国次贷危机引发的国际金融危机，让才起步的试点资产证券化业务在我国基本暂停，在此期间，资产证券化产品数量和规模在2008年至2011年期间均逐步下降。

（3）重启阶段

从2012年到2014年，在这一阶段出台的政策主要包括2012年5月出台的《关于进一步扩大信贷资产证券化试点有关事项的通知》（银发〔2012〕127号），它标志着资产证券化重启；2013年3月出台《证券公司资产证券化业务管理规定》（证监会公告〔2013〕16号），它进一步明确资产证券化参与各方的法律地位；2013年12月出台《中国人民银行、中国银行业监督管理委员会公告——关于规范信贷资产证券化发起机构风险自留比例的文件》（央行、银监会〔2013〕第21号公告）明确发起机构自留比例不低于5%；2014年11月出台的《证券公司及基金管理公司子公司资产证券化业务管理规定》（中国证监会公告〔2014〕49号）扩大业务主体与基础资产范围。

（4）放量阶段

放量阶段是从2014年末至今。2014—2015年基本确立了我国资产证券化业务由审批制改为备案制，资产证券化也开始由之前的试点阶段进入放量增长阶段。在放量阶段，出台的政策主要有：2014年11月出台的《关于信贷资产证券化备案登记工作流程的通知》（银监办便函〔2014〕1092号）明确了信贷资产证券化业务实施备案制；2014年12月出台的《关于发布〈资产支持专项计划备案管理办法〉及配套规则的通知》（中基协函〔2014〕459号）对企业资产证券化备案制，对基础资产实施负面清单制度；2015年3月出台《中国人民银行公告（〔2015〕第7号）》（信贷资产支持证券试行注册制）；2015年8月出台的《资产支持计划业务管理暂行办法》（保监会〔2015〕85号）推动了保险业开展资产证券化业务。

2016年2月，银行业不良贷款余额及不良率的持续"双升"，中国人民银行等八部委联合印发《关于金融支持工业稳增长调结构增效益的若干意见》，强调加大不良资产处置的力度和提高处置效率。2016年4月19日，中国银行间市场交易商协会发布施行《不良贷款资产支持证券信息披露指引（试行）》，对不良贷款资产支持证券发行环节、存续期间、重大事件以及信息披露评价与反馈机制作出明确规定，一是增加对不良贷款基础资产的信息披露要求，包括入池资产抵（质）押物特征、回收率预测及现金流回收预测等信息。二是增加证券化相关机构不良贷款历史经验及数据的披露要求，包括发起机构不良贷款情况，发起机构、贷款服务机构（如有）、资产服务顾问（如有）及资产池实际处置机构不良贷款证券化相关经验和历史数据等。三是在定价估值相关信息方面，增加对尽职调查、资产估值程序及回收预测依据的信息披露要求，为投资者提供基础的估值依据。

2020年9月原银保监会发布《关于银行业金融机构信贷资产证券化信息登记有关事项的通知》(银保监办〔2020〕99号)，该文件指出原银保监会不再对信贷资产证券化产品备案登记，实施信贷资产证券化信息登记。2021年9月18日，原银保监会又发布《关于资产支持计划和保险私募基金登记有关事项的通知》，提出将资产支持计划和保险私募基金由注册制改为登记制。登记机构仅对登记材料的完备性和合规性进行查验，不对产品的投资价值和风险作实质性判断。

现将不良资产证券化产品重点相关政策梳理如下：

表 3-7　不良资产证券化产品重点相关政策

1	银监会于 2005 年出台《金融机构信贷资产证券化试点监督管理办法》（中国银行业监督管理委员会令 2005 年第 3 号）
	对信贷资产证券化业务的市场准入管理、业务规则与风险管理、商业银行的资本要求、监督管理、法律责任等内容进行规定。
2	《关于进一步加强信贷资产证券化业务管理工作的通知》（银监办发〔2008〕23 号）
	要求银行根据自身业务水平及管理能力等情况循序渐进发展证券化业务。强调资产质量、真实出售、风险管控，防范道德风险与法律风险，保护投资者利益。
3	《关于进一步扩大信贷资产证券化试点有关事项的通知》（银发〔2012〕127 号）
	在国际金融危机以后重启资产证券化试点，并就信贷资产证券化业务的基础资产、机构准入、风险自留、信用评级、资本计提、会计处理、信息披露等内容提出要求。
4	银行间债券市场企业资产证券化业务规则》及《银行间债券市场企业资产证券化业务信息披露指引》（中国银行间市场交易商协会公告〔2023〕3 号）
	允许非金融企业以公开或非公开定向方式发行资产支持票据，要求票据的发行应制定切实可行的现金流归集和管理措施，履行披露义务，并在交易商协会注册。
5	《关于进一步规范信贷资产证券化发起机构风险自留行为的公告》（中国人民银行、中国银行业监督管理委员会公告〔2013〕21 号）
	要求信贷资产证券化发起机构保留 5% 以上的基础资产信用风险，并根据实际情况灵活确定风险自留的具体方式。
6	《证券公司及基金管理公司子公司资产证券化业务管理规定》（中国证券监督管理委员会公告〔2014〕49 号）及其配套
	扩大资产证券化业务主体与基础资产范围，并对原始权益人、管理人及托管人职责、专项计划的设立及备案、资产支持证券的挂牌与转让、资产支持证券信息披露等内容进行规定。
7	《关于信贷资产证券化备案登记工作流程的通知》（银监办便函〔2014〕1092 号）
	将信贷资产证券化业务由审批制改为业务备案制，并对业务资格审批、产品备案登记、过渡期安排等内容进行规定。
8	《关于发布〈资产支持专项计划备案管理办法〉及配套规则的通知（中基协函〔2014〕459 号）》
	规定企业资产证券化实行备案制，对基础资产实行负面清单制管理。

续表

9	2015年，央行出台《关于信贷资产支持证券发行管理有关事宜的公告》（中国人民银行公告〔2015〕第7号）
	规定信贷资产支持证券试行注册制，并对注册申请报告、标准化合同文本、评级安排等文件的内容提出要求。
10	2016年，银行间市场交易商协会出台《不良贷款资产支持证券信息披露指引（试行）》（中国银行间市场交易商协会公告〔2016〕10号）
	对不良贷款资产支持证券的发行、重大事件、信息披露等进行明确规定。
11	2018年5月，上交所、深交所及报价系统联合发布《资产支持证券存续期信用风险管理指引（试行）》
	落实资产支持专项计划管理人等业务参与机构的信用风险管理责任，建立覆盖资产支持证券存续期全过程和市场参与各方的持续性、常态化信用风险管理机制，填补了之前资产支持证券存续期信用风险管理的空白。
12	2018年5月，上交所发布《资产支持证券定期报告内容与格式指引》
	帮助投资者有效投资决策和强化风险揭示，明确了资产支持证券各信息披露义务人的职责，规定了资产支持证券定期报告的总体披露原则、编制要求及主要内容格式，聚焦披露重点，着力提高信息披露的及时性、针对性和有效性，将为管理人、托管人编制和披露定期报告提供便利，为投资者进行投资决策提供更加丰富的参考信息。
13	2018年5月，上交所发布《上海证券交易所资产支持证券化业务问答（一）》《上海证券交易所资产支持证券化业务问答（二）》
	将无异议函的有效期从6个月延长到12个月，并出台绿色资产证券的相关内容及相应操作流程
14	2018年10月，中国银行间市场交易商协会发布《微小企业贷款资产支持证券信息披露指引（2018版）》
	一是明确了微小企业贷款包括小型企业贷款、微型企业贷款、个体工商户经营性贷款、小微企业主经营性贷款；二是将原有"单笔入池贷款合同金额不超过100万元"标准提升为"借款人单户授信不超过500万元"；三是从风险防范的角度进一步强化信息披露，新增贷款用途、小微企业实际控制人以及个人经营贷款累计违约率等信息披露信息；四是按照微小企业贷款和个人经营性贷款等不同类型资产的特点，针对基础资产总体信息，基础资产分布信息以及债务人分布等关键指标制定差异化的信息披露要求。

续表

15	2018年12月，证监会发布《资产证券化监管问答（二）》
	针对监管部门如何规范资产证券化业务中个别管理人让渡管理责任，开展"通道类"业务的情形进行解答。
16	2019年2月，交易商协会发布《个人消费类贷款资产支持证券信息披露指引（2019版）》
	在总结前期试点经验的基础上，充分借鉴国际经验，进一步明确了循环类型的个人消费类贷款资产支持证券在注册环节、发行环节、存续期重大事件及定期信息披露安排以及信息披露评价及反馈机制，以提升消费类信贷资产支持证券标准化、透明化水平。
17	2019年6月，中基协发布《企业应收账款资产证券化业务尽职调查工作细则》
	明确了对业务参与人、基础资产等尽职调查内容。
18	2019年7月，原银保监会发布《关于加强地方资产管理公司监督管理工作的通知》（银保监办发〔2019〕153号）
	明确地方资产管理公司不得为金融机构虚假出表掩盖不良，或变相为企业或者项目提供融资。
19	2019年11月，上交所和深交所发布《资产支持证券临时报告信息披露指引》
	一是明确管理人和资信评级机构为直接信息披露义务人，确认基础资产现金流的重要提供方、资产评估机构、现金流预测机构和监管银行为负有及时信息披露义务人提供相关信息义务的主体，着力提高信息披露的及时性与透明性。二是新增专项计划文件主要约定发生变化、承诺事项未履行、基础资产权属发生变化、现金流被截留或账户被冻结、市场出现重大不利报道等需要履行披露义务的重大事件，提升信息披露的针对性和有效性。三是进一步规范基础资产循环购买、停复牌及含权条款行权前后应及时披露相关公告。明确资产支持证券持有人会议召集流程、决议方式和公告类型，持有人会议应当由律师见证。提升信息披露的规范性和标准性。
20	2019年12月，上海证监局发布《关于进一步明确证券公司开展资产支持证券业务相关风控指标计算标准的通知》
	一是证券公司自营持有ABS份额的，应当按照《证券公司风险控制指标计算标准规定》的规定，参照信用债评级标准计算市场风险资本准备。二是证券公司作为ABS管理人的，应当按照净收入的15%计算操作风险资本准备，按照所管理ABS存续规模的0.2%计表外项目。如涉及承诺不可撤销的30日内须自有资金认购事项，需按承诺认购规模的100%计算未来30日现金流出。三是证券公司作为ABS销售机构的，应当参照债券承销业务相关计算标准，计算操作风险资本准备、表外项目以及流动性等相关风控指标。证券公司因履行销售义务导致持有ABS的，应当与自营持有该ABS合并计算市场风险资本准备等风险控制指标。

续表

21	2020年9月，原银保监会发布《关于银行业金融机构信贷资产证券化信息登记有关事项的通知》（银保监办发〔2020〕99号）
	银保监会（该机构已撤销，现为国家金融监督管理总局）不再对信贷资产证券化产品备案登记，实施信贷资产证券化信息登记：一是银行业金融机构开展信贷资产证券化业务，应当依照要求进行信息集中统一登记。二是银行业金融机构开展信贷资产证券化业务，发行信贷资产证券化产品前，应当对拟发行产品的基础资产明细和资产支持证券信息实施初始登记。三是银行业金融机构应当持续加强信贷资产证券化信息登记内部管理。四是银行业金融机构应当切实加强信贷资产证券化信息登记质量管理，确保登记数据的真实性、准确性、完整性和及时性。五是银行业金融机构应当切实加强信贷资产证券化信息登记相关信息安全管理，依法履行信息保密义务，不得损害社会公共利益和客户及其他相关方的合法权益。六是信息登记机构按照银保监会（该机构已撤销，现为国家金融监督管理总局）规定要求，承担信贷资产证券化信息登记相关职责。七是银保监会（该机构已撤销，现为国家金融监督管理总局）依法对银行业金融机构的信贷资产证券化业务实施监督管理。

四、不良资产证券化的交易结构及其设置目的

1. 不良资产证券化交易结构

不良资产证券化的基础资产均是不良贷款，回收的金额和时间存在不确定因素。在目前的资本市场中，不良贷款资产证券化还处于摸索阶段，因此交易结构设置简单。一般包括优先级/次级分层结构，流动性支持方案，现金流分配机制，信用触发事件，清仓回购条款。

（1）优先级/次级分层结构

从投资端看，证券化在基础资产现金流产生的基础上又予以技术性分割，设计出优先级、次级的ABS，用后者的劣后受偿和分享剩余权益来适度吸收基础资产的信用风险，为前者的优先受偿提供"安全垫"[1]。目前仅分优先级和次级两档证券。同时，由于基础资产均为不良贷款，其未偿余额很难足额回收，因

---

[1] Frank J. Fabozzi, Issuer Perspectives on Securitization, 1998, p.30-31.

此证券发行总额通常小于资产池未偿余额总额；此外，为了保护投资者，提高证券发行成功率，证券发行总额通常还小于资产池预期的回收金额总额。

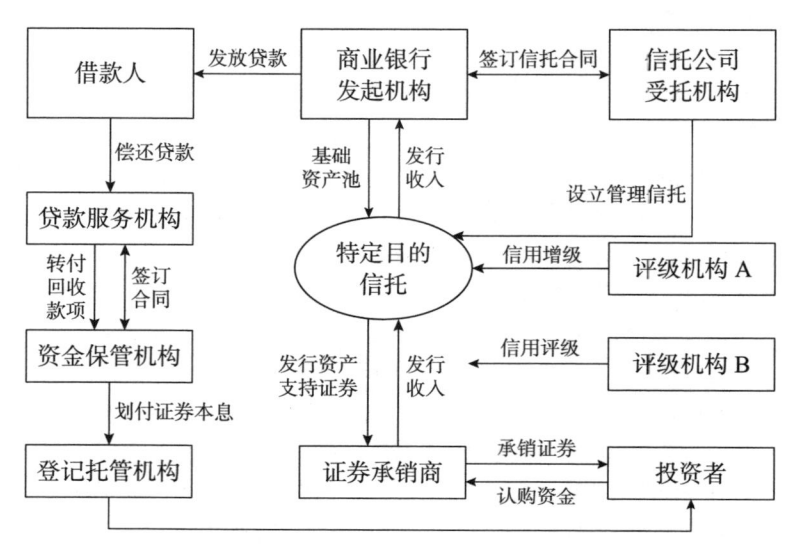

图3-6　不良资产证券化交易结构模型图

资本市场上，优先级和次级的比例一般在75%和25%左右浮动，截至2020年1月，建鑫2019-1不良资产证券化的优先级占总发行金额比例最高，为91.1%，工元至诚2018-7不良资产证券化的优先级占比最低，为59.46%。

（2）流动性支持方案

不良资产证券化由于基础资产产生的现金流不稳定，一般会通过一定的流动性支持方案来避免优先级证券出现流动性风险。流动性风险是信用风险的一种，指无法按期足额兑付证券利息。目前，国内资产证券化流动性支持方案分为两种：一种是内部流动性支持；另一种是外部流动性支持。

内部流动性支持方案，指通过设置内部流动性储备账户来保障下一期证券利息的兑付。用不良贷款提前封包产生的回收款（实质是贷款银行的折扣让利）[1]和项目运营时从当期不良贷款回收款提取的一定比例资金存入流动性

---

[1] 《中誉2016年第一期不良资产支持证券发行说明书》：首单不良资产证券化中誉2016年第一期的基础资产从2015年9月30日起开始封包，到2016年5月27日正式发行ABS并开始计息时，其资产池的回收款已有15457.19万元。之后的不良资产证券化操作大多也进行了资产的提前封包。

储备账户，作为不良资产池现金流回收不足的补充。

外部流动性支持方案，指依靠第三方机构来补足息费。第三方机构收取流动性承诺费，提供流动性支持金额，并获取相应的特别信托受益权份额。引入外部流动性支持机构来缓解不良资产现金流一时不足以偿付ABS本息的困难。

这些举措，虽然缓解了不良资产证券化现金流的不平稳状况，但客观上会增加运作成本，甚至造成对它们的过度倚重，乃至会改变证券化的资产信用融资属性。

（3）现金流分配机制

①个人信用类不良资产证券化，现金支付顺序，在扣除处置费用后，剩余资金按照重要性由高向低的顺序进行分配：

• 必须支付的重要费用，一般包括相关税费、发行费用与中介费用、优先级证券利息；

• 优先级本金以及服务费用，一般包括补充流动性储备金额（如有），超过上限的费用支出、服务费用、优先级本金；

• 次级支持证券持有人的收入，一般包括次级证券本金和其固定资金成本；

• 超额收益，一般包括贷款服务机构的超额奖励服务费、次级证券的超额收益。

②个人抵押类不良资产证券化，现金支付顺序，在扣除处置费用后，剩余资金按照重要性由高向低的顺序进行分配：

• 必须支付的重要费用，一般包括相关税费、发行费用与中介费用、优先级证券利息；

• 流动性支持机构费用和相应收益，一般包括流动性承诺费和相应的特别信托受益权；

• 优先级本金以及服务费用，一般包括补充流动性储备金额（如有），超过上限的费用支出、服务费用、优先级本金；

• 次级支持证券持有人的收入，一般包括次级证券本金以及其固定资金成本；

• 超额收益，贷款服务机构的超额奖励服务费和次级证券的超额收益。

③对公抵押类不良资产证券化，其现金支付顺序同个人抵押类不良资产支持证券类似。

（4）信用触发事件

信用触发事件，指当某些特定或意外的事件发生，可以通过改变资产池的现金支付顺序，来保障优先级证券优先获得利息或本金，从而有效对抗风险，减少投资者的损失。常见的信用触发事件有：发行人丧失清偿能力、贷款服务机构未能根据交易文件按时付款或划转资金、交易文件部分或全部被终止，优先级证券利息延期支付、法定到期日后证券本金尚未清偿等情况。

（5）清仓回购条款

清仓回购条款，指一旦ABS的未偿本金余额降至初始日资产池金额的10%或10%以下，发行人可采取回购剩余ABS的措施，提前清盘项目，以节约成本。

2. 不良资产证券化设置目的

根据对中债资信的梳理，综观不同交易结构特征，总结出如下三大交易结构设置目的：

（1）降低优先级证券投资人面临的信用风险

对于不良资产证券，其最主要的信用风险是资产池产生的现金流无法足额偿付证券本息，主要体现在以下两个方面：①利息无法按期足额支付；②本金在法定到期日无法足额偿付。我们可以通过优先级次级分层、流动性支持方案、现金流支付顺序的设计有效降低证券的信用风险。

通过优先级次级分层可以有效降低证券信用风险，优先级发行规模占总预计回收金额比例越小，得到及时足额偿付的可能性越大，其信用风险与足额偿付可能性成反比，通常证券发行总额小于资产池未偿余额总额；同时为了更好地保护投资者，提高证券发行成功率，证券发行总额通常小于资产池预期的回收金额总额。优先级占预计回收金额比例越低，优先级获得基础资产现金流的支持力度越大，证券的信用质量越高。从历史发行来看，优先级证券本金一般占预计回收金额的50%—70%。在同样的情况下，假使优先级本金占预计回收金额过高，当遭遇宏观环境风险或贷款服务机构尽职履责风险时，回收现金流降低过多，从而引发优先级证券的信用风险将大大增大。

通过流动性支持方案可以有效降低证券信用风险，缓释证券利息无法按期足额偿付的信用风险。在流动性支持方案中，流动性储备账户，每期将储备下一期应付税费和优先级利息金额之和的几倍，将有力地保证下一期优先级利息兑付，避免发生违约事件。流动性储备账户作为相对简易便捷的方式，广泛存在于不良资产证券化项目中。

表 3-8　已发行项目流动性储备账户设置情况

不良贷款类别	包含流动性储备账户（个）	不包含流动性储备账户（个）
信用卡不良贷款	45	0
个贷抵押不良贷款	38	2
对公不良贷款	11	1
合计	94	3

数据来源：中债资信整理、公开发行说明书披露。

设计现金流支付顺序可以有效降低证券信用风险。优先支付：优先级证券的本金和利息，可有效降低优先级证券的信用风险。在分配机制中，优先级证券本金和利息的兑付顺序一般为靠前顺位，在同样回收现金流的情况下，较早兑付优先级的本息，可避免证券受到未来宏观经济波动等情况的影响。

（2）激励贷款服务机构尽职履责意愿

清仓回购条款的运用是发起机构保留超额收益和调节次级收益的重要方式，可激励贷款服务机构尽职履责能力。对于不良资产支持证券来说，其未来的现金流回收水平不稳定，贷款服务机构可以通过设立较高的清仓回购价格，来弥补次级投资人的收益。同理，假设资产池剩余未偿本金预计回收金额远高于预期，贷款服务机构也可以设立较低的清仓回购价格，使贷款服务机构保留更多的超额收益，同时让次级证券投资人总收益率绝对值下降，但投资期限缩短，消除了未来现金流的不确定性。

超额奖励服务费的运用可激励贷款服务机构尽职履责。不良资产支持证券的回款高度依赖贷款服务机构以及其合作催收机构的催收能力，故为了促进贷款服务机构的尽职履责意愿，避免因预测的基础资产回收金额低于实际回收金额导致次级证券收益率过高，一般会设置超额奖励服务费。超额奖励服务费,是指按照约定的现金流分配顺序,在支付完毕次级证券固定资金成本后,剩余回收金额的一部分(30%至80%不等)支付给贷款服务机构的服务费用。在不良资产证券化项目中,大部分项目也会设立超额奖励服务费。

(3)保障次级投资人基本收益

固定资金成本的合理运用,会保障次级投资人的收益。不良资产支持证券天然的回款不稳定性,将在很大程度上影响投资人的收益,尤为突出的是次级投资人,在这样的背景下,一般会设立一定的次级证券的固定资金成本(或预期资金成本),在该部分固定资金成本支付完毕之后,再进行超额奖励服务费的兑付。截至目前,已发行的不良贷款证券化项目中,均包含固定资金成本的设置。

五、不良资产证券化的难点和解决办法

1.不良资产证券化估值难点与解决之道

根据银行的惯例,通常将资产的风险等级划分为五类:正常、关注、次级、可疑、损失。其中后三类属于不良资产,它们的共性均是违约逾期。不良资产证券有别于常规资产证券,实践中需要对每一笔资产进行估值定价,对每一个样本规划详尽的处置方案,且方案还需考虑现金流回收节点和金额。极大的不确定性,影响着不良资产的处置回收规模和时间,难以预测的资金池亦是不良资产证券定价的痛点。不良资产证券发行规模和基础资产规模之间的折扣,始终受到定价的影响。假设定价越低其与国有资产流失的可能性成反比,定价过高则与投资者投资热情成反比。

由此,我们的解决之道是:

(1)详尽的尽职调查。养成良好的尽职调查习惯,有利于建立精准的数据库,利用大数据分析,再对资产证券化进行分门别类的归类。不良资产证券化的实质,即以债务人向资产管理公司还贷的现金流,用于向投资者支付本息的一种金融模式。这就要求证券化的资产在未来相当长的一段时期内保持稳定的现金流。不过,实践中,由于不良资产的品质参差不齐,因此都很难达到证券化资产的要求。这就需要前期详尽的尽职调查,由此来制定分类程序和标准,

把能够在未来产生稳定现金流的资产按照一定的标准让它们脱颖而出。

（2）完善估值定价的方法。完善的前提是，不仅要加强对未来数据的研判能力，这是确定产品的定价、评级和信息披露的基础；而且要让更多的主体参与进来，从而达到完善估值定价的目的，如承销商和评级机构的充分参与，不同维度地了解不良资产的具体资料，再据此共同对资产池进行估值定价，不失为一种好方法。

2. 不良资产证券化市场雏形化与破局之道

国内不良资产证券化处于起步阶段，银行为确保项目成功发行通常较为审慎。不良资产证券化在欧美市场比较发达，其资本市场也更成熟。反观我国的资本市场，证券化基础并不牢固，市场操作有待规范。早前不良资产证券化套用信贷资产证券化的制度框架，由银保监会（现为国家金融监督管理总局）和中国人民银行（以下简称央行）共同监管，主要适用2005年的《信贷资产证券化试点管理办法》《金融机构信贷资产证券化试点监督管理办法》和2012年的《关于进一步扩大信贷资产证券化试点有关事项的通知》等相关规定。不良资产证券化专业性强，依赖高质量的人才，故必须有一批既熟悉国际上成熟经验，又符合我国特定市场行情的复合型人才。

由此，我们的破局之道是：

（1）相关单位简政放权，让产品操作走向成熟。2014年《关于信贷资产证券化备案登记工作流程的通知》发布后，银行业金融机构在取得证券化业务资格后发行证券化产品，只需在发行前向原银保监会备案登记。我国资产证券化，在不良资产证券化操作上也体现了这种市场化倾向，除上述必要的审批，产品的结构设计、发行交易、日常管理及清算等环节，都由市场参与方自主进行，其最终结果能够真实地反映市场对不良资产证券化的态度。

（2）培养专业人才队伍。不良资产证券化业务复杂，需要掌握资产证券化相关知识的法律、财务等各个专业知识的复合型人才。我国商业银行不仅需要引进国外先进的金融类人才，更应该重视对现有银行从业人员进行专业化的培训。强化从业人员的整体业务水准，为资产证券化业务的未来发展提供合格的人才。

3.不良资产证券化交易信息不对称与化解之法

我们都知道,不良资产是高风险资产。投资者在投资不良资产贷款证券中,常常面临着"看不懂,不敢买"的困境。其症结在于买卖双方的"信息不对称"。销售包装产品时,往往只强调收益,忽略风险提示。购买者的专业能力有限,对被包装后的产品往往一知半解,难以把握定价,限于自我估值。综上,这种交易结构让不良资产证券产生"隐形门槛",将大批客户挡在门外,致使投资者集中于处置不良资产经验丰富的资管公司或银行机构之间。

同时,面向资本市场的证券化对不良资产提出了更高的要求,需要较高的透明度和准确性。当银行运用证券化技术时,往往需要聘请中介机构,投入冗长的时间和较高的成本,资产尽职调查使处置周期被拉长。从试点实践中观察,不良对公贷款的债务人数通常几十人,甚至几百人,且用逐一尽调方式[①]。其中尤甚者是信用卡消费贷款等个人贷款业务,其笔数多且单笔数额小、地域分散的特点,使得只能采用抽样调查代替逐一尽调模式。银行对这类资产的损失率缺乏充分的历史数据,而被调查的抽样基数等主要依赖于中介机构的主观判断和经验,缺乏统一的标准。银行还受制于时间和成本,其有效性尚需检验。综上,信息缺失和不对称难题抑制了银行对不良资产证券化的运用,也限制了市场对不良资产ABS的投资。

由此,我们的化解之法是:

(1) 强化对证券化过程中信息的披露管理。强化资产证券化过程中风险的管理,减少投资者过度地承担不应由其承担的风险。因为我们都知道,一定体量的投资者是资本市场生存和发展的基石。在不良资产证券化过程中,原始权益人、发行者、投资者之间的信息不对称模式,要强化对信息披露的

[①] 《甲 2016 年第一期不良资产支持证券发行说明书》:甲 2016 年第一期对公贷款不良资产证券化中,由乙银行总行、相关分行及各中介组成的尽调团队对所涉的 1199 份贷款合同和 204 位债务人开展逐笔尽调(对入池资产采用现场尽职调查、对相关资产进行现场查看),耗费大量时间与精力,在中介服务费相对固定的情况下,其业务回报恐有"赔本赚吆喝之嫌"。

《甲 2017 年第一期不良资产支持证券发行说明书》:之后的对公贷款不良资产证券化大抵采用了类似的逐笔尽调方法,但丙银行的"甲 2017 年第一期"只抽取了 175 户债务人中的 59 户进行调查,采用的是抽样方法。

管理，加大对信息披露失误主体及相关负责人、披露虚假信息主体及相关负责人的处罚力度。

（2）强化立法，弥补漏洞。实践中，基于不良贷款的特殊性，中国人民银行指导银行间市场交易商协会制定了《不良贷款资产支持证券信息披露指引（试行）》，用于加强信息披露规范，提升产品标准化水平和透明度。

4. 不良资产证券化法律框架不完善与攻克之法

中国的四大资产管理公司即使都被赋予资产证券化的业务范围，但缺乏国家层面的统一管理。不良资产证券化是资本市场新格局中的金融工具。综观全球资本市场，美国的资产管理公司RTC和韩国的资产管理公司KAMCO的资产证券化都是在系统的法律框架下进行，韩国颁布了《不良资产证券化法》，而我国的不良资产证券化业务起步较晚，实践中以试点管理办法和一些监督管理机构发布的通知为主要依据，现行的《证券法》《公司法》《企业债券管理条例》《企业债券发行与转让管理办法》等法律法规，都未对不良贷款证券化作系统的规定。我国的不良资产证券化主要依托的法律为《信托法》，其他规定散见于部委规章及规范性文件，最高法的解释、答复及通知中。

由此，我们建议的攻克之法是：制定和补充不良资产证券化相关法律制度。出台专业层级法律规定使其具有针对性，确保不良资产证券化产品的发行、上市、交易和信息披露都有法可依，有法可循。立法不能一蹴而就，需要循序渐进。

六、不良资产证券化的法律尽职调查

1. 不良个人/小微贷款债权

自开展不良资产证券化试点以来，2016年当年有4单入池资产为个人抵押贷款的不良资产支持证券成功发行，其中小微贷款不良资产支持证券2单："和萃2016年二期""和萃2016年四期"；个人住房抵押贷款不良资产支持证券1单："建鑫2016年二期"；个人抵押贷款不良资产支持证券1单："工元2016年三期。"

此4单产品，基础资产都有抵押担保，其抵押物常见为住宅、商铺。入池资产体量大、分布广。而且，资产池由分散在全国各地的不良贷款债权组成，因此给抽样工作带来了巨大困难。在各个机构的协调统一下，参与机构均采用具有代表性的抽样方法对基础资产进行尽职调查，通过尽调工作排除个别具有法律瑕疵或不符合标准的个人贷款债权。

（1）尽职调查方法

• 逐一核查抽样资产的信贷资料、相关诉讼材料、催收记录等情况；

• 根据核查结果对相关人员进行访谈，如客户经理、催收团队等，从而更全面地了解债务人、担保人及可偿债资产的情况；

• 从官方渠道调查债务人抵质押物及其他财产概况，如走访工商行政管理部门、房产土地管理部门等，调取相关信息；

• 对抽样资产所涉及的抵押物进行逐一现场调查。

（2）法律风险

①仅办理预告登记。实践中，在抵押房屋时，存在商业银行仅对预售商品房办理抵押权预告登记，尚未办理房屋所有权、土地使用权的正式抵押登记手续之情况。根据《民法典》第221条规定，"当事人签订买卖房屋的协议或者签订其他不动产物权的协议，为保障将来实现物权，按照约定可以向登记机构申请预告登记。预告登记后，未经预告登记的权利人同意，处分该不动产的，不发生物权效力。预告登记后，债权消灭或者自能够进行不动产登记之日起九十日内未申请登记的，预告登记失效"。《最高人民法院公报》2014年第9期"中国光大银行股份有限公司上海QP支行诉上海DH房地产有限公司、陈某某"一案中，即预告登记并不具有担保物权的法律效力，而作为一种预先的排他性保全。

②共同共有房屋，仅登记于夫妻一方名下的，抵押担保效力具有不确定性。夫妻一方以其在婚姻关系存续期间取得的房屋仅登记在一方名下，为个人贷款提供抵押担保的情况下，登记于一方名下的抵押人的配偶尚未签署同意抵押的相关文件，且商业银行无法提供抵押人的配偶知道或应当知道而未提出异议的证明。此时，银行的抵押权存在被认定为具有法律瑕疵。

③抵押房产为抵押人的唯一住房时之困境。根据《最高人民法院关于人

民法院办理执行异议和复议案件若干问题的规定》第20条第1款规定，"金钱债权执行中，符合下列情形之一，被执行人以执行标的系本人及所扶养家属维持生活必需的居住房屋为由提出异议的，人民法院不予支持：（一）对被执行人有扶养义务的人名下有其他能够维持生活必需的居住房屋的；（二）执行依据生效后，被执行人为逃避债务转让其名下其他房屋的；（三）申请执行人按照当地廉租住房保障面积标准为被执行人及所扶养家属提供居住房屋，或者同意参照当地房屋租赁市场平均租金标准从该房屋的变价款中扣除五至八年租金的"。据此可知，抵押人以此作为抗辩理由的，人民法院不予支持。当然也要考虑，实践中各地司法审判的理解与适用。

2. 不良对公贷款债权

在不良资产证券化试点中，试点银行均发行了基础资产为对公贷款债权的不良资产支持证券，包括"和萃2016年三期""工元2016年一期""建鑫2016年一期""交诚2016年一期""农盈2016年一期""中誉2016年一期""中誉2016年二期"在内的总计7单产品。这7单产品中，入池贷款为抵质押贷款的占比最低为73.06%、最高为96.35%，其中房产、土地类资产占比较其他占比较高[1]。区别于其他种类基础资产抽样的尽调方式，不良对公贷款入池资产，根据相关监管部门的要求均采用了现场尽调和逐笔开展尽调的方式。

（1）尽职调查方法

在尽职调查过程中，在对资产池中的信息及信贷档案展开核对工作的基础上，还需对资产池所涉及的抵质押物、查封物、借款人、保证人及其他相关财产线索进行逐一走访查看。

（2）法律风险

①其他债权人先查封抵押财产之困境。根据《最高人民法院关于首先查封法院与优先债权执行法院处分查封财产有关问题的批复》："执行过程中，应当由首先查封、扣押、冻结（以下简称查封）法院负责处分查封财产。但已进入其他法院执行程序的债权对查封财产有顺位在先的担保物权、优先权（该债权以下简称优先债权），自首先查封之日起已超过60日，且首先查封法院就该查

---

[1] 根据中债资信公布的数据整理而来。

封财产尚未发布拍卖公告或者进入变卖程序的,优先债权执行法院可以要求将该查封财产移送执行。"由此可见,其他债权人先查封抵押财产之困境得到了法律层面的支撑,但仍要考虑各地司法审判在实践中的理解与适用。

②最高额抵押主债权确定期限尚未届满之困局。根据《民法典》第421条的规定,最高额抵押担保的债权确定前,部分债权转让的,最高额抵押权不得转让,但是当事人另有约定的除外。由此,尽管部分抽样债权资产项下最高额抵押的主债权确定期间尚未届满,但商业银行向受托机构作出不再向上述资产项下债务人发放新的贷款或提供任何债务性融资的书面承诺时,我们认为商业银行可以转让其最高额抵押主合同债权。

七、不良资产证券化评级关注要点

作为资产证券化的分支,不良ABS的评级思路与普通资产证券化相似,评级目的均是披露证券化产品如期偿付本息的能力。但与一般资产证券化不同的是,不良ABS的基础资产品质较弱,具有较大的资产回收金额和回收时间不确定性。因此,在对组合进行信用风险分析时,主要分析ABS的回收能力(回收金额与回收时间),而其回收能力与抵押物的变现情况和借款人的还款意愿等息息相关。在进行评估时,如下五个方面因素占据主导地位:基础资产、交易结构与增信措施、现金流分析和压力测试、主要参与方尽职能力、政策与法律风险。除评估外,上述因素还将进一步影响证券化产品的信用风险。

1.基础资产

基础资产,是定性分析基础资产回收能力的基础,也是获得定量分析主要输入变量的前提。在评估基础资产时,首先要知道资产池所处的宏观环境;其次要明确资产池的基本特征;最后要关注资产估值过程。

(1)宏观形势与前景

与正常贷款相比,宏观经济形势与发展前景对不良资产的回收率与回收波动更敏感。因此,评估不良ABS产品发行时期的宏观形势与前景就非常重要。在宏观经济下行期,发生违约的主体不仅经营举步维艰,而且其贷款抵质押物市场价值往往偏低，在这种情况下，不良资产的真实回收率可能持续走低，回收时间冗长，从而增加证券化产品的信用风险；在宏观经济上行期，发生违约的主体更可能摆脱困局，而且其贷款抵押物市场价值较高，在此情况下，不良资产的真实回收率和回收时间可能更符合预期甚至优于预期，从而降低证券化产品的信用风险。从实践发行的不良ABS来看，在较好的宏观经济环境下，其基础资产回收是好于预期的重要因素。在过去十多年地产上升周期的资产增值效应下，土地房地产在内的不动产抵押物为不良资产回收提供了重要支撑。

（2）基础资产特征

在对信息进行收集整理的过程中，需重点关注的要点为：数量、分散性、地区、行业、抵质押占比等。这些因素影响着资产池回收波动性。数量多、分散性好的资产池，会使得受评证券总回收金额波动性较小。同时，不良资产通常分为信用卡不良贷款、不良个人/小微贷款、不良对公贷款。不同类型下的不良资产，其分散性程度、抵押物充足与否及平均回收时间等特征均有所不同，需要收集整理的基本信息也不尽相同，需分类考察。

（3）基础资产估值

基础资产估值与回收率有关，对基础资产估值可分为：有担保基础资产的估值和无担保基础资产的估值。

有担保基础资产的估值计算公式：回收估值=借款人回收+保证人回收+抵押物回收+其他回收贡献值。同时，还要考虑区域经济、环境、借款人/保证人资信情况、抵质押物情况和处置进程，对资产预期回收金额与回收时间分布作出研究和判断。其中，对抵押物和质押物价值进行评估时，采用的方法为市场价格法、成本价格法等。

2. 交易结构与增信措施

根据《金融机构信贷资产证券化试点监督管理办法》第30条规定，"信用增级可以采用内部信用增级和/或外部信用增级的方式提供。内部信用增级包括但不限于超额抵押、资产支持证券分层结构、现金抵押账户和利差账户等方式。外部信用增级包括但不限于备用信用证、担保和保险等方式"。根据《信贷资产证券化试点管理办法》第34条规定，资产支持证券可通过内部或外部信用增级方式提升信用等级。

在内部增信措施中，除对优先/劣后结构、设立流动性储备账户、超额抵押、信用触发机制等常规评估外，还要着重分析不良资产累积回收率与资产包折扣率的关系。发起机构为提高资本市场对于不良ABS产品的认可，主动让渡部分出售资产包的收益给优先级充当安全垫。但我们相信，随着不良ABS发行常态化，资产包折扣率会逐渐向累积回收率收敛。此外，不良资产历史回收率的波动水平影响着资产包折扣率，当不良资产历史回收率波动变大时，资产包折扣率应为波动预留足够的空间。

外部增信措施，可进一步提高不良资产支持证券的信用水平。目前，我国资产证券化市场常见的增信措施包括第三方担保、差额补足、回购承诺、收益权质押等。不良资产证券化，因其基础资产回收金额和回收时间不确定、流动性风险高、产品不成熟等特点，导致外部增信措施常态化，增信后能起到较明显的增信作用。

3.现金流分析和压力测试

现金流分析与压力测试是评级不可或缺的重要一环。不良ABS产品现金流估值预测难度大，因其天然的不确定性，使每一个不良资产的现金流均具备不稳定性。但优先级投资者是按固定时间还本付息的固定收益类投资产品，这使得不良ABS产品需通过不良资产进行打包组合优化，把单体的不稳定性组合成整体相对稳定的现金流。作为评级机构，需根据交易结构的特征，采用蒙特卡罗模拟等方法，测算基础资产池的现金流能够覆盖受评证券本息支付要求的概率，进而参考理想违约率目标对证券化产品进行信用评估。评级机构需根据证券发行规模与利率、交易结构安排等要素，编制现金流模型，并通过对模型参数的更改，对现金流进行压力测试。

压力测试使得资产池在某些不利情景下产生的现金流对证券本息偿付的覆盖情况，不利情景通常有：发行利率上行、回收率下降、回收时间延迟等。压力测试一般包括单因素压力测试与多因素（组合）压力测试。如果在压力测试中各时间节点的现金流不理想，则需要继续调整产品结构和相关增信措施，并再次进行现金流分析和压力测试，最终达到与之相应的评级结果。

4. 主要参与方尽职能力

在我国，不良资产证券化主要参与方有产品发起机构/贷款服务机构、评级机构、评估发起机构等。其中产品发起机构/贷款服务机构、评级机构，需要考察不良ABS的运营管理能力、资本实力和财务状况，从而评估发起机构对证券化交易承诺和保证的尽职能力。其中贷款服务机构，其超额服务奖励机制的设立，能有效增强贷款服务机构的尽职意愿，促进基础资产的处置回收。其中评级机构，还关注资金保管机构的运营能力、财务状况、风险管理等能力，确保资金保管方有完善的风险管理体系与证券化业务安排，最小化由资金保管机构尽职能力不足或意愿不足而产生的风险。

CHAPTER 4

第四章

实现担保物权程序和
公证债权文书
强制执行制度

在债务催收和不良资产处置的过程中，持有特定担保物或权利（抵押权或质押权）的债权人，往往可通过3种方式实现债权。最常见的就是提起普通诉讼，通过一审、二审，直到执行拍卖，最终实现债权；但实现担保物权特别程序的出现似乎又给了债权人一种更高效、更快捷的非诉讼程序；另外，做过公证债权文书的债权人还能通过公证债权文书申请直接进入强制执行。那么，这3种方式在实践运用中各有什么利弊，是否可以联合运用，已成为制定债务催收策略时的一个实务问题。

一、实现担保物权程序快速入门

2021年修订的《民事诉讼法》第十五章第七节规定了"实现担保物权案件"。其中，第203条规定："申请实现担保物权，由担保物权人以及其他有权请求实现担保物权的人依照民法典等法律，向担保财产所在地或者担保物权登记地基层人民法院提出。"第204条规定："人民法院受理申请后，经审查，符合法律规定的，裁定拍卖、变卖担保财产，当事人依据该裁定可以向人民法院申请执行；不符合法律规定的，裁定驳回申请，当事人可以向人民法院提起诉讼。"

2022年修订实施的《最高人民法院关于适用〈中华人民共和国民事诉讼法〉的解释》（以下简称《民事诉讼法解释》）第359条至第373条是对实现担保物权程序的细化规定，明确了申请人的范围[1]、管辖法院[2]、提交申请的材

---

[1] 《民事诉讼法解释》第359条："民事诉讼法第二百零三条规定的担保物权人，包括抵押权人、质权人、留置权人；其他有权请求实现担保物权的人，包括抵押人、出质人、财产被留置的债务人或者所有权人等。"

[2] 《民事诉讼法解释》第361条："实现担保物权案件属于海事法院等专门人民法院（转下页）

料①、法院的审查范围②、异议审查③等问题，为基层人民法院受理和审查此类案件提供了具体的指引。

实现担保物权程序对于更高效地实现债务全面清收具有现实的意义，其

（接上页）管辖的，由专门人民法院管辖。"

第362条："同一债权的担保物有多个且所在地不同，申请人分别向有管辖权的人民法院申请实现担保物权的，人民法院应当依法受理。"

① 《民事诉讼法解释》第365条："申请实现担保物权，应当提交下列材料：

（一）申请书。申请书应当记明申请人、被申请人的姓名或者名称、联系方式等基本信息，具体的请求和事实、理由；

（二）证明担保物权存在的材料，包括主合同、担保合同、抵押登记证明或者他项权利证书，权利质权的权利凭证或者质权出质登记证明等；

（三）证明实现担保物权条件成就的材料；

（四）担保财产现状的说明；

（五）人民法院认为需要提交的其他材料。"

② 《民事诉讼法解释》第366条："人民法院受理申请后，应当在五日内向被申请人送达申请书副本、异议权利告知书等文书。

被申请人有异议的，应当在收到人民法院通知后的五日内向人民法院提出，同时说明理由并提供相应的证据材料。"

第367条："实现担保物权案件可以由审判员一人独任审查。担保财产标的额超过基层人民法院管辖范围的，应当组成合议庭进行审查。"

第368条："人民法院审查实现担保物权案件，可以询问申请人、被申请人、利害关系人，必要时可以依职权调查相关事实。"

第369条："人民法院应当就主合同的效力、期限、履行情况，担保物权是否有效设立、担保财产的范围、被担保的债权范围、被担保的债权是否已届清偿期等担保物权实现的条件，以及是否损害他人合法权益等内容进行审查。

被申请人或者利害关系人提出异议的，人民法院应当一并审查。"

第370条："人民法院审查后，按下列情形分别处理：

（一）当事人对实现担保物权无实质性争议且实现担保物权条件成就的，裁定准许拍卖、变卖担保财产；

（二）当事人对实现担保物权有部分实质性争议的，可以就无争议部分裁定准许拍卖、变卖担保财产；

（三）当事人对实现担保物权有实质性争议的，裁定驳回申请，并告知申请人向人民法院提起诉讼。"

③ 《民事诉讼法解释》第372条："适用特别程序作出的判决、裁定，当事人、利害关系人认为有错误的，可以向作出该判决、裁定的人民法院提出异议。人民法院经审查，异议成立或者部分成立的，作出新的判决、裁定撤销或者改变原判决、裁定；异议不成立的，裁定驳回。

对人民法院作出的确认调解协议、准许实现担保物权的裁定，当事人有异议的，应当自收到裁定之日起十五日内提出；利害关系人有异议的，自知道或者应当知道其民事权益受到侵害之日起六个月内提出。"

较于普通诉讼程序,审限时间较短,申请费用较低,总体而言是在一定程度上节省了时间成本和诉讼成本。

但其在实践使用中,也暴露出一些问题:

第一,我国相关法律没有明确规定在实现担保物权程序的过程中,是否可以适用公告送达。如果实现担保物权当事人找不到,一些法院就无法公告送达。其主要争议焦点在于实现担保物权程序的立法目的是提高债权清收的效率,而两个月的公告期显然和这一立法目的相悖,但是根据《民事诉讼法》第187条规定,人民法院适用特别程序审理的案件,应当在立案之日起三十日内或者公告期满后三十日内审结,其明确提到了特别程序审理的案件可以适用公告期。

第二,在司法实践过程中,各地法院对于担保物权的申请是实质性审查还是程序性审查并没有统一的规定。部分法院在当事人对申请提出相关异议时,仅做了程序审查,便驳回申请,也有部分法院会对所提出的申请事实进行查明,然后再作出是否裁定准许拍卖、变卖。特别对于一些案情比较复杂的案件,如果一旦对方提出异议,可能这个程序就要被搁置。

第三,当事人会在提起实现担保物权特别程序的同时,提出对债务人、保证人等承担责任的主体一并通过普通诉讼程序主张权利,那么如何实现担保物权特别程序与普通诉讼程序的衔接,也是司法实践中所要面对的问题。

这一司法实践问题可以分为两种情况,即标的重合和标的不重合。针对标的重合的情况,部分地区的高级人民法院都对此作出了一定的解释,如重庆高级人民法院发布的《实现担保物权特别程序若干问题的解答》规定"立案受理前,立案部门应当询问申请人是否就实现担保物权提起了诉讼,如果申请人既申请实现担保物权又就相关权益争议提起诉讼的,则应当向申请人释明由其进行选择。申请人不撤回起诉的,人民法院则应裁定不予受理实现担保物权申请。在人民法院受理实现担保物权案件后,被申请人就相关权益争议又提起诉讼的,人民法院应当裁定驳回实现担保物权申请"。

也就是说,如果标的重合,那么当事人只能选其一,否则实现担保物权特别程序应终止。即便因实现担保物权特别程序的受理法院与普通诉讼程序的受理法院为不同法院,但由于普通诉讼程序的诉讼请求中包含了实现担保物权的内容，当事人仍应当选择其中一个。如果不作出选择，那么实现担保物权特别程序应当裁定终止。

如果标的不重合，即实现担保物权特别程序的诉讼请求内容并不当然地包含在普通诉讼程序中，那么这两个程序可以同时存在，但是普通诉讼程序应中止审理，要根据实现担保物权特别程序的审理和执行情况，最终决定是否恢复普通程序的继续审理。如此，一般可通过普通程序中的保全程序实现对债务人、保证人有效财产的保全，即便后续案件审理的普通程序中止，也能够在一定程度上合理保护债权人的合法权益。

二、公证债权文书强制执行快速入门

根据《民事诉讼法》第245条规定，对公证机关依法赋予强制执行效力的债权文书，一方当事人不履行的，对方当事人可以向有管辖权的人民法院申请执行，受申请的人民法院应当执行。公证债权文书确有错误的，人民法院裁定不予执行，并将裁定书送达双方当事人和公证机关。根据《公证法》第37条规定，对于经公证机关公证并赋予强制执行效力的债权文书，债务人不履行或者不适当履行债务的，债权人有权依法向有管辖权的人民法院申请执行上述债权文书，但人民法院认为公证债权文书确有错误的，可以裁定不予执行。依据《民事诉讼法》第231条第2款的规定，被执行人住所地或者被执行的财产所在地人民法院对上述申请有管辖权。可见，通过公证债权文书强制执行制度，债权人在债务人违约后，可以不经过诉讼程序，直接进入执行程序，这对于缩短回收借款的时间，降低清收成本具有重要的意义。

根据《民事诉讼法》和《公证法》规定，可以看出仅当公证债权文书"确有错误"时，法院才会驳回强制执行的申请。即便被申请人提出执行异议和确实证据证明该公证文书"确有错误"，法院也会对此进行实质性审查，并不会因为当事人的异议申请而简单驳回申请。

而上文所述，部分地区的法院在实现担保物权特别程序中，对于当事人的异议申请仅做程序审查，即只要当事人提出相关异议，不需要拿出证据佐证该异议，法院也可能裁定驳回申请。由此可见，公证债权文书强制执行制度对比实现担保物权特别程序具有较强的稳定性。但是这也可能存在公证机关拒绝出具执行证书、公证机关公证程序瑕疵等风险。

三、实现担保物权程序、公证债权文书强制执行在实践中的利弊

实现担保物权特别程序和公证债权文书强制执行制度二者对实现更全面的债务清收都具有一定的意义。但其二者也存在一定的区别：

第一，性质不同。实现担保物权程序属于不以解决民事争议为目的的特别程序。公证债权文书强制执行制度则属于执行程序的一种。

第二，涉及的法律关系不同。实现担保物权程序涉及的仅是担保物权法律关系，而公证债权文书强制执行程序涉及的法律关系种类繁多，包括借贷、抵押、质押、留置、保证等。

第三，启动者不同，前者是担保物权人或者其他有权申请实现担保物权的人，如抵押人、出质人等，后者则必须是经公证的债权文书记载的债权人。

上文提及实现担保物权特别程序存在诉讼和非诉两种方式，而对于公证债权文书强制执行制度而言，早在2008年《最高人民法院关于当事人对具有强制执行效力的公证债权文书的内容有争议提起诉讼人民法院是否受理问题的批复》[①]（法释〔2008〕17号，以下简称《批复》）便明确表示具有强制执行效力的公证债权文书不具有可诉性，仅当公证债权文书确有错误，人民法院裁定不予执行的，当事人、公证事项的利害关系人可以就争议内容向人民法院提起民事诉讼。其不具可诉性的原因主要在于经赋予强制执行效力的债权文书类似于判决书和仲裁书，有一定的既判力拘束双方当事人，另行诉讼违背了"一事不再理"的诉讼法原则，且在司法实践中，全国各地的多数司法判例也认为，经赋予强制执行效力的债权文书不可诉，提起的诉讼要么败诉，要么不予受理或驳回起诉。

而对于被赋予强制执行效力的担保物权合同能否适用实现担保物权程

---

① 已废止，现参见《最高人民法院关于公证债权文书执行若干问题的规定》。

序，各地法院对此存在不同的意见，最高人民法院也未对此进行明确阐述。但根据法理，《批复》仅明确表示公证债权文书不可与普通诉讼程序兼用，但诚如前述，实现担保物权程序属于不以解决争议为目的的特别程序，法院同时受理二者并不当然和《批复》冲突。因此，在司法实践中，当事人可以权衡利弊，在实现担保物权程序和公证文书强制执行制度之间选择适用。

四、结论

实现担保物权特别程序和公证债权文书强制执行制度在帮助债权人实现债权清收方面显著提升了效率。但实现担保物权，在遇到需公告送达或案情复杂且对方提出异议后，就不方便适用。

也就是说，如果标的重合，那么当事人只能选其一，否则实现担保物权特别程序应终止。

如果标的不重合，即实现担保物权特别程序的诉讼请求内容并不当然地包含在普通诉讼程序中，那么这两个程序可以同时存在，但是普通诉讼程序应中止审理，另外在法理上实现担保物权程序和公证债权文书强制执行制度并不存在互斥性，债权人可以合理选择适用公证债权文书强制执行制度和实现担保物权特别程序来更好地实现债权的全面清算。

CHAPTER 5

第五章

通过诉讼/仲裁方式
追回债权

一、诉讼/仲裁快速入门

诉讼，俗称"打官司"，是指国家审判机关即人民法院，依照法律规定，在当事人和其他诉讼参与人的参与下，由法院查明案件事实，依法作出裁决，解决纠纷的活动。

随着人们法治观念与水平的不断提高，诉讼对于纠纷的处理发挥了越来越重要的作用。首先，诉讼给了矛盾双方一个和平洽谈的机会，双方可以不再因为矛盾而面红耳赤、剑拔弩张。其次，相较于普通个体而言，法院对于解决纠纷有更标准的流程、更公开的审判环境、更专业的审判团队，因此，可以更加公平、高效地解决矛盾。最后，诉讼具有法律强制力，依靠法院生效的法律文书，当事人可以主张裁判结果的执行，诉求的实现方式更有力度。

因此，诉讼作为一种典型的救济形式，对纠纷解决具有重要意义。下面，我们可以通过案例了解一下，诉讼是如何实际运用于纠纷解决的。

二、实战案例：承包人不再隐忍，通过诉讼要回款项

- **案例详情**

2010年，某研究院与某区投资开发公司作为发包方与甲公司签订建筑工程施工合同，约定由甲公司承包该研究院某综合办公楼工程。2011年5月，甲公司与乙公司签订智能化工程专业分包合同，约定乙公司分包上述研发基地项目施工图纸范围内的智能化工程。2011年6月，丙公司与丁公司签订研究院弱电系统工程施工合同，在诉讼中，乙公司认可其与丙公司之间系"合作关系"。丙、丁之间合同约定工程价款总计30.5万元，发生单项设计变更、

工程洽商、不可抗力时，经丙公司审定后可以调整合同造价；工程竣工验收合格后7日内，除工程质保金11500元，剩余价款一次支付；余款11500元，待质保期满后7日内支付（质保期为工程验收合格并交付使用之日起12个月）。合同载明丙公司联系人为案外人徐某。

合同签订后，丁公司依约完成施工义务，徐某于2012年8月在丁公司出具的"工程竣工验收证书"中：验收单位"负责人"处签名并注明"施工完毕"；在"验收意见"一栏中载明：1.……施工符合有关规范；2.……工作内容已安装、处理到位。后来，丙公司仅支付丁公司工程价款10万元而未支付其他款项，丁公司起初为了与甲方搞好关系，希望今后继续合作一直隐忍不愿提起诉讼。反复催讨未果，无奈之下，最终决定拿起法律武器，提起诉讼，要求丙公司支付剩余工程款及利息，并主张甲公司、乙公司及其分公司、某研究院承担连带责任。

- 审判结果

法院审理认为，首先在某研究院、某区投资开发公司与甲公司签订建筑工程总包合同、甲公司与乙公司签订了智能化工程分包合同的情况下，丁公司与丙公司签订的研究院弱电系统工程施工合同属于违法分包，该合同无效。

但是由于丁公司在2012年8月已经施工完毕且验收合格，丙公司应当按照合同约定支付工程价款。但是要求甲公司、乙公司及其分公司承担责任缺乏事实与法律依据，因此判决丙公司向丁公司支付剩余工程款及利息。

- 评析

在本案中，丁公司在依照合同履行了施工义务之后，丙公司却未依照合同约定支付工程价款，丁公司工程款迟迟无法回收，对此丁公司选择向法院提起诉讼。在经过法院对于案件的事实、法律关系审查清楚之后，其虽然认为丙、丁之间的合同无效，但是由于丁公司实际已经施工完毕且已被验收合格，故丙公司仍然应当向其支付工程价款；且由于丙公司拖延支付款项，在此期间产生的利息也得到支持。

在选择诉讼方式解决纠纷后，法院可以凭借其专业知识，处于中立的角度对案件做出公正裁决，由此丁公司得以追回其工程价款，合法利益得以保护。同时，法院对于所有主体平等保护，在丁公司主张与本案合同无关的甲、乙公司及某研究院承担连带责任时，其诉求并不合理，因而并未得到支持。

因此，在发生诸如工程价款无法回收等纠纷，依靠当事人力量无法解决纠纷、保障利益时，诉讼是解决纠纷、维护权益的主要路径之一。法院依靠其专业性可以高效地查清案件事实、作出公正裁决，同时裁决的法律强制力可以保障裁决得以履行，工程价款得以回收。

三、债权转让后，诉讼主体是否可以变更？

在新一轮不良资产涌现的时期，AMC承担化解系统性金融风险的责任，承接各类银行不良资产，标的资产不再局限于《最高人民法院关于审理涉及金融资产管理公司收购、管理、处置国有银行不良贷款形成的资产的案件适用法律若干问题的规定》（法释［2001］12号，以下简称《十二条司法解释》）出台时期的国有银行的不良贷款，而在司法实践中，金融不良债权转让的案件频发，对于在这类案件中，是否允许依AMC的申请变更诉讼主体也成为一个很关键的问题。

为认真落实中央关于研究解决金融不良债权转让过程中国有资产流失问题的精神，公正妥善地审理涉及金融不良债权转让案件，防止国有资产流失，保障金融不良债权处置工作的顺利进行，维护社会公共利益和相关当事人的合法权益，最高人民法院商有关部门形成了《关于审理涉及金融不良债权转让案件工作座谈会纪要》（以下简称《会议纪要》）。《会议纪要》中对于不良资产的转让处置作出的相关规定，对于司法实践活动具有一定的指导意义。

对此，本文将以最高人民法院某一具体案例作为切入口，剖析不良金融债权转让过程中所引发的诉讼过程上述实践中存在的问题并提出防范建议。

1. 具体案例[①]

甲日用化学工业公司（以下简称日化公司）、乙合成洗涤剂厂（以下简称洗涤剂厂）在1995年、1996年两年间，向丙银行内蒙古自治区分行（以下简称丙内蒙古分行）贷款1258万元。1996年11月25日，日化公司和洗涤

---

① 案号：（2014）民四终字第44号。

剂厂分立，明确贷款本息由日化公司承担，债权人丙内蒙古分行认可。

1997年8月20日，丁公司与日化公司签订"协议书"，约定兼并方式为承担债务式兼并，即日化公司的全部资产划归丁公司，丁公司承担日化公司的全部债务，并签订一份"债权债务转让协议"，约定根据双方签订的兼并协议和经共同清查的结果。1997年11月10日，丁公司向丙内蒙古分行出具一份"兼并企业七年内还款计划书"。

1997年11月24日，丙内蒙古分行作为债权人，日化公司作为被兼并方，丁公司作为兼并方共同签订"丙银行债权、债务转移协议书"一份。同日，盐化局与丙内蒙古分行签订"保证合同"一份，约定由盐化局为其提供连带保证责任。盐化局因企业改制于2009年2月20日将名称变更为盐化集团有限公司（以下简称盐化公司）。

2004年4月10日，丙内蒙古分行以丁公司逾期偿还借款为由诉至一审法院，请求丁公司和盐化局连带承担还款责任。

2004年6月28日，丙内蒙古分行将本案所涉及的债权转让给国内乙AMC呼和浩特办事处（以下简称乙AMC呼和办）。后乙AMC呼和办又将本案债权转让给国内丙AMC北京办事处（以下简称丙AMC北京办）。一审法院将本案原告变更为丙AMC北京办。

2006年12月21日，丙AMC北京办与戊公司签订《关于内蒙古地区资产包公开竞价资产转让合同》，约定丙AMC北京办将包括本案债权在内的多笔债权转让给戊公司。

2007年8月21日，丙AMC北京办与戊公司在内蒙古日报发布"转让（受让）债权及催收公告"，该公告中包括本案债权。2007年9月12日丙AMC北京办向一审法院出具债权转让确认函，确认戊公司为本案债权的合法权利人。

一审法院于2009年9月4日作出（2009）内民立初字第1号民事裁定，变更戊公司为本案原告。2012年5月8日，戊公司与己公司签订债权转让合同，戊公司将本案债权转让给己公司，并通知了丁公司和盐化公司。一审法院于2013年12月4日作出（2010）内民三初字第4-1号民事裁定书，将己公司变更为本案原告。

2. 一审观点

根据《合同法》①第80条第1款规定"债权人转让权利的,应当通知债务人。未经通知,该转让对债务人不发生效力"。本案中,己公司向一审法院提交与戊公司签订的"债权转让协议书"一份,戊公司向丁公司、盐化公司出具的"债权转让通知书"一份,戊公司出具的"债权转让确认函"一份,并授权己公司向丁公司、盐化公司送达"债权转让通知书"的"授权委托书"一份,己公司向丁公司、盐化公司邮寄"债权转让通知书""债权转让确认函""授权委托书"的公证书,同时,戊公司向一审法院提交将原告变更为己公司的"申请书"一份。上述证据可证实戊公司将本案债权转让给己公司,且已将债权转让的事实通知丁公司、盐化公司,并申请变更己公司为本案原告。因此,己公司作为本案原告主体适格,其与戊公司之间的债权转让行为,履行了法定的通知义务,上述债权转让的事实对丁公司、盐化公司具有法律约束力。

3. 二审观点

根据本院(2014)民四终字第45号判决的认定,本案债权具有对外可转让性,丙AMC北京办转让本案债权的行为有效,戊公司受让该债权合法,丙AMC北京办转让本案债权发生于《纪要》之前,戊公司受让本案债权并不存在侵害盐化公司优先购买权的问题,因此丙AMC北京办与戊公司之间的债权转让协议具有法律效力。戊公司作为本案债权的合法权利人,其与己公司签订债权转让协议,将本案债权转让给己公司,是其合法处置自己权利的行为,并不违反法律强制性规定,应认定有效。己公司受让本案债权后,其对该债权项下的合法权利包括向债务人主张债权的诉讼权利应当依法受到保护。戊公司与己公司签订"债权转让协议书"之后,戊公司向丁公司等出具了"债权转让通知书""债权转让确认函",己公司也向丁公司等邮寄了包括"债权转让通知书""债权转让确认函""授权委托书"的公证书。一审法院根据《民法典》第546条第1款的规定,认定己公司作为本案原告主体适格,其与戊公司之间的债权转让行为,履行了法定的通知义务,债权转让的

---

① 已废止,现为《民法典》合同编。

事实对丁公司具有法律约束力。且《纪要》第5条第2款规定未对不良债权转让诉讼过程中出现的"后手受让人"作出特别限定,且允许法院将包括金融资产管理公司在内的所有后手受让人列为案件当事人,因此《纪要》并不限制从金融资产管理公司受让债权的受让人再将该债权进行转让。另,《纪要》第11条是关于既有规定的适用,并不是针对不良债权转让诉讼过程中诉讼主体变更问题的规定。

4. 简评

在本案中,一审法院和二审法院都认为对于不良金融债权转让案件中,变更诉讼当事人只需要符合《民法典》和《金融资产管理公司条例》等对于债权转让的相关程序和条件的规定即可。且根据《纪要》规定:"国有企业债务人提出的不良债权转让合同无效诉讼被受理后,对于受让人的债权系直接从金融资产管理公司处受让的,人民法院应当将金融资产管理公司和受让人列为案件当事人;如果受让人的债权系金融资产管理公司转让给其他受让人后,因该受让人再次转让或多次转让而取得的,人民法院应当将金融资产管理公司和该转让人以及后手受让人列为案件当事人。"需要指明的是,金融资产管理公司和受让人应当作为共同被告参加诉讼,而不是第三人。理由在于:其一,通常是诉讼必须有原告和被告。国有企业债务人提起转让合同无效诉讼,其理由是转让合同损害国家利益或社会公共利益等,因此被告必然是转让合同当事人。其二,如果转让合同被认定无效,那么金融资产管理公司和受让人应当承担合同无效后的相互返还和赔偿责任等。若其作为第三人参加诉讼,则面临其是有独立请求权第三人还是无独立请求权第三人的争论,在诉讼权利行使方面存在模糊之处。尽管最高院在某一金融借款合同纠纷案[①]中,因对方当事人不同意变更诉讼主体,法院为维护案件稳定性,裁定不予变更,但这是考虑到本案最终审理结果为债权人胜诉,并未损害债权受让人某AMC的实体权利。这体现了最高人民法院结合案件情况综合考虑的思路。

5. 建议

AMC承担化解系统性金融风险的责任,允许依AMC申请变更诉讼主体

---

① 案号:(2016)民终字第146号。

是为化解大量金融不良资产的必要政策。但AMC受让债权或者向其他机构转让债权，转让的程序都应当符合法律的规定，履行相应的通知义务，避免因通知不到位而承担一定的诉讼风险。

另外，在审理不良债权转让合同效力的诉讼中，人民法院应当根据《民法典》和《金融资产管理公司条例》等法律法规，并参照国家相关政策规定，重点审查不良债权的可转让性、受让人的适格性以及转让程序的公正性和合法性。不应当给AMC在诉讼中申请变更诉讼当事人设置障碍而损害权利人的合法权益。

四、债务人破产，申报债权还是起诉保证人？

债务人破产中，债权人既申报债权，又起诉保证人/连带债务人承担清偿责任的，人民法院在诉讼程序中如何受理并审理这类案件，往往会成为"同案不同判"的实务难题。就该问题，司法实践中有以下几种不同的裁判思路：

裁判思路1. 针对担保人的诉讼应当中止审理，破产程序终结后继续审理

《江苏省高级人民法院关于当前商事审判若干问题的解答（二）》[①]（2014）第13问答复中认为："债权人既申报债权，又向连带保证人主张权利的，在破产程序尚未终结时，连带保证人履行了保证义务，破产程序终结后，债权人在破产程序中又获得部分清偿，将产生'双重受偿'的问题。为此，我们认为，债权人的起诉应当受理，但为避免债权人'双重受偿'，应当中止审理，待债务人破产程序终结、债权人受偿金额确定后，恢复审理。债权人也可以选择不申报债权而直接向连带保证人主张权利，后者有权申报债权。"

类似的案件如，最高人民法院审理的HB市经济发展建设投资公司与中国XD资产管理公司郑州办事处保证合同纠纷上诉案[（2005）民二终字第97号]中，最高人民法院判决亦认为：因债务人破产程序尚未终结，在破产程序中受偿金额无法确定，因此保证责任范围亦不能确定，对保证人提起的

---

① 《民法典》公布后，清理废止。

诉讼应当中止审理,待破产案件终止后再行审理。

笔者认为,上述判决思路其实导致债权人申报债权后因破产程序旷日持久而无法向保证人追偿,影响不良资产处置效率。

裁判思路2. 针对保证人的诉讼无需中止审理,破产程序终结后执行判决

上海市高级人民法院(2010)沪高民二(商)终字第60号甲国际集团国际贸易有限公司诉乙纸业有限公司保证合同纠纷案二审民事判决书中,法院判决保证人在破产程序终结后10日内偿付债权人在破产程序中未受清偿的债权,主要理由为:"为了保证债权人担保债权的及时实现,同时又避免双重受偿等情况的发生,保证人在破产程序尚未终结前可暂时停止向债权人清偿,待破产程序终结后再根据破产受偿情况,向债权人作出相应的清偿,债权人向保证人主张的权利应当以破产程序中未受清偿的部分为限。至于本案的审理,无需中止。"

裁判思路3. 针对保证人的诉讼可以中止审理,但如若判决则明确扣除

根据《最高人民法院对〈关于担保期间债权人向保证人主张权利的方式及程序问题的请示〉的答复》(〔2002〕民二他字第32号,以下简称32号答复)规定,对于债权人申报了债权,同时又起诉保证人的保证纠纷案件,人民法院应当受理。在具体审理并认定保证人应承担保证责任的金额时,如需等待破产程序结束的,可依照《民事诉讼法》(1991年)第136条(现2021年修正《民事诉讼法》第153条)第1款第5项的规定,裁定中止诉讼。人民法院如径行判决保证人承担保证责任,应当在判决中明确扣除债权人在债务人破产程序中可以分得的部分。

裁判思路4. 针对保证人的诉讼,无需中止审理,径行判决并执行

《江苏省高级人民法院破产案件审理指南》(2017年修订)中认为,债务人进入破产程序,债权人向管理人申报债权,又起诉要求连带债务人承担清偿责任的,应当受理并继续审理。生效判决认定连带债务人承担清偿责任的,案件执行程序与企业破产程序之间应当做好衔接,避免债权人双重受偿;债权人也应当主动如实报告债权清偿情况,债权人双重受偿的,应承担相应法律责任。

最高人民法院(2013)民二终字第117号案件中,宁夏RH房地产集团有限公司与中国XD资产管理股份有限公司宁夏回族自治区分公司保证合同纠纷案二审民事判决书中，亦持上述观点并认为："法律并未禁止在破产程序中或破产程序终结前向连带保证人单独提起的诉讼。本案中，担保人通过承担担保责任后，在承担责任范围内，依法向审理破产案件的法院及破产管理人申报债权，从而获得权利救济。"遂判决保证人承担保证责任并于清偿义务履行后，在清偿责任范围内申报债权。

笔者认为，裁判思路4径行判决保证人承担责任，并赋予保证人对债权人履行责任后，享有对债务人的追偿权，诚如最高人民法院在宁夏RH案判决中所述，"为各方当事人摆脱诉累，尽快实现有关权利，减少不当损失的最佳途径"。

虽然笔者更支持裁判思路4，但本文篇幅有限，不对上述审判方式做过多评价。只是建议在实务操作中，债务人进入破产程序的项目中，申报债权和向保证人提起诉讼可遵循如下原则做出选择：

第一，若债务人破产清偿可能性很低，保证人却有较强的履约能力，为避免对保证人诉讼程序被中止，建议不在债务人破产程序中申报债权，而是在通知保证人有追偿权的同时向保证人提起诉讼。

第二，如已在债务人破产程序中申报债权，为避免对保证人诉讼程序或执行程序被中止，因破产程序时间较长而久拖不决，建议做出本案中在受偿后向保证人转让破产程序受偿权的承诺，使对保证人的诉讼程序顺利进行。而且保证人诉讼案件执行程序与企业破产程序之间应当做好衔接，避免债权人双重受偿。

综上，本文所涉及债权人起诉保证人保证责任纠纷判决方式的多样化，可谓"同案不同判"的示例。

深层次来看，本文所探讨问题系旨在解决债权人权利保护与债权人权利限制（禁止双重受偿）之间的平衡与取舍。笔者认为，关注债权人权利限制中所涉及的双重受偿问题本身的完善，即如何在债权人保证债权之实现与保证人追偿权之间进行无缝对接，似乎更有意义，而不应采用拖延的方式，来损害债权人的利益。

五、混合担保中，担保人之间能否互相追偿？

所谓混合担保，即被担保的债权既有保证又有第三人提供的物的担保。在《全国法院民商事审判工作会议纪要》（以下简称《九民会议纪要》）出台之前，在混合担保中，承担了担保责任的担保人能否向其他担保人追偿，在理论界存在争议，各地司法实践的裁判尺度也不统一。

1.理论和实践中的争议

首先，《最高人民法院关于适用〈中华人民共和国担保法〉若干问题的解释》（以下简称《担保法司法解释》，该文件已废止）第38条第1款规定："同一债权既有保证又有第三人提供物的担保的，债权人可以请求保证人或者物的担保人承担担保责任。当事人对保证担保的范围或者物的担保的范围没有约定或者约定不明的，承担了担保责任的担保人，可以向债务人追偿，也可以要求其他担保人清偿其应当分担的份额。"可见，混合担保中，承担了担保责任的担保人是有权向其他担保人追偿的。

然而，原《物权法》[①]第176条规定："被担保的债权既有物的担保又有人的担保的，债务人不履行到期债务或者发生当事人约定的实现担保物权的情形，债权人应当按照约定实现债权；没有约定或者约定不明确，债务人自己提供物的担保的，债权人应当先就该物的担保实现债权；第三人提供物的担保的，债权人可以就物的担保实现债权，也可以要求保证人承担保证责任。提供担保的第三人承担担保责任后，有权向债务人追偿。"即，原《物权法》第176条仅规定承担了担保责任的担保人有权向债务人追偿，并未规定能否向其他担保人追偿。对此，出现了两种理解：一种理解认为，原《物权法》第176条并未否定原《担保法司法解释》第38条的规定，因此，仍然可以适用《担保法司法解释》的规定，以弥补法律漏洞，即承担了担保责任的担保人可以向其他担保人追偿；另一种理解则认为，原《物权法》第176条在已有原《担保法司法解释》第38条规定的情况下，未采取原《担保法司法解释》第38条的相关规定，故两者规定不一致，根据"新法优于旧法"的原

---

① 已废止，现为《民法典》物权编。

则,原《担保法司法解释》第38条不再适用。

正是上述两种不同的理解导致理论与实践中,对于混合担保中承担了担保责任的担保人是否能向其他担保人追偿的问题存在很大争议。但随着《九民会议纪要》的出台,关于该问题的争论可以尘埃落定了。

《九民会议纪要》第56条规定:"被担保的债权既有保证又有第三人提供的物的担保的,担保法司法解释第38条明确规定,承担了担保责任的担保人可以要求其他担保人清偿其应当分担的份额。但《物权法》第176条并未作出类似规定,根据《物权法》第178条关于'担保法与本法的规定不一致的,适用本法'的规定,承担了担保责任的担保人向其他担保人追偿的,人民法院不予支持,但担保人在担保合同中约定可以相互追偿的除外。"

由此可见,《九民会议纪要》采纳了上述第二种理解,即混合担保中,承担了担保责任的担保人不能向其他担保人追偿。但若多个担保人在缔约时就知晓要为同一个债务提供担保,并明确约定担保人之间可以相互追偿,则此种约定并不违反法律、行政法规的强制性规定,属合法有效,故《九民会议纪要》第56条最后作出了"但书"规定。

值得一提的是,《民法典》第392条规定:"被担保的债权既有物的担保又有人的担保的,债务人不履行到期债务或者发生当事人约定的实现担保物权的情形,债权人应当按照约定实现债权;没有约定或者约定不明确,债务人自己提供物的担保的,债权人应当先就该物的担保实现债权;第三人提供物的担保的,债权人可以就物的担保实现债权,也可以请求保证人承担保证责任。提供担保的第三人承担担保责任后,有权向债务人追偿。"可见,《民法典》该条规定与原《物权法》第176条规定的内容完全相同,也就是说,《民法典》在"混合担保中担保人之间的追偿问题"上,其立场和观点与《九民会议纪要》第56条是一致的,即混合担保中,担保人之间不能互相追偿。

2. 企业作为担保人,应如何防范混合担保中存在的风险

在实践中,如果企业作为混合担保中的担保人与债权人签订担保合同,则需要注意以下几点:

•明确担保份额与追偿顺序。

•最好由混合担保人之间另行签订协议对"内部追偿的比例或数额"作出约定。

•如果混合担保人之间未作另行约定，为避免损失，将承担担保责任的企业可通过受让债权人的债权方式实现其对其他担保人的追偿。

总之，企业在签订类似的担保合同时，需对此作出明确约定，同时也要综合判断债务人的履行能力及担保合同的其他内容，避免合同约定不清造成一系列纠纷。

CHAPTER 6

第六章

执行推拍，实现担保

一、司法拍卖快速入门

在债权催收中，通过司法拍卖将抵押物/质押变现是常见的方法；同时，在投资中，有不少价格低廉的抵押物或者质押物是可以通过司法拍卖的途径获取的。那么，什么是司法拍卖？司法拍卖是指人民法院将查封、扣押、冻结的被执行人财产，在被执行人逾期不履行义务时，依法以公开竞价的方式卖给最高应价的竞买人，并用所得金额清偿被执行人债务的执行行为，是人民法院执行中的一种强制处分措施。

修正后于2021年1月1日施行的《最高人民法院关于人民法院民事执行中拍卖、变卖财产的规定》（以下简称《规定》）第2条明确指出："人民法院对查封、扣押、冻结的财产进行变价处理时，应当首先采取拍卖的方式，但法律、司法解释另有规定的除外。"由此可见，拍卖作为一种比较公平、公开、透明的处理方式，已成为法院处理担保物的首选。

目前，房地产投资领域仍有不少人对司法拍卖的不动产望而却步，认为被法院查封进而被司法拍卖的不动产涉及纠纷，且往往存在抵押等不少他项权利，权属关系复杂。事实上，通过法院拍卖的不动产一经拍卖成功，所得价款将用以偿还生效判决中债权人的债权，从而，不动产上的各类查封、抵押甚至纠纷，将随着拍卖的成功而终结。关于这一点，《规定》第28条第1款即有明确说明："拍卖财产上原有的担保物权及其他优先受偿权，因拍卖而消灭，拍卖所得价款，应当优先清偿担保物权人及其他优先受偿权人的债权，但当事人另有约定的除外。"

二、司法拍卖的常规流程

由于不少投资人已从司法拍卖中尝到"甜头"。目前，不动产的司法拍卖已吸引越来越多投资者的关注。下面我们就来介绍一下司法拍卖的具体流程。

1. 确定保留价

为了确定拍卖保留价（即通常所称拍卖"底价"），法院一般会在拍卖前委托具有相应资质的评估机构进行价格评估。[①]拍卖保留价参照评估价确定：第一次拍卖时，保留价不低于评估价的80%；如果流拍，再次拍卖时，可以酌情降低保留价，但每次降低的数额不得超过前次保留价的20%。[②]

2. 公告

法院拍卖不动产会在拍卖十五日前公告[③]（实践中，通常提前30日公告），司法拍卖公告、竞买须知详细说明了标的的基本情况、处置程序、保证金及成交价款的缴纳方式和时间、法律责任等重要事项。竞买人在报名之前应当认真阅读公告与竞买须知，且可以在公告期内对拟竞拍的标的进行尽职调查和财务测算，以决定是否报名参与竞拍。

3. 报名及预交保证金

注册并登录拍卖网站[④]所需账号，选择意向标的，点击报名，按照网页提示签订报名协议，并缴纳保证金。至此，即可获得竞价资格（通常会获得一个竞买号/竞价账号）。预交的保证金不低于标的评估价的5%，一般在5%到20%之间。拍卖成交后，预交的保证金充抵价款；拍卖未成交的，保证金

[①]《规定》第4条："对拟拍卖的财产，人民法院可以委托具有相应资质的评估机构进行价格评估。对于财产价值较低或者价格依照通常方法容易确定的，可以不进行评估。当事人双方及其他执行债权人申请不进行评估的，人民法院应当准许。……"

[②] 参见《规定》第5条。

[③] 参见《规定》第8条。

[④] 常见的司法拍卖网站有：1. 淘宝司法拍卖：https://sf.taobao.com/；2. 上海公拍网：http://www.gpai.net/sf/；3. 京东司法拍卖：https://auction.jd.com/sifa.html；4. 人民法院诉讼资产网：http://www.rmfyssxc.gov.cn/；5. 中拍网：https://paimai.caa123.org.cn/。

会在三日内退还。[1]

需要提醒竞拍人注意的是,如果被拍卖的不动产最终要纳入项目公司名下,那么报名时就应以项目公司作为竞拍人,这就需要事先注册好符合法律规定用于竞拍的项目公司。由于注册公司和开立账号需要时间,所以建议尽早准备好项目公司。

4. 竞拍

输入竞价金额,参与竞价。首次出价不能低于保留价,加价金额应为加价幅度的正整数倍。这里需要注意,优先购买权人(如承租人)可以在不加价的情况下行使优先购买权,接受当前最高出价,赢得竞拍。顺位相同的优先购买权人之间,行使优先权在先的赢得竞拍;同时行权的,以抽签方式决定最终的买受人。顺位不同的优先购买权人之间,顺位在前的可以行使优先权,接受当前最高价,赢得竞拍;顺位在后的优先购买权人必须加价才能赢得竞拍。[2]建议竞买人通过模拟竞价提前熟悉竞价流程。

若拍卖时没有人参与竞买,或者竞买人的最高应价低于保留价(即"流拍"),到场的申请执行人或者其他执行债权人申请或者同意以该次拍卖所定的保留价接受拍卖财产的,应当将该财产交其抵债。[3]也就是说,如果流拍,申请执行人或者其他执行债权人可以拍卖底价以物抵债。若到场的申请执行人或其他执行债权人不申请以物抵债的,法院应当在六十日内再举行第二次拍卖。[4]若第二次拍卖仍流拍,法院可以将拍卖标的以第二次拍卖底价交申请执行人或者其他执行债权人以物抵债。若申请执行人或者其他执行债权人拒绝接受或者依法不能交付其抵债的,法院应当在六十日内进行第三次拍

---

[1] 《规定》第10条:"拍卖不动产、其他财产权或者价值较高的动产的,竞买人应当于拍卖前向人民法院预交保证金。申请执行人参加竞买的,可以不预交保证金。保证金的数额由人民法院确定,但不得低于评估价或者市价的百分之五。应当预交保证金而未交纳的,不得参加竞买。拍卖成交后,买受人预交的保证金充抵价款,其他竞买人预交的保证金应当在三日内退还;拍卖未成交的,保证金应当于三日内退还竞买人。"

[2] 参见《规定》第13条。

[3] 参见《规定》第16条。

[4] 参见《规定》第23条。

卖。①若第三次拍卖仍流拍且申请执行人或者其他执行债权人拒绝接受或者依法不能接受以物抵债的，法院应当于第三次拍卖终结之日起七日内发出变卖公告。②也即流拍三次的不动产，法院应当变卖。

5.支付余款

竞价成功后，应在拍卖公告或人民法院规定的时间内支付扣减保证金后的余款。若前期已与有关银行沟通过贷款事宜，则在竞拍成功后、支付余款前，可联系银行办理贷款，但要注意贷款到账的时间，确保在规定的时间内交齐余款。

若买受人逾期未支付余款，人民法院可以裁定重新拍卖。重新拍卖时，原买受人不得参加竞买，且原买受人应承担重新拍卖的价款低于原拍卖价款的差价、费用损失及原拍卖中的佣金，由人民法院直接从其预交的保证金中扣除。扣除后有剩余的，退还原买受人；保证金不足抵扣的，法院可以责令原买受人补交；拒不补交的，强制执行。③

6.法院确认并出具拍卖成交裁定书

在法院确认收到余款后十日内，买受人会收到法院的拍卖成交裁定书，不动产的所有权自拍卖成交裁定送达买受人时转移。④

7.过户

买受人缴纳相关税费后，持法院裁定书、身份证件等资料前往不动产所在地的权属登记机关办理过户手续。

三、迟延履行期间的加倍债务利息，是否在抵押担保优先受偿的范围内？

被执行人抵押财产拍卖后不足以清偿所有债权，而参与分配的债权人又比较多，经常会面临这样一个问题：生效法律文书迟延履行加倍利息是否在

---

① 参见《规定》第25条第1款。
② 参见《规定》第25条第2款。
③ 参见《规定》第22条。
④ 参见《规定》第26条。

抵押担保优先受偿范围内？而实践中，绝大部分银行的标准抵押合同没有对迟延履行加倍利息是否纳入抵押担保范围作约定，因此，分配方案异议之诉时有发生。本文从一起上海法院审判的"以诉止诉"案例出发，从银行败诉中总结经验教训，并提示抵押权人如何通过非诉条款来维护正当权益。

1. 什么是迟延履行期间的加倍债务利息

迟延履行期间的加倍债务利息是法定的，其产生的基础是债务人不履行生效法律文书确定的金钱给付义务。根据2014年8月1日起施行的《最高人民法院关于执行程序中计算迟延履行期间的债务利息适用法律若干问题的解释》第1条规定："根据民事诉讼法第二百五十三条规定加倍计算之后的迟延履行期间的债务利息，包括迟延履行期间的一般债务利息和加倍部分债务利息。迟延履行期间的一般债务利息，根据生效法律文书确定的方法计算；生效法律文书未确定给付该利息的，不予计算。加倍部分债务利息的计算方法为：加倍部分债务利息＝债务人尚未清偿的生效法律文书确定的除一般债务利息之外的金钱债务 × 日万分之一点七五 × 迟延履行期间。"

其中，第3条第2款规定："人民法院划拨、提取被执行人的存款、收入、股息、红利等财产的，相应部分的加倍部分债务利息计算至划拨、提取之日；人民法院对被执行人财产拍卖、变卖或者以物抵债的，计算至成交裁定或者抵债裁定生效之日；人民法院对被执行人财产通过其他方式变价的，计算至财产变价完成之日。"

其中，第7条第1款规定："本解释施行时尚未执行完毕部分的金钱债务，本解释施行前的迟延履行期间债务利息按照之前的规定计算；施行后的迟延履行期间债务利息按照本解释计算。"

由上述规定可见，迟延履行期间的债务利息包括：（1）迟延履行期间的一般债务利息；（2）加倍部分债务利息。

迟延履行期间的一般债务利息，根据生效法律文书确定的方法计算。

而加倍部分债务利息是法定的，按日万分之一点七五计算，其作为法院主动实施的一种执行措施，具有惩戒和赔偿的性质，其目的在于督促被执行人及时履行义务，而不是弥补优先受偿权人的损失。

所以，迟延履行期间的加倍债务利息一般不应当在抵押担保债权所确定的优先受偿范围内。

2. 案例分析[①]

当事人及案由

上诉人（原审原告）：上海某新区小额贷款有限公司（以下简称甲公司）

上诉人（原审被告）：中国银行股份有限公司某分行（以下简称乙银行）

被上诉人（原审被告）：洪某（自然人）

被上诉人（原审被告）：上海某小额贷款股份有限公司（以下简称丙公司）

甲公司、乙银行因与洪某、丙公司执行分配方案异议之诉一案，不服上海市浦东新区人民法院（以下简称浦东法院）（2016）沪0115民初83390号民事判决，向上海市第一中级人民法院提出上诉。

案情简介

2014年1月13日，浦东法院作出的（2014）浦民六（商）初字第214号民事调解书确认，洪某应归还乙银行借款本金22312359.32元，并支付截至2013年10月31日的利息1487706.90元、逾期利息20819.46元以及自2013年11月1日起至实际清偿日止的利息及逾期利息（按中国人民银行相关规定及本案合同约定计算，以民生银行提供的对账单为准）；洪某应支付乙银行律师费10万元；乙银行就上海市××路××弄××号××室房产拍卖、变卖等处置所得的价款享有优先受偿权。

上述抵押房屋由浦东法院拍卖执行后，2016年8月25日，乙银行向浦东法院申请参与分配，对优先受偿债权进行申报：截至2016年8月31日借款本金22312359.32元、利息4739225.08元、逾期利息2820737.21元、迟延履行期间的加倍债务利息3451721.99元（自2014年1月15日计至2016年6月17日）、律师费100000元、案件受理费80702元，合计33504745.6元（如2016年8月31日前申请执行人未能领取到执行款，则利息、逾期利息继续计算）。

[①] 案例来源：上海市浦东新区人民法院于2017年9月29日作出的（2016）沪0115民初83390号民事判决书；上海市第一中级人民法院（2018）沪01民终344号民事判决书。

2016年10月14日，执行法院作出（2013）浦执字第13512号执行款分配方案：对优先受偿的第一抵押权人，优先受偿部分包括本金（即借款总金额扣除还款部分）；利息部分按照合同第四条、第五条，时间按计至拍卖成交日即2016年6月17日；逾期利息部分按合同第六条，在贷款利率基础上加收40%，时间计算至拍卖成交日；迟延履行期间的债务利息，按本金从判决生效之日算至拍卖成交日，另外包括律师费及诉讼费；对丙公司及某立公司也按上述标准进行计算。

案外人，也是第二顺位抵押权人的甲公司不同意该分配方案，向浦东法院提起执行分配方案异议之诉。其核心理由：迟延履行期间的加倍债务利息是法定的，其产生的基础是债务人不履行生效法律文书确定的金钱给付义务。作为法院主动实施的一种执行措施，具有惩戒和赔偿的性质，其目的在于督促被执行人及时履行义务，而不是弥补优先受偿权人的损失。故迟延履行期间的加倍债务利息不应当在抵押担保债权所确定的优先受偿的范围内。另外，债务利息和加倍债务利息计算起止日期均有误。

故甲公司请求：撤销（2013）浦执字第13512号执行款分配方案。最终该诉请得到一审和二审判决的支持。

一审法院观点

根据《最高人民法院关于执行程序中计算迟延履行期间的债务利息适用法律若干问题的解释》的相关规定，就本案中涉及的迟延履行期间的债务利息，其中2014年1月16日起至7月31日止，应按《民事诉讼法》关于迟延履行期间的债务利息的规定计算；2014年8月1日之后的一般债务利息，根据生效民事调解书计算，2014年8月1日起至成交裁定生效日止的加倍部分债务利息应按《最高人民法院关于执行程序中计算迟延履行期间的债务利息适用法律若干问题的解释》的规定计算。

据此，一审判决认定该院作出执行款分配方案不当，应予撤销。

二审法院观点

根据2020年《最高人民法院关于适用〈中华人民共和国民事诉讼法〉的解释》第508条（现第506条）第1款的规定，"被执行人为公民或者其他组织，在执行程序开始后，被执行人的其他已经取得执行依据的债权人发现被执行人的财产不能清偿所有债权的，可以向人民法院申请参与分配"。

因此，参与分配是对被执行人为公民或者其他组织财产不足以清偿所有债权时，适用的特别执行程序。因此，执行法院在制作财产分配方案时，应当考虑相关债权是否具有法定优先受偿的担保物权确定清偿顺位、普通债权比例、数额等。

浦东法院2016年10月14日作出的（2013）浦执字第13512号执行款分配方案，给民生银行在（2013）浦执字第13512号执行案件中的抵押不动产拍卖执行款，享有加倍迟延履行的债务利息以优先受偿权，确有错误。

一审判决对该事实的认定和适用法律，并无不当。判决：驳回上诉，维持原判。

3.总结与建议

根据上述案例，迟延履行期间的加倍债务利息一般不应当在抵押担保债权所确定的优先受偿的范围内，除非抵押合同有明确约定。而笔者查阅了各大银行不良资产处置中的抵押合同，似乎大部分抵押合同在抵押担保范围条款中，仅仅纳入"借款本金、利息、罚息，实现债权和担保权利的费用"等，而没有明确约定将"生效法律文书迟延履行期间的加倍利息"纳入抵押担保范围。

为此，我们建议抵押权人（如金融机构）在抵押合同中注意以下几点：

第一，对法律文本修改或查缺补漏，特别是修改抵押合同优先受偿权范围条款，将生效法律文书迟延履行期间的加倍利息，纳入优先受偿范围。

示范条款：抵押担保优先受偿范围为本合同约定的借款本金、利息、罚息、复利、违约金、损害赔偿金、实现债权和担保权利的费用（包括但不限于处分抵押财产的费用、律师费、差旅费等）、生效法律文书迟延履行期间的加倍利息和其他相关合理费用。

第二，为避免抵押登记债权数额被固定的风险，同时建议抵押登记时，加上备注"抵押债权金额及范围以抵押合同约定为准"字样。

四、司法拍卖项目的十大核心风险

1. 风险1：竞买人参拍资格限制

根据《最高人民法院关于人民法院网络司法拍卖若干问题的规定》第31条规定，如买受人不具备法律、行政法规和司法解释规定的竞买资格的，当事人、利害关系人提出异议请求撤销网络司法拍卖的，人民法院应当支持。在实践中，就拍卖标的可能对竞买人参拍资格作出限定，特别是对于工业用地，可能需取得相关政府部门出具的资格准入后方可参与竞拍，如在未取得参拍资格情形下参与竞拍的，拍卖可能被撤销，即使未被撤销，竞买人亦可能因不符合准入资格要求而无法对拍卖标的进行开发建设。

另外，2022年后，各地住宅拍卖的竞买人也要符合限购政策，要具有相关的购房资格。比如，2022年1月1日实施的《最高人民法院关于人民法院司法拍卖房产竞买人资格若干问题的规定》第1条规定，"人民法院组织的司法拍卖房产活动，受房产所在地限购政策约束的竞买人申请参与竞拍的，人民法院不予准许"。而且，第5条还规定："司法拍卖房产出现流拍等无法正常处置情形，不具备购房资格的申请执行人等当事人请求以该房抵债的，人民法院不予支持。"可见，连流拍房屋以物抵债的债权人也要有购房资格。

因此，竞买人在参与竞买前，应与法院沟通，以确定就竞买人资格是否设定限制条件，以及该等竞买人准入资格的取得要求。同时，竞买人还须与拍卖标的当地政府主管部门（如管委会等）、规划和自然资源部门沟通，确定当地政府部门、规划和自然资源部门对于拍卖标的的土地使用权获取、开发建设是否有额外的准入要求。

2. 风险2：拍卖标的实际占用或清租

如拍卖标的已被出租的，根据《规定》（2020年修正）第28条第2款规定，拍卖财产上原有的租赁权及其他用益物权，不因拍卖而消灭，但该权利继续存在于拍卖财产上，对在先的担保物权或者其他优先受偿权的实现有影响的，人民法院应当依法将其除去后进行拍卖。如被执行人未在拍卖标的拍卖以前完成清租，或法院未在拍卖公告中承诺完成拍卖标的清租的，由买受人在受让拍卖标的后自行完成清租可能存在一定难度，且清租成本、时间较难把控。如无法完成清租的，买受人获取产权后亦无法利用拍卖标的，且如承租方已一次性将租金提前支付被执行人的，就拍卖成交后所涉拍卖标的租金，买受人需向被执行人主张支付，故在此情形下买受人可能还面临无法收回拍卖标的租金的风险。

因此，竞买人在参与竞买前应核实拍卖标的是否已被出租、租赁，是否存在仍被承租方占用的情形。如已被出租的，需与执行法院进一步沟通，要求由法院完成拍卖前的清租，并将其明确记载于拍卖公告；如果法院不能完成清租的，则竞买人要充分考虑到今后自行清租的成本和可能性。

3. 风险3：拍卖所涉的税费缴纳

（1）根据《国家税务总局关于人民法院强制执行被执行人财产有关税收问题的复函》和《最高人民法院关于人民法院网络司法拍卖若干问题的规定》的规定，对于司法拍卖程序，应由负有缴纳税费义务的主体负责缴纳其应缴税费。但在实践操作中，由于被执行人往往缺乏偿债能力，故多数拍卖程序中要求由买受人承担涉及的一切税费。而就原应由被执行人缴纳的土地增值税而言，需结合拍卖标的历史拿地、建设成本予以评估，有赖于被执行人提供完整的历史资料，否则难以准确评估。

（2）相关法律法规和司法解释中并未明确规定拍卖标的或被执行人存在历史欠税时该等历史欠税的承担主体，且在实践操作中，法院拍卖公告中通常不会载明拍卖标的或被执行人存在历史欠税，或要求买受人承担涉及的一切税费，但在实际办理税费清缴或拍卖标的过户手续时，相关税务主管部门可能要求缴纳完毕历史欠税后方可缴纳拍卖所涉税费或方可办理过户登记，对此给买受人造成交易成本无法提前测算的风险。

竞买人在参与竞买前应与法院、被执行人、当地税务主管部门沟通确认司法拍卖交易中所涉被执行人税费、拍卖标的及被执行人历史欠税的负担原则，如需由买受人承担的，建议买受人尽可能向被执行人取得拍卖标的历史建设成本相关资料，以尽可能降低所需缴纳的土地增值税金额，并就买受人因司法拍卖交易所需负担的全部税费进行提前测算。

4. 风险4：拍卖标的增值税发票无法开具

在实践操作中，如被执行人账户已被纳入非正常户，或被执行人不予配合的，买受人可能无法取得拍卖标的增值税发票，对于拍卖标的增值税的缴纳、买受人成本入账可能存在一定障碍，且可能拖延交易进程和推迟拍卖标的过户时间。

因此，竞买人在参与竞买前应主动与被执行人沟通，以确认被执行人是否可就拍卖标的成交款项向买受人开具增值税发票，或被执行人配合开票的代价和成本。如无法获得被执行人配合的，买受人需进一步与当地税务主管部门沟通，在被执行人未开具增值税发票的情形下，对增值税的缴纳、买受人后续成本入账、增值税清算等是否存在影响。

5. 风险5：拍卖标的欠费

在实践中，拍卖的不动产通常涉及欠付物业管理费、水电费等相关费用，理论上应该由被执行人承担，但相关法律、法规及司法解释中未明确规定拍卖标的所涉欠付费用的承担主体。在实践操作中，往往由于被执行人已缺乏偿债能力，一般竞买人将不得不承担拍卖标的所涉各项欠缴费用，否则拍卖标的可能面临停水停电或物业不配合的情况。

因此，竞买人在参与拍卖前要充分调查拍卖标的的欠费情况。

6. 风险6：拍卖标的上存在担保物权或其他优先权

在拍卖完成、担保物权实现后，拍卖标的上原有的担保物权及其他优先受偿权即因此而消灭。但是，由于各地操作习惯、流程不同，亦存在因拍卖标的上抵押权等担保物权未办理注销等原因对买受人的过户手续办理造成障碍的可能。

竞买人在参与竞买前，应与法院、被执行人沟通，以确认拍卖标的上是否存在担保物权或其他优先权，如是，需进一步与法院、不动产登记中心确认，拍卖标的上存在担保物权未注销登记等原因是否将对过户产生影响，并要求由法院协助办理、处理拍卖标的过户问题。当然，根据《民法典》第406条规定，抵押期间，抵押人可以转让抵押财产。当事人另有约定的，按照其约定。抵押财产转让的，抵押权不受影响。抵押人转让抵押财产的，应当及时通知抵押权人。抵押权人能够证明抵押财产转让可能损害抵押权的，可以请求抵押人将转让所得的价款向抵押权人提前清偿债务或者提存。转让的价款超过债权数额的部分归抵押人所有，不足部分由债务人清偿。

7.风险7：拍卖标的范围未涉及全部目标资产

在拍卖公告中，拍卖标的范围可能仅简单地描述为土地使用权及建筑物，而未涉及强弱电系统、排水供水系统、道路、绿化等附属设备设施。

拍卖标的的附属设备、设施与拍卖标的在物理现状和使用性能上一般不可分割。如拍卖标的范围中未明确纳入附属设备、设施的，可能将影响买受人对目标资产的使用，亦可能就附属设备、设施的移交、权属、作价等问题与原产权人产生争议，甚至需要额外支付费用。

因此，竞买人在参与竞买前，应与法院沟通拍卖标的的范围是否包括拍卖标的所涉附属设备、设施，并尽量通过拍卖公告、法院谈话笔录等方式将拍卖标的范围包括附属设施、设备明确记载。如确定不包括附属设施、设备的，建议竞买人在参与竞买前，与被执行人就附属设施、设备的移交方式、移交时间和作价达成一致，以免日后产生争议。

8.风险8：拍卖标的有法律瑕疵

虽然法院有义务对拍卖标的的法律风险进行披露，但其披露可能并非穷尽的、完全的，且根据《最高人民法院关于人民法院网络司法拍卖若干问题的规定》第15条规定，如法院已对拍卖标的及相关情况按要求予以公示和特别提示，且在拍卖公告中声明不能保证拍卖财产真伪或品质的，不承担瑕疵担保责任。

竞买人在参与拍卖前，应主动与法院和被执行人沟通，对拍卖标的的相关情况进行核实，以防止重大法律风险的发生。

需重点核实的内容包括但不限于：

（1）拍卖标的所涉土地使用权取得方式，出让/划拨手续是否齐备，如系出让取得的，土地出让金、契税是否已缴纳完毕。

（2）如拍卖标的系土地使用权或在建工程的，土地使用权是否曾被认定为闲置土地？如已被认定为闲置土地或符合被认定为闲置土地条件的，需进一步与规划和自然资源部门核实在拍卖成交后是否可能被认定闲置土地并因此收回拍卖标的。

（3）拍卖标的是否限制转让？如出让合同明确限制转让的，需进一步与规划和自然资源部门核实是否可通过司法拍卖方式转让土地使用权。

（4）拍卖标的四证是否齐全，是否存在被认定为违章建筑的风险。

（5）拍卖标的的物理现状，是否与拍卖公告描述一致。

（6）是否存在对占有、使用拍卖标的造成障碍的情形？拍卖标的是否存在已经发生的或潜在的相邻权争议或其他争议纠纷。

（7）拍卖标的规划用途及规划条件是否与现行有效的控制性详细规划一致；可能要补交土地出让金，或地下部分的土地出让金。

（8）如拍卖标的系工业用地的，是否存在投资强度和税收承诺要求。

9. 风险9：拍卖标的过户及资料交接

如拍卖标的仅为一宗土地上某一单栋建筑物的，需核实拍卖标的是否可分割办证（如工业用地多有整体自持要求，建筑物可能难以分割办证），如无法分割办证的，拍卖成交后可能难以过户至买受人名下。另外，如被执行人拒绝配合办理拍卖标的的过户的，可能拖延交易进程，延迟过户时间。

此外，在买受人竞得拍卖标的以后，仍需与被执行人办理拍卖标的的相关证照、资料等交接手续，并办理水、电、煤气等户名的变更手续等，如在此过程中，被执行人不予配合的，由于拍卖公告中通常不会规定被执行人对于拍卖标的的相关附属资料的移交义务，法院亦无法强制要求被执行人予以移交。特别是拍卖标的是在建工程，那么原来设计图纸是否交接等都会影响续建的开展。

因此，竞买人在参与竞买以前，应提前与法院、不动产登记中心和被执行人了解就拍卖标的的过户及资料交接是否存在障碍，如被执行人不配合完成资料交接的，买受人还需向相关政府主管部门了解、核实在缺失该等资料的情形下，买受人后续开发建设、增值税清算等是否存在障碍。

10. 风险10：拍卖标的的后续证照办理及变更

在司法拍卖中，虽然相关司法解释规定，在拍卖成交裁定送达买受人后，拍卖标的的权属转移至买受人名下，但在实际操作中，特别是对于在建工程项目，根据不同地方的操作口径，就拍卖标的的已取得的相关证照可能无法变更至买受人名下（实践中经常会出现"建设用地规划许可证"无法办理变更手续的情况）。对此，该等证照变更问题可能对买受人后续开发建设，甚至融资、转让造成障碍。

因此，竞买人在参与竞买以前，需提前与法院沟通、确认拍卖标的已取得的相关证照，并进一步向相关规划和自然资源局、建设主管部门咨询确认该等已取得的证照是否可在拍卖成交后变更至买受人名下，如无法变更的，是否将对买受人后续开发建设存在影响，是否有相关解决途径，比如规划和自然资源主管部门可以出具一份证明供买受人用于后续开发建设。

五、在一物数押的情况下，抵押权如何实现？

目前，在市场上的融资类项目中，债务人以同一财产设定多个抵押权进行多渠道融资的情况是比较普遍的。在一物数押的情况下，各抵押债权到期日往往也不相同，其中一个抵押权的实现必将影响其他抵押权人利益。作为债权人，既可能作为先顺位抵押权人，也可能作为后顺位抵押权人，分别应该注意哪些问题？本文将通过一个案例引出一系列问题，并从法律和判例，实体与程序的角度，对一物数押的法律问题进行分析和探讨，以提示风险，并提供解决方案。

1.典型案例及问题的提出

债务人因融资需要，向A银行申请了一笔贷款，并以其名下在建工程提供抵押担保。此后，债务人又向B银行申请了另一笔贷款，并以其名下同一在建工程提供抵押担保。两个抵押权均办理了抵押登记。B银行贷款到期时，债务人未能按期偿还债务，B银行拟行使抵押权，而此时A银行的贷款尚未到期，其抵押权仍在抵押期间内。

问题1：A银行抵押权设立在先，其担保的贷款未到期时，抵押权设立在后的B银行能否处置抵押物？是否必须经过A银行同意？如果A银行不同意，B银行是否仍可以处置抵押物？

问题2：因与A银行沟通难度较大，B银行选择通过法院处置抵押物，法院如何处理一物数押情况？有哪些执行规定？

2.关于问题1：一物数押情况下抵押权实现的实体法规则

我国《民法典》第414条第1款规定："同一财产向两个以上债权人抵押的，拍卖、变卖抵押财产所得的价款依照下列规定清偿：

（一）抵押权已经登记的，按照登记的时间先后确定清偿顺序；

（二）抵押权已经登记的先于未登记的受偿；

（三）抵押权未登记的，按照债权比例清偿。"

原《最高人民法院关于适用〈中华人民共和国担保法〉若干问题的解释》（以下简称《担保法解释》）[①]第78条规定："同一财产向两个以上债权人抵押的，顺序在后的抵押权所担保的债权先到期的，抵押权人只能就抵押物价值超出顺序在先的抵押担保债权的部分受偿。顺序在先的抵押权所担保的债权先到期的，抵押权实现后的剩余价款应予提存，留待清偿顺序在后的抵押担保债权。"

上述规定从一般意义上解决了一物数押的受偿顺序问题，但并未明确后顺位抵押权所担保的债权先到期能否以及如何处置抵押物。需要注意的是，后顺位抵押权人处置抵押物时，先顺位抵押权往往尚在抵押期间，就涉及抵押期间的抵押物转让问题。

（1）我国的抵押物转让制度

在抵押物转让制度上，我国立法从《民法通则》到《担保法》及其司法解释，再到《物权法》直至《民法典》的出台，经历了一个从严格限制到逐渐宽松的演变过程。需要指出的是，我国立法的条文表述主要针对抵押人在抵押期间转让抵押物的问题，与我们探讨的抵押权人为实现权利而在其他抵押权的抵押期间处置转让抵押物问题，虽然在发挥主导作用的主体上存在差异，但基本的原理规则是较为一致的。因此，我国法律规定的抵押期间抵押人转让抵押物制度成为解决题述问题的主要实体法依据。

在《民法典》实施之前，根据《最高人民法院关于贯彻执行〈中华人民共和国民法通则〉若干问题的意见（试行）》（现已废止）第115条规定，抵押物如由抵押人自己占有并负责保管，在抵押期间，非经债权人同意，抵押人将同一抵押物转让他人，其行为无效。显然，该规定通过完全限制抵押物的转让来保障抵押权人的利益，在一定程度上妨碍了对抵押物的有

[①] 已废止，现参见《最高人民法院关于适用〈中华人民共和国民法典〉有关担保制度的解释》。

效利用。

《民法典》第406条对此作了一定的改变：抵押期间，抵押人转让已办理登记的抵押物的，应当通知抵押权人并告知受让人转让物已经抵押的情况；抵押人未通知抵押权人或者未告知受让人的，转让行为无效。该条考虑的利益主体由债权人/抵押权人扩大到受让人，由征得同意改为通知与告知。

《民法典》在总结既往经验与不足的基础上，设计出一个比较宽松和利益平衡的抵押物转让制度。根据《民法典》第406条规定，抵押期间，抵押人可以转让抵押财产。当事人另有约定的，按照其约定。抵押财产转让的，抵押权不受影响。抵押人转让抵押财产的，应当及时通知抵押权人。抵押权人能够证明抵押财产转让可能损害抵押权的，可以请求抵押人将转让所得的价款向抵押权人提前清偿债务或者提存。转让的价款超过债权数额的部分归抵押人所有，不足部分由债务人清偿。本条延续了《担保法解释》的精神，并进一步予以完善。一是明确在经抵押权人同意转让的情况下，应将转让所得款提前清偿债务或提存；二是明确抵押期间抵押人转让抵押财产的，不仅应通知抵押权人并告知受让人，而且应经抵押权人同意，加强对抵押权人的保护，但例外条件是如受让人代为清偿债务消灭抵押权，也可不经抵押权人同意。

（2）实践操作中的问题

在债权尚未到期的抵押权人同意债权已到期的抵押权人处置抵押物的情况下，如前者选择提前清偿，规则相对简单，清偿的利息应为实际用款期间的利息。

但如果抵押权人出于资金匹配和收益预期考虑，不选择提前清偿而选择提存，则应当向公证机关申请办理。关于提存金额该如何计算的问题，根据《民法典》第389条规定，担保物权的担保范围包括主债权及其利息、违约金、损害赔偿金、保管担保财产和实现担保物权的费用。当事人另有约定的，按照其约定。实际操作中多存在分期还本、分期付息的情况，其中任何一笔本金或利息未按期偿还则产生违约金，只要不到债权到期或提前到期那一日，相关债权的金额实际上难以计算。为此，债权尚未到期的抵押权人有时因此不同意已到期的抵押权人处置抵押物。

为此，解决方案可以是：未到期债权人最大限度估算其最终可能的债权金额。如果抵押物不足以完全覆盖各个债权，在一定程度上将影响后到期的抵押权人的受偿金额。后到期抵押权人剩余未实现债权需待先到期抵押权人债权实现后，从多余的提存金额中受偿。

3.关于问题2：如果无法取得在先抵押权人同意，法院执行程序对一物数押情况的规定

根据前文分析，一物数押时如先顺位抵押权人的债权尚未到期，后顺位抵押权人可以通过当事人之间达成协议的方式实现抵押权，但该救济途径取决于先顺位抵押权人是否同意或配合，其成功率往往不高。因此，我们更关心如果选择通过法院程序来解决，法律规定和实践操作情况如何？

值得一提的是，"对于同一财产上设有多个担保物权的，如登记在先的担保物权尚未实现，后顺位的担保物权人申请实现担保物权的，人民法院可以支持，但应当以保障先顺位的担保物权为前提。"[①]

可见，法院对于有担保物权负担的标的物有权进行查封和执行，甚至拍卖、变卖。只是实体上必须保护先顺位担保物权人的优先受偿权。

为此，程序法规定了拍卖前通知担保物权人的制度。修正后于2021年1月1日施行的《规定》第11条第1款规定："人民法院应当在拍卖五日前以书面或者其他能够确认收悉的适当方式，通知当事人和已知的担保物权人、优先购买权人或者其他优先权人于拍卖日到场。"

《规定》第6条还规定："保留价确定后，依据本次拍卖保留价计算，拍卖所得价款在清偿优先债权和强制执行费用后无剩余可能的，应当在实施拍卖前将有关情况通知申请执行人。申请执行人于收到通知后五日内申请继续拍卖的，人民法院应当准许，但应当重新确定保留价；重新确定的保留价应当大于该优先债权及强制执行费用的总额。依照前款规定流拍的，拍卖费用由申请执行人负担。"

《规定》第28条第1款规定："拍卖财产上原有的担保物权及其他优先受偿权，因拍卖而消灭，拍卖所得价款，应当优先清偿担保物权人及其他优先

---

① 最高人民法院民事审判第二庭编：《商事审判指导》2013年第2辑（总第34辑），第13页。

受偿权人的债权，但当事人另有约定的除外。"

上述制度能够确保担保物权人的利益。

与此同时，在抵押人能否自行转让抵押物的问题上，上述程序法规定与实体法规定相协调一致。《民法典》第406条既然规定了不禁止抵押人自行转让抵押物，则法院在相同条件下对抵押物进行处分，当然也应是合理的。

《规定》第6条中所设定的禁止无益拍卖制度，确保了抵押物拍卖的价格大于抵押权人的债权，即足以清偿抵押权人的债权，故《民法典》第406条所规定的例外要求（向抵押权人清偿债务），在执行程序中是有保障的。

当然，通过执行程序实现对抵押权人的清偿，在操作上通常并不一定是受让人直接向抵押权人支付，而是通过法院支付。如果抵押权人不愿意接受拍卖价款，可以由法院将拍卖价金进行提存，待抵押权行使条件成就时，由抵押权人就提存之价款优先受偿。也正是因为执行中抵押权人优先受偿，所以执行中拍卖抵押物的结果是使抵押物上存在的抵押权消灭，这与《民法典》的例外规定精神也是一致的。

从基本程序规定方面看，《规定》及其他司法解释条文中，在赋予执行法院处分担保物的权力时，并没有区分抵押所担保的债权是否到期的情形。换句话说，无论抵押担保的债权是否到期，法院均可以采取执行措施，只要确保抵押权人优先受偿的权利即可。

六、担保债权的范围是以合同约定为准，还是以登记为准？

1.关于担保债权范围的两种观点

在担保活动的实践中，往往会出现合同约定的担保债权范围与登记簿记载不一致的情形。这是因为多数省份的不动产登记机构提供的不动产登记簿上未设有"担保范围"一栏，而仅有"被担保主债权数额（最高债权数额）"的表述，且规定只能填写固定数字。而当事人通常都会在合同中约定担保债权的范围包括主债权及其利息、违约金、损害赔偿金、保管担保财产和实现担保物权的费用等附属债权，从而导致合同约定与登记簿记载不一致的情形。

那么，出现这种不一致的情形时，应该如何确定担保债权的范围？对此，存在两种不同的观点。

一种观点认为，根据原《担保法解释》第61条规定，抵押物登记记载的内容与抵押合同约定的内容不一致的，以登记记载的内容为准。且根据原《物权法》第16条（现《民法典》第216条）规定，不动产登记簿是物权归属和内容的根据。登记作为一种公示方法，具有对抗当事人约定的效力，所以，在当事人的合同约定与登记簿记载不一致时，基于优先保护相对人的合理信赖考虑，应当以登记簿的记载为准。

另一种观点则认为，根据原《物权法》第173条规定，担保物权的担保范围包括主债权及其利息、违约金、损害赔偿金、保管担保财产和实现担保物权的费用。当事人另有约定的，按照约定。因此，在登记簿记载与合同约定不一致时，应以合同约定为准。且目前大多数地方的不动产登记栏目未设"担保范围"，仅登记"被担保主债权数额（最高债权数额）"，若以登记为准，显然对债权人很不公平。

2.《九民会议纪要》及《民法典》的规定

为明确上述担保债权的范围问题，《全国法院民商事审判工作会议纪要》（以下简称《九民会议纪要》）在第58条作出了规定："以登记作为公示方式的不动产担保物权的担保范围，一般应当以登记的范围为准。但是，我国目前不动产担保物权登记，不同地区的系统设置及登记规则并不一致，人民法院在审理案件时应当充分注意制度设计上的差别，作出符合实际的判断：一是多数省区市的登记系统未设置'担保范围'栏目，仅有'被担保主债权数额（最高债权数额）'的表述，且只能填写固定数字。而当事人在合同中又往往约定担保物权的担保范围包括主债权及其利息、违约金等附属债权，致使合同约定的担保范围与登记不一致。显然，这种不一致是由于该地区登记系统设置及登记规则造成的该地区的普遍现象。人民法院以合同约定认定担保物权的担保范围，是符合实际的妥当选择。二是一些省区市不动产登记系统设置与登记规则比较规范，担保物权登记范围与合同约定一致在该地区是常态或者普遍现象，人民法院在审理案件时，应当以登记的担保范围为准。"

《九民会议纪要》之所以作出上述规定，主要是考虑到导致合同约定与登记簿记载不一致的责任不在当事人，而在于登记簿的设置没有完全与物权法的规定相一致。在这种情形下，让无辜的债权人承担因此导致的损失对其不公平，故《九民会议纪要》基于现实的考量，采取了以合同约定为准的处理办法。[①]

值得一提的是，已于2021年1月1日生效的《民法典》第389条规定："担保物权的担保范围包括主债权及其利息、违约金、损害赔偿金、保管担保财产和实现担保物权的费用。当事人另有约定的，按照其约定。"可见，《民法典》对担保物权担保范围的规定继续采用了《物权法》第173条的规定，此外，《民法典》并未对担保债权的范围问题作出不同于《九民会议纪要》上述规则的其他规定。也就是说，现行《民法典》关于担保债权范围的审判实践仍适用《九民会议纪要》第58条的规定。

3. 提示与建议

目前，在尽职调查及后顺位债权人设立抵押时，通常是通过"产调"获得的登记信息来判断已有的担保债权范围。但基于《九民会议纪要》第58条确定的上述规则，笔者提示，企业在今后收并购等投融资活动的尽职调查中，以及后顺位债权人在设立抵押时，不仅要看登记簿记载的担保债权范围，还要看当事人的合同约定。当两者不一致，且这种不一致是由于该地区登记系统设置及登记规则造成时，则应以合同约定为准。

七、被执行人的"唯一住房"能拍卖吗？

2021年1月12日，原银保监会印发《关于开展不良贷款转让试点工作的通知》，正式批准单户对公不良贷款转让和个人不良贷款批量转让，以试点方式允许个贷不良批量转让开始实施，并不断升温。

而在个人不良贷款处置纠纷中，有时会遇到被抵押债务人的住房是债务人的"唯一"住房，在执行过程中往往会引起一些障碍和矛盾，使人民法院

[①] 最高人民法院民事审判第二庭编著：《〈全国法院民商事审判工作会议纪要〉理解与适用》，人民法院出版社2019年版，第358页。

陷入进退两难的境地。那么,唯一住房究竟能否执行?如果可以执行,又应当注意哪些问题?本文将从这一问题的历史沿革、法律依据、实践案例等角度出发,进行探讨。

1. "唯一住房"无法执行的问题由来

2004年发布的《最高人民法院关于人民法院民事执行中查封、扣押、冻结财产的规定》(以下简称《查扣冻规定》)中第6条(修订后为第4条,条文内容不变)规定:"对被执行人及其所扶养家属生活所必需的居住房屋,人民法院可以查封,但不得拍卖、变卖或者抵债。"在实践中,债务人经常以此条规定为由,主张自己的房屋是唯一住房,不能执行,从而导致了大量的执行难题。然而,此条规定是否能成为"唯一住房不能执行"的法律依据?从文义角度来看,此条款只规定了对被执行人"生活所必需"的居住房屋,人民法院可以查封但不得拍卖、变卖或者抵债,并未规定对债务人的"唯一住房"不能执行。实践中,社会群众往往会混淆"唯一住房"与"生活所必需的居住房屋"二者的概念,将其混为一谈,继而误认为"唯一住房"不能被强制执行。而实际上,"唯一住房"与"生活所必需的居住房屋"存在根本差别。因此,要判断"唯一住房"能否执行,首先应当明确该"唯一住房"是否就是其"生活所必需的居住房屋"。

2. "唯一住房"可执行的情形

最高人民法院于2021年1月1日发布的《最高人民法院关于人民法院办理执行异议和复议案件若干问题的规定》第20条规定:"金钱债权执行中,符合下列情形之一,被执行人以执行标的系本人及所扶养家属维持生活必需的居住房屋为由提出异议的,人民法院不予支持:

(一)对被执行人有扶养义务的人名下有其他能够维持生活必需的居住房屋的;

(二)执行依据生效后,被执行人为逃避债务转让其名下其他房屋的;

(三)申请执行人按照当地廉租住房保障面积标准为被执行人及所扶养家属提供居住房屋,或者同意参照当地房屋租赁市场平均租金标准从该房屋的变价款中扣除五至八年租金的。

执行依据确定被执行人交付居住的房屋,自执行通知送达之日起,已经给予三个月的宽限期，被执行人以该房屋系本人及所扶养家属维持生活的必需品为由提出异议的，人民法院不予支持。"

从上述规定可以看出，即使是唯一住房，如有符合上述规定的情形出现，法院依旧可以对该住房进行强制执行。

3.案例解读：

（1）案例1：（2017）川11执复16号

在该执行复议案件中，复议申请人宋某以被执行房产为其唯一住房为由，提出请求撤销乐山市市中区人民法院（2017）川1102执异字31号执行裁定书并请求以大换小方式执行涉案房产。法院认为，申请执行人王某已同意在房屋变价款中按照当地住房租赁价格为异议人保留5年的租金，已充分考虑了复议申请人基本的居住需求。因此，法院裁定驳回宋某的复议申请，维持四川省乐山市市中区人民法院（2017）川1102执异字31号执行裁定。

（2）案例2：（2017）鲁03执复68号

在该执行复议案件中，被执行人崔某以涉案房产系其与家属唯一居住房屋为由请求法院终止对涉案房产执行。法院认为，根据《最高人民法院关于人民法院办理执行异议和复议案件若干问题的规定》第20条规定，金钱债权执行中，申请执行人按照当地廉租住房保障面积标准为被执行人及所扶养家属提供居住房屋，或者同意参照当地房屋租赁市场平均租金标准从该房屋的变价款中扣除五至八年租金的，被执行人以执行标的系本人及所扶养家属维持生活必需的居住房屋为由提出异议的，人民法院不予支持。申请执行人胡某要求拍卖被执行人住房，并已书面同意为被执行人及所扶养家属提供居住房屋或给予被执行人五至八年租赁费用，所以复议申请人崔某的复议请求本院不予支持。

（3）案例3：（2019）川执复287号

在该执行复议案件中，复议申请人王某主张，其被执行房屋系其婚前购买，同时该房屋为唯一住房，请求法院不拍卖涉案房屋。原审法院四川省成都市中级人民法院认为，王某作为生效判决确定的共同偿还责任人，在未履行判决义务的情况下，执行法院依法拍卖其所有的房屋符合法律规定，其主张涉案房屋系婚前购买不应执行的理由不能成立。同时，涉案房屋目前由王某出租给他人居住，其主张该房屋系唯一住房的理由不能成立。四川省高级人民法院进一步审理认为，涉案房屋已出租，证明王某可能还有其他房屋，但不能证明王某必然还有其他房屋。涉案房屋如系其唯一住房，在执行时应按规定保障其基本的生存权利。本案在保障其居住权并给予执行宽限期的情况下，王某以涉案住房系其唯一住房主张不得拍卖的理由于法无据，不能成立。

（4）结论

由上述案例可以看出，"唯一住房"是否能够执行，应结合具体案情，综合评定其"唯一住房"是否就是其"生活所必需的居住房屋"，并结合《最高人民法院关于人民法院办理执行异议和复议案件若干问题的规定》第20条规定的三种情形，在确保执行申请人一方的合法权利得以实现的同时，保障被执行人的基本生活需求。

综上所述，在符合法律规定的情形下，"唯一住房"也可能被执行。

八、在建工程抵押实务问题

（一）为什么要进行在建工程抵押，是否有法律依据？

在建工程抵押作为一种房地产项目融资，在实践中被广泛应用。在民间借贷、委托贷款、私募基金融资、不良资产处置等业务中，也大量涉及。

《民法典》第395条规定，将在建工程列入了可以依法抵押的财产范围。

原《担保法解释》和《物权法》，以及现《民法典》仅承认在建工程可用于设立抵押，但并未对在建工程抵押作出具体的定义。对此，住房和城乡建设部出台的《城市房地产抵押管理办法》（已被修改）第3条第5款规定，"本办法所称在建工程抵押，是指抵押人为取得在建工程继续建造资金的贷款，以其合法方式取得的土地使用权连同在建工程的投入资产，以不转移占有的方式抵押给贷款银行作为偿还贷款履行担保的行为"。

与《民法典》相比，《城市房地产抵押管理办法》对在建工程抵押的抵押权人、抵押人、所担保的债权等方面作出了限缩性规定。

在《城市房地产抵押管理办法》的基础上，各地方房地产登记主管机关又进一步作出若干细化的规定。有的基本延续了《城市房地产抵押管理办法》的规定，如《辽宁省在建工程抵押管理办法》；有的部分修改了《城市房地产抵押管理办法》的规定，如原《广州市房地产抵押登记管理条例》。

综上，虽然《民法典》中明确规定了在建工程抵押这种抵押担保形式，但仅作了原则性规定，具体实施细则和操作规定仅于个别部门规章、地方性法规或规范性文件中规定。由于立法层级较低且相关规定衔接不紧密甚至相互冲突，使得金融机构在开展在建工程抵押业务时面临诸多法律风险及操作风险。

比如，在建工程设定抵押的条件是什么？在建工程抵押到底是办理预告登记还是抵押登记？一些登记机关以只能为银行办理抵押登记为由，拒绝为非银行债权人办理抵押登记怎么办？在建工程抵押中抵押物范围是抵押权设立时已完工的部分还是抵押权实现时已完工的部分？在建工程与预售房屋、工程款优先权、现房抵押在实践中有哪些冲突？

为此，从在建工程抵押登记在实际操作中面临的问题出发，笔者对相关问题逐一加以探讨。

（二）什么样的物业可以做在建工程抵押？

《民法典》第395条并未明确规定在建工程设立抵押的条件。

根据《城市房地产抵押管理办法》以及各地的相关规定，可用于设立抵押的在建工程一般应取得"四证"，即《国有土地使用权证》《建设用地规划许可证》《建筑工程规划许可证》《建筑工程施工许可证》。

另外，许多地方还规定，只有已完成投资总额25%以上的在建工程才能用于设立抵押，例如，《上海市房地产抵押办法》第22条第2款规定："以房屋建设工程期权设定抵押权，必须同时符合以下条件：

（一）房屋建设的开发投资总额已经完成25%以上；

（二）该建设工程承包合同是能形成具有独立使用功能的房屋的总承包合同或者施工总承包合同；

（三）该建设工程范围内的商品房尚未预售。"

《辽宁省在建工程抵押管理办法》也有类似规定；但有的地方，例如南京和钦州等只允许已经取得预售许可证的在建工程设立抵押；也有些地方并无上述要求。

同时，并非所有的在建工程均可用于设立抵押。一般来说，以下在建工程不得设立抵押：

- 存在建筑承发包合同争议的在建工程；
- 被行政罚没、依法查封的在建工程；
- 具有限公益性质的（学校、医院、幼儿园等）在建工程；
- 在建工程中已经预售的部分。

（三）在建工程抵押中，抵押物范围是抵押权设立时已完工的部分还是抵押权实现时已完工的部分？

由于在建工程不断施工，在建工程抵押的抵押物也处于不断变化的状态，在建工程抵押登记时的抵押物状态及价值与抵押权人行使抵押权时抵押物的状态及价值可能截然不同。因此，在建工程抵押登记的登记范围在理论和实践中也存在争议。

一种观点认为，在建工程抵押范围仅为办理在建工程抵押登记时已完工的部分，持这种观点的理由为，根据《民法典》第417条的规定，建设用地使用权抵押后，该土地上新增的建筑物不属于抵押财产。因此在建工程抵押设定后新增的建筑物不属于抵押物，而且，债权人在评估抵押物的价值时，评估的是已经建造的完工部分，没有考虑未建部分。

另一种观点认为，在建工程抵押范围包含尚未完工部分在内的全部工程，持这种观点的理由认为原《担保法解释》中规定的"依法获准尚未建造"或"正在建造中的"建筑物，所以学理上该建筑物尚不具备完整形态，不能办理初始登记，抵押人未取得所有权凭证，不能办理抵押设立登记，在建工程竣工之前，工程一直处于不断变化建设之中，并不具备独立使用功能，在建工程属于不动产，具有不可分性，只有工程竣工完成后，才具备独立使用功能。

另外，对于在建工程抵押物范围是包含整宗土地还是仅仅为在建工程已完工部分所分摊的土地使用权面积，目前也有两种观点：

一种观点认为，在建工程抵押的土地范围仅仅为在建工程已完工部分所分摊的土地使用权面积。

另一种观点认为，在建工程抵押的土地使用权范围及于整宗土地。持此种观点又可细分为二：其一，在建工程抵押的范围仅仅为已完工部分及整宗土地；其二，在建工程抵押的范围包含尚未完工部分在内的全部工程及整宗土地。

笔者认为，抵押权作为担保物权，其客体必须是特定物。在建工程本身作为抵押物，其并不具有完整形态，仍处在变化之中，无法予以特定化而为整个项目设定抵押，因而，应将在建工程抵押限制于已建成部分。在实践中，大多不动产登记部门也秉持此种观点，即对未建成部分不予登记。一些地方规定抵押物范围必须是设立抵押时在建工程已完工的部分，例如，根据《北京市国土资源局、北京市建设委员会关于房地产开发项目在建工程抵押登记有关问题的通知》，北京市在建工程抵押的抵押部分仅为抵押权设立时的实际完工部分。

但也有些地方并未将抵押物范围局限为设立抵押时已完工的部分。对此，建议在具体项目中进一步予以确认。同时，一些抵押权人在当地登记机关不反对的前提下，在"抵押合同"中约定抵押物范围包括抵押权设立后至抵押权实现时在建工程新增的部分，这有利于保护抵押权人的权益。

（四）非金融机构是否可以作为在建工程的抵押权人？

实践中，非银行金融机构，比如施工单位，拥有自有资金的机构/个人，在为开发商办理在建工程抵押融资时，经常会发现可能无法办理抵押登记或抵押登记被撤销。

原因在于，《城市房地产抵押管理办法》第3条第5款规定"本办法所称在建工程抵押，是指抵押人为取得在建工程继续建造资金的贷款，以其合法方式取得的土地使用权连同在建工程的投入资产，以不转移占有的方式抵押给贷款银行作为偿还贷款履行担保的行为"。

这一规定将在建工程的抵押权人限定为给该在建工程提供贷款资金的"贷款银行"。之所以将抵押权人严格限定为"贷款银行"，究其主要原因在于，2015年《最高人民法院关于审理民间借贷案件适用法律若干问题的规定》实施前，对于民间借贷行为我国是严格禁止的。根据《贷款通则》第21条规定，"贷款人必须经中国人民银行批准经营贷款业务，持有中国人民银行颁发的《金融机构法人许可证》或《金融机构营业许可证》，并经工商行政管理部门核准登记。"

在司法实践中，亦有持类似观点的判例，认定登记机关为施工单位的工程款债权办理在建工程抵押登记的行为无效。例如，新沂市某地产公司诉新沂市房管局撤销在建工程抵押登记一案中，地产公司因拖欠施工单位工程款而将在建工程抵押给施工单位，并在房管局办理了抵押登记。其后，地产公司向法院提起行政诉讼，要求撤销该抵押登记。新沂市法院认为，根据《城市房地产抵押管理办法》第3条的规定，在建工程抵押的抵押权人应为贷款银行，抵押担保的债权应为在建工程继续建造的贷款。而本案中，抵押权人为施工单位而非贷款银行，抵押担保的债权为工程款而非贷款，因此，判决撤销了房管局的在建工程抵押登记。

但原《担保法解释》第47条规定："以依法获准尚未建造的或者正在建造中的房屋或者其他建筑物抵押的，当事人办理了抵押物登记，人民法院可以认定抵押有效。"原《物权法》和之后的《民法典》中对抵押权人资格也无特别限制。

关于非贷款银行可否成为在建工程抵押权人，2012年最高人民法院《关于〈城市房地产抵押管理办法〉在建工程抵押规定与上位法是否冲突问题的答复》中曾明确指出："在建工程属于《担保法》规定的可以抵押的财产范围。法律对在建工程抵押权人的范围没有作出限制性规定，《城市房地产抵押管理办法》第三条第五款有关在建工程抵押的规定，是针对贷款银行作为抵押权人时的特别规定，但并不限制贷款银行以外的主体成为在建工程的抵押权人。"由此可见，如果可以办理抵押登记，在法院实务中至少是确认：在建工程可以抵押给贷款银行以外的主体的。

2015年最高人民法院颁布的《关于审理民间借贷案件适用法律若干问题的规定》（已修正，修正后2020年8月20日起施行）对于企业之间的民间借贷效力给予了有条件的认可，并且随着社会经济的发展，金融市场的繁荣，许多非银行的金融机构，如私募基金、信托机构、施工单位以及拥有自有资金的机构/个人均可为开发商提供融资服务，若登记机关僵化地以《城市房地产抵押管理办法》相关规定为依据，而拒绝为上述非贷款银行机构的债权办理在建工程抵押登记，则将严重阻碍上述在建工程抵押融资模式的正常开展和非银行抵押权人的合法权利。

有鉴于此，一些地方突破了《城市房地产抵押管理办法》中对抵押权人资格的限制。例如，《北京市国土资源局、北京市建设委员会关于房地产开发项目在建工程抵押登记有关问题的通知》等地方法规规章均将在建工程的抵押权人规定为法定金融机构，而并未限定为银行，这为债权受让人成为在建工程抵押权人提供了可能。

当然，实践中各地登记机关究竟能否为非银行金融机构办理在建工程抵押登记，还有待具体项目中进一步确认。

（五）在建工程抵押是办理抵押设立登记还是预告登记？

目前，全国各地的不动产登记部门对在建工程抵押登记的做法不尽相同。在实践中，部分地区不动产登记部门在办理在建工程抵押登记时，向抵押权人发放"在建工程抵押登记证明权证"；但部分地区要求在建工程抵押办理"预告登记"。那么，在建工程抵押究竟应该办理哪种登记？

还有一些地方，办理在建工程抵押登记后，房地产开发商要进行商品房预售以实现资金回笼，而在办理商品房预售许可证前，不动产登记部门都要求抵押权人出具同意抵押人办理预售证的证明函，该函的出具是否视为抵押权利的放弃？

在建工程抵押登记性质属于"预告登记"还是"抵押设立登记"，在理论界颇有争议：

一种观点认为：由于正在建造的建筑物尚未完成，没有办理所有权初始登记，所以不可能办理抵押权登记，而只能办理预告登记，待不动产建造完成并办理初始登记后，再将抵押权的预告登记转为抵押权登记。

另一种观点认为，在建工程抵押登记属于抵押设立登记而非预告登记。第一，在建工程抵押作为不同于房屋抵押的抵押种类，抵押的只是在建工程已经完工的部分，至于将来全部完工后，没有被抵押的部分属于新增建筑物。第二，根据《民法典》第402条规定，以正在建造的建筑物抵押的，应当办理抵押登记，抵押权自登记时设立。因此，以在建工程设定抵押权即为一般抵押权，其登记性质属于本登记。

笔者比较认同第二种观点。而且，根据原《房屋登记办法》[①]第59条规定，以在建工程设定抵押的，当事人应当申请在建工程抵押权设立登记。再根据第62条规定，在建工程竣工并经房屋所有权初始登记后，当事人应当申请将在建工程抵押权登记转为房屋抵押权登记。根据2016年出台的《不动产登记暂行条例实施细则》（2019年修正）第77条第2款规定，在建建筑物竣工，办理建筑物所有权首次登记时，当事人应当申请将在建建筑物抵押权登记转为建筑物抵押权登记。以上法规都明确在建工程抵押应该是抵押设立登记，之后可以转为现房抵押权登记。

那么，办理在建工程抵押的抵押权人不禁要问，反正都是登记，不动产登记部门给你办理初始登记就可以了，有何不妥？与抵押登记又有什么区别？

如果认为在建工程抵押登记的性质是预告登记，则意味着债权人享有的仍然是请求权，非担保物权，无法保护接受在建工程抵押的债权人的合法权益。《民法典》第221条规定："当事人签订买卖房屋的协议或者签订其他不动产物权的协议，为保障将来实现物权，按照约定可以向登记机构申请预告登记。预告登记后，未经预告登记的权利人同意，处分该不动产的，不发生物权效力。预告登记后，债权消灭或者自能够进行不动产登记之日起九十日内未申请登记的，预告登记失效。"显然，预告登记区别于抵押设立登记，其设立的目的是保护将来发生的不动产物权，其所登记的不是现实的不动产物权，而是将来发生不动产物权变动的请求权。

从预告登记的效力本身来看，其并不能使预告登记的权利人直接享有在建工程抵押权，且预告登记的权利人未按规定时限进行变更登记的，则预告

[①] 已废止，现参见《民法典》《不动产登记暂行条例》《不动产登记暂行条例实施细则》等规定。

登记将失效,抵押权变更的请求权相应灭失。

所以,如果把在建工程抵押登记认定为预告登记,将会大大地增加债权人的风险。

(六)房屋竣工后,未及时办理在建工程抵押转现房抵押登记,原在建工程抵押登记是否会失效?

在实践中,对于房屋竣工后未及时办理在建工程抵押转现房抵押登记,原在建工程抵押登记是否会失效?

目前,各地不动产登记部门在建工程抵押登记转为房屋抵押登记在具体操作流程上有所不同。有的地方采用依申请变更方式,如《北京市国土资源局、北京市建设委员会关于房地产开发项目在建工程抵押登记有关问题的通知》第11条规定:"已经办理在建工程抵押登记的房地产开发项目已竣工验收或实际交付的,房地产开发企业应在依法办理房屋初始登记后,向市、区县建委、房管局申请办理在建工程转现房抵押登记。然后再向市、区县国土资源部门申请办理土地使用权抵押变更登记手续。"

有的地方可自动变更,如根据《长沙市房屋登记办法》(已失效)第56条规定,建设工程竣工后,经房屋所有权初始登记,原在建建筑物抵押权登记直接转为房屋抵押权登记。

根据《不动产登记暂行条例实施细则》第77条第2款规定:"在建建筑物竣工,办理建筑物所有权首次登记时,当事人应当申请将在建建筑物抵押权登记转为建筑物抵押权登记。"

在实践中,对于房屋竣工后未及时办理房屋抵押权登记是否会导致抵押权失效的问题,各地法院的判例结论不一。

其中,在某市住房公积金管理中心诉王某等房屋买卖合同纠纷案中,法院认为,"原《房屋登记办法》第62条'在建工程竣工并经房屋所有权初始登记后,当事人应当申请将在建工程抵押权登记转为房屋抵押权登记'的规定,目的在于督促抵押合同的当事人在房屋所有权初始登记后,变更原在建工程抵押权登记为房屋抵押权登记,以保护抵押权人的合法权益。虽然公积金管理中心(即原在建工程抵押权人)主张在建工程抵押登记,但购房人取得房屋所有权后，公积金管理中心并未依照上述规定将在建工程抵押权登记转为房屋抵押权登记，因此驳回再审申请，认为公积金中心无房屋抵押权"。

但是，在"冯某与某银行等案外人执行异议之诉纠纷上诉案"〔（2015）浙绍执异终字第16号〕中，法院认为："虽然浙江FD公司（抵押人）和某银行（抵押权人）未按照原《房屋登记办法》第62条规定将在建工程抵押权登记转为房屋抵押权登记，但并不必然导致抵押权消灭，抵押权仅因主债权的消灭、抵押权的实现、抵押关系的解除和抵押物灭失等法定事由而消灭。因此，在主债权没有消灭，土地使用权抵押和在建工程抵押并未解除，抵押物没有灭失的情况下，应视为抵押延续，具有对抗第三人的效力。"笔者更同意此种判决。

鉴于目前各地不动产登记部门的规定和实操不统一，司法实践中对于在建工程抵押登记及竣工后变更登记的也有不同的判例，作为抵押权人的金融机构，从防范风险的角度出发，应在抵押登记办理过程中谨慎操作，做好事先尽职调查，了解当地关于在建工程抵押登记以及后续转为房屋抵押登记的登记政策及操作流程，确保在建工程抵押登记变更为房屋抵押登记过程中的有序衔接。

当符合登记条件时，应及时办理房屋抵押登记，避免因不及时操作导致抵押权利灭失的风险。

同时，伴随着《不动产登记暂行条例实施细则》的颁布及各地实施办法的逐步出台，不动产统一登记制度会逐步统一各地的执行标准，这也有利于进一步维护抵押权人的合法权益。

九、执行流拍后的"以物抵债"

以物抵债的概念很广泛，其中一种是，当事人在债务履行期限届满前达成以物抵债协议的，一般我们认为其实质是"让与担保"，比如明股实债融资，通常用股权抵债就是让与担保；另一种是，当事人在债务履行期限届满后，达成以物抵债协议，我们通常认为是折价偿债；而笔者现在讲的是法拍流拍后,债权人通过法定程序的以物抵债,并由法院出具相关裁定直接引起物权变动。

在案件执行过程中,人民法院对查封、扣押、冻结的财产进行变价处理时,首先会采取司法拍卖的方式①。那么,如果司法拍卖出现无人竞买或竞买人的最高应价低于保留价(即流拍)时,执行债权人是否可以"以物抵债"?其法律效果又如何?

根据《规定》第16条规定,拍卖时无人竞买或者竞买人的最高应价低于保留价,到场的申请执行人或者其他执行债权人申请或者同意以该次拍卖所定的保留价接受拍卖财产的,应当将该财产交其抵债。有两个以上执行债权人申请以拍卖财产抵债的,由法定受偿顺位在先的债权人优先承受;受偿顺位相同的,以抽签方式决定承受人。承受人应受清偿的债权额低于抵债财产的价额的,人民法院应当责令其在指定的期间内补交差额。

同时,结合《规定》第23条②、第24条③、第25条④的规定不管是动产还是不动产,执行债权人在每次司法拍卖流拍后均可以当次司法拍卖所定的保留价接受拍卖财产用以抵债,通过"以物抵债"的方式实现部分或全部债权。

值得一提的是,2017年1月1日生效的《最高人民法院关于人民法院网

---

① 《规定》第2条:人民法院对查封、扣押、冻结的财产进行变价处理时,应当首先采取拍卖的方式,但法律、司法解释另有规定的除外。

② 《规定》第23条:拍卖时无人竞买或者竞买人的最高应价低于保留价,到场的申请执行人或者其他执行债权人不申请以该次拍卖所定的保留价抵债的,应当在六十日内再行拍卖。

③ 《规定》第24条:对于第二次拍卖仍流拍的动产,人民法院可以依照本规定第十六条的规定将其作价交申请执行人或者其他执行债权人抵债。申请执行人或者其他执行债权人拒绝接受或者依法不能交付其抵债的,人民法院应当解除查封、扣押,并将该动产退还被执行人。

④ 《规定》第25条:对于第二次拍卖仍流拍的不动产或者其他财产权,人民法院可以依照本规定第十六条的规定将其作价交申请执行人或者其他执行债权人抵债。申请执行人或者其他执行债权人拒绝接受或者依法不能交付其抵债的,应当在六十日内进行第三次拍卖。

第三次拍卖流拍且申请执行人或者其他执行债权人拒绝接受或者依法不能接受该不动产或者其他财产权抵债的,人民法院应当于第三次拍卖终结之日起七日内发出变卖公告。自公告之日起六十日内没有买受人愿意以第三次拍卖的保留价买受该财产,且申请执行人、其他执行债权人仍不表示接受该财产抵债的,应当解除查封、冻结,将该财产退还被执行人,但对该财产可以采取其他执行措施的除外。

络司法拍卖若干问题的规定》（以下简称《网拍规定》）第26条规定"网络司法拍卖竞价期间无人出价的，本次拍卖流拍。流拍后应当在三十日内在同一网络司法拍卖平台再次拍卖，拍卖动产的应当在拍卖七日前公告；拍卖不动产或者其他财产权的应当在拍卖十五日前公告。再次拍卖的起拍价降价幅度不得超过前次起拍价的百分之二十。再次拍卖流拍的，可以依法在同一网络司法拍卖平台变卖"。

该条规定从字面上看，并无流拍后的"以物抵债"的程序，而是规定应在30日内再次拍卖，再次拍卖流拍的，则可以依法变卖。同时，《网拍规定》第38条规定："本规定自2017年1月1日起施行。施行前最高人民法院公布的司法解释和规范性文件与本规定不一致的，以本规定为准。"这是否意味着《网拍规定》生效后，执行程序中不能再"以物抵债"了？

对此，笔者认为，《规定》中关于"以物抵债"的规定与《网拍规定》并不存在冲突，不属于"与本规定不一致"的情形。《网拍规定》只是未对《规定》已规定的"以物抵债"作出说明，因此，应属于《网拍规定》第37条第3款的情况，即"本规定对网络司法拍卖行为没有规定的，适用其他有关司法拍卖的规定"。也就是说，《网拍规定》没有规定"以物抵债"，应适用《规定》中关于"以物抵债"的规定。且实操中，网络司法拍卖完全可以与"以物抵债"制度相融合，即网络司法拍卖流拍后可以"以物抵债"，执行债权人不接受"以物抵债"的，在30日内再次拍卖；再次拍卖流拍后可以"以物抵债"，执行债权人不接受"以物抵债"的，可以依法变卖。

值得关注的是，《最高人民法院关于人民法院司法拍卖房产竞买人资格若干问题的规定》第5条规定："司法拍卖房产出现流拍等无法正常处置情形，不具备购房资格的申请执行人等当事人请求以该房抵债的，人民法院不予支持。"这对批量受让不良债权的资产管理公司造成不利，因为这些批量处置不良资产的公司往往不具备购房资格，原本抵押物是住宅，如流拍的，资产管理公司可以以物抵债，择机出售，但2022年后债权人因不具备购房资格而无法将流拍的住宅抵债。

那么，司法拍卖流拍后的"以物抵债"，其法律效果如何呢？

司法拍卖流拍后"以物抵债"的，人民法院会作出裁定，并于价款或者需要补交的差价全额交付后十日内,送达接受"以物抵债"的承受人①。根据《规定》(2020修正)第26条规定,不动产、动产或者其他财产权拍卖成交或者抵债后,该不动产、动产的所有权、其他财产权自拍卖成交或者抵债裁定送达买受人或者承受人时起转移。换言之,动产或不动产抵债后,其所有权自抵债裁定送达买受人时起转移。但对于不动产而言,为了确保今后对不动产进行处分的法律效力,建议还是要及时办理过户或变更登记手续②。

---

① 《规定》第20条:拍卖成交或者以流拍的财产抵债的,人民法院应当作出裁定,并于价款或者需要补交的差价全额交付后十日内,送达买受人或者承受人。

② 《民法典》第232条:处分依照本节规定享有的不动产物权,依照法律规定需要办理登记的,未经登记,不发生物权效力。

CHAPTER 7

第七章

行使撤销权

一、撤销权快速入门

在债务催收和不良资产处置实务中,如果债权人不能按照本书第四章、第五章、第六章方法实现债权的,那么债务人要调查一下,债务人是否存在放弃债权、放弃债权担保、以明显不合理的低价,甚至无偿转让其财产给第三人的情况,该问题在债务人濒临破产时尤为突出,这给债权人变现不良贷款带来困扰。

当债务人采取上述方式减损或损害债权人利益时,债权人有应对方法吗?答案是肯定的。债权人可以通过行使法定的撤销权,来应对债务人损害债权实现的行为。撤销权是一个大的概念,在法律上大致有以下几种:

第一种:非破产案件中,根据《民法典》第538条的规定,债务人以放弃其债权、放弃债权担保、无偿转让财产等方式无偿处分财产权益,或者恶意延长其到期债权的履行期限,影响债权人的债权实现的,债权人可以请求人民法院撤销债务人的行为。

第二种:破产申请受理前一年内的撤销权。根据《企业破产法》第31条规定,人民法院在受理破产申请前一年内,涉及债务人财产的下列行为,管理人有权请求人民法院予以撤销:(一)无偿转让财产的;(二)以明显不合理的价格进行交易的;(三)对没有财产担保的债务提供财产担保的;(四)对未到期的债务提前清偿的;(五)放弃债权的。

第三种:破产受理前6个月内的个别清偿撤销权。对于破产受理前6个月内,债务人的个别清偿行为,管理人有权请求予以撤销。根据《企业破产法》第32条规定,人民法院受理破产申请前六个月内,债务人有本法第二条第一款规定的情形,仍对个别债权人进行清偿的,管理人有权请求人民法院予以撤销。

第四种：第三人撤销之诉。2021年修改的《民事诉讼法》第59条规定："……第三人，因不能归责于本人的事由未参加诉讼，但有证据证明发生法律效力的判决、裁定、调解书的部分或者全部内容错误，损害其民事权益的，可以自知道或者应当知道其民事权益受到损害之日起六个月内，向作出该判决、裁定、调解书的人民法院提起诉讼。人民法院经审理，诉讼请求成立的，应当改变或者撤销原判决、裁定、调解书；诉讼请求不成立的，驳回诉讼请求。"

二、实战案例：只付20万元定金转让42套房，结果被债权人撤销[①]

1.基本案情

2017年10月25日，原告重庆某建筑工程有限公司（以下简称甲公司）与被告重庆某置业发展有限公司（以下简称乙公司）签订《建设工程施工合同》。签订合同后，甲公司如约进行了施工。因乙公司自2018年起一直拖欠甲公司工程款，导致工程停工。2020年3月23日，重庆仲裁委员会依法作出（2020）渝仲字第261号调解书：乙公司应支付甲公司工程款共计3888.1万元及逾期利息，甲公司在该工程款范围内对案涉项目1—10号楼住宅及商业（含相连骑楼部分）、车库、门卫房等房屋的折价或拍卖价款享有优先受偿权。仲裁调解书确定的付款期限届满后，乙公司未按期支付工程款，甲公司遂申请强制执行。在执行过程中，重庆市第二中级人民法院依法查封乙公司名下案涉房屋时发现，案涉42套房屋已由乙公司于2019年4月23日出售给高某（总房款11080732元，平均每套26万元，实际高某只支付定金20万元，剩余房款冲抵乙公司的母公司的重庆某发展有限公司对外债务），并已在不动产登记中心办理了网签手续，至今尚未办理房屋产权证。甲公司认为，二被告之间的房屋买卖行为属于恶意串通，以严重不合理低价转让乙公司的财产，损害其作为债权人的合法债权及建设工程优先受偿权的实现，遂依法诉至人民法院请求予以撤销。

[①] 案号：（2022）渝02执异17号。

2.裁判结果及理由

重庆市梁平区人民法院经审理认为,没有商品房买卖合同予以佐证,仅凭网签行为无法完全判断买卖关系的真实性。且高某只支付了20万元定金,对剩余的1000余万元房款仅举示了一份收据予以证明,对如何支付、是否支付等事实明显缺乏证据予以支撑。高某与乙公司的买卖及网签行为属于"以明显不合理低价转让财产"的情形,同时高某对该行为也应当知情,依法应当予以撤销。遂判决撤销乙公司与高某之间签订的关于重庆市某区某街道某路6号共计42套房屋的《重庆市商品房买卖合同》及相应的网签手续。

一审判决后,高某不服,提起上诉。重庆市第二中级人民法院判决驳回上诉,维持原判。高某向重庆市高级人民法院申请再审,被依法裁定驳回再审申请。

3.评析和启发

本案是人民法院依法打击恶意逃避债务,保护民营企业合法权益,维护房地产市场稳定,保障居民住房权益的典型案例。本案中,被告明知自身缺乏支付工程款的能力及建筑公司对项目资产享有优先受偿权,仍与被告高某就案涉房屋进行交易并办理网签,严重损害债权人和业主的利益。人民法院依法支持债权人行使撤销权,对确保施工单位债权具有典型意义。

所以,在债务催收和不良资产处置时,如果发现债务人以明显不合理的低价转让财产的,债权人要积极行使撤销权,从而保证自身债权的实现,维护自身利益。

三、撤销权适用的实际情形

1.债务人无偿处分财产权益

根据《民法典》第538条的规定,债务人以放弃其债权、放弃债权担保、无偿转让财产等方式无偿处分财产权益,或者恶意延长其到期债权的履行期限,影响债权人的债权实现的,债权人可以请求人民法院撤销债务人的行为。

首先,需要指出的是,适用《民法典》第538条撤销权的前提是债权有效存在,债权不存在、无效或者因得以清偿而消灭、因超过时效而丧失胜诉权的，撤销权将不存在或消灭。[①]

其次，债权人需要承担举证责任。举证的要件包括：（一）债权人享有的债权是合法债权。存在合法有效的债权是行使撤销权的首要条件，如果债权本身不合法，那就不能行使撤销权，如赌博产生的债权。（二）债务人存在无偿处分的行为。《民法典》第538条采取列举的方式，列举了常见的无偿处分行为，包括放弃债权、放弃债权担保、无偿转让财产等。值得提醒的是，债权人的举证范围仅限于无偿处分行为即可，无需举证证明债务人存在恶意。（三）债务人的无偿处分行为影响债权人债权的实现。实践中，债权人需要举证证明债权人债权实现与无偿处分行为之间存在因果关系。如果债务人资金充足，即使采取无偿处分财产权益的行为，也不会对债权人合法有效债权的受偿产生影响，债权人也无法行使撤销权。值得注意的是，《民法典》第538条对原《合同法》的规定进行了修改，将《合同法》中"对债权人造成损害"修改为"影响债权人的债权的实现"，降低了债权人举证责任的标准和难度。

再次，所谓以明显不合理价格进行交易，包括以明显不合理的高价买入和明显不合理的低价卖出两种行为。根据各地审批工作规范[②]，一般可将高于正常市场价30%作为认定明显不合理价格的参考。当然，转让对价的合理性并非唯一标准，还应参考债务人与相对人的关系、债务人的交易动机和目的、对价是否为债务人的经验范围等因素。

最后，从实践中经常出现的情形来看，很少有债务人直接采取放弃债权、放弃债权担保或者无偿转让财产的方式处分其财产权益，大部分采取虚假的意思表示来掩盖或隐蔽无偿处分行为，比如，债务人向他人无偿转让财产，形式上约定了一个合理的价款，但是支付价款的方式为用无实际价值的股权来抵偿，或者支付价款的期限为一个遥远的将来，这种交易实质上就是无偿转让。[③] 又如，债务人与第三人本来约定是人的担保，为了达到转让财

[①] 最高人民法院民法典贯彻实施工作领导小组主编：《中华人民共和国民法典合同编理解与适用（一）》，人民法院出版社2020年版，第524页。

[②] 《上海市高级人民法院破产审判工作规范指引（2021）》第93条。

[③] 最高人民法院民法典贯彻实施工作领导小组主编：《中华人民共和国民法典合同编理解与适用（一）》，人民法院出版社2020年版，第533页。

产的目的，将人的担保换成物的担保。这些行为都是实践中常见的无偿处分财产权益的行为。

2.恶意延长到期债权的履行期限

与无偿处分财产权益举证责任不同的是，债权人对于债务人损害行为的判断，还要求对债务人主观上存在"恶意"进行举证。对于债务人"恶意"的判断标准，要从是否对债权人的债权实现造成影响这一客观因素着手，债务人主观上是否认知并具有恶意，主要是针对债权实现是否受到影响进行判定。

针对债权实现是否受到影响的问题，需要注意的是，如果债务人对其到期债权延长的履行期限没有超出债权人债权的履行期，债权人以债务人对债权进行展期为由提起撤销之诉，法院是不予支持的。

3.破产受理一年内的法定撤销情形

除上述一般撤销权以外，还存在其他法律规定的特殊撤销情形。根据《企业破产法》第31条的规定，人民法院在受理破产申请前一年内，涉及债务人财产的下列行为，管理人有权请求人民法院予以撤销：（一）无偿转让财产；（二）以明显不合理的价格进行交易的；（三）对没有财产担保的债务提供财产担保的；（四）对未到期的债务提前清偿的；（五）放弃债权的。

另外，根据《最高人民法院关于适用〈中华人民共和国企业破产法〉若干问题的规定（二）》（以下简称《企业破产法司法解释（二）》）第13条规定，破产申请受理后，管理人未依据企业破产法第三十一条的规定请求撤销债务人无偿转让财产、以明显不合理价格交易、放弃债权行为的，债权人依据民法典第五百三十八条、第五百三十九条等规定提起诉讼，请求撤销债务人上述行为并将因此追回的财产归入债务人财产的，人民法院应予受理。相对人以债权人行使撤销权的范围超出债权人的债权抗辩的，人民法院不予支持。

对于破产受理一年内，出现法定事由的撤销权，需要注意以下几个问题：

（1）债权人行使撤销权有前提条件，即管理人并未依据《企业破产法》的规定行使撤销权，在此前提下，债权人才有权按照《企业破产法司法解释（二）》第13条的规定行使撤销权。

（2）债权人在破产程序下需要具备债权人资格。在破产程序下，只有依法向破产管理人申报债权并由破产受理法院裁定确认的人，才是企业破产法下适格的债权人。对于已经由破产管理人初步审核确认，但尚未得到法院裁定的"债权人"是否具有资格问题，实践中存在一定的争议。部分法院以债权人身份尚未确定，甚至仅在债权金额尚未确定的情况下，以原告的债权人身份无法确认为由驳回原告起诉。不过，主流观点认为，考虑到法院出具裁定书时间的滞后性，如果经破产管理人初步审核确认，并且得到债权人会议表决确认的"债权人"，应当具备撤销权诉讼主体资格，至于债权金额是否确定，当然不影响作为债权人的主体资格问题。

（3）对没有财产担保的债务提供财产担保的认定问题。根据《企业破产法》第31条第3项规定，债务人的该种行为也应予撤销。这种行为的构成要件为[①]：

①可撤销的担保是指为债务人自有债务提供财产担保，不包括为他人债务提供的担保；

②可撤销的担保是为已有债务提供担保，包括对已有的不足额担保追加担保的部分，而非为新设债务提供担保；

③可撤销的担保是在破产申请受理前一年内设立的担保物权，而非担保合同订立。

以偿还债务为目的签订新借款合同，债务人为新借款合同提供物的担保，所偿还的债务没有担保物或虽有担保物但价值低于新借款合同担保物的，管理人可以依据《企业破产法》第31条关于"对没有财产担保的债务提供财产担保"的规定，对新设或增设担保主张撤销权。

4. 破产受理前6个月内的个别清偿撤销情形

除上述撤销情形外，对于破产受理前六个月内，债务人的个别清偿行为，管理人有权请求予以撤销。根据《企业破产法》第32条规定，人民法院受理破产申请前六个月内，债务人有本法第二条第一款规定的情形，仍对个别债权人进行清偿的，管理人有权请求人民法院予以撤销。但是，个别清偿使债务人财产受益的除外。

[①] 《上海市高级人民法院破产审判工作规范指引（2021）》第94条规定。

针对该条款所涉的撤销权，需要注意以下问题。

（1）撤销权行使对象为破产管理人。针对个别清偿的撤销权，既是破产管理人的权利，也是其勤勉履行职责的义务。因此，如果债权人有证据证明债务人存在破产受理前6个月内的个别清偿行为，其应当向管理人报告，由管理人提起撤销之诉。

（2）与破产受理前一年内撤销情形一样，因撤销追回的财产是债务人的财产，同样应进行全部清偿。

（3）破产受理前6个月内的撤销权，是一个相对条件下的撤销权。即使在破产受理前6个月内，如果债务人的个别清偿并未损害其财产权益，甚至因个别清偿使得债务人财产增加或受益的，管理人无权对该行为进行撤销。除此以外，债务人对以自有财产设定担保物权的债权进行的个别清偿，债务人经诉讼、仲裁、执行程序对债权人进行的个别清偿，以及债务人为维系基本生产需要而支付水费、电费等，支付劳动报酬、人身损害赔偿金的，除债务清偿时担保财产的价值低于债权额，以及在诉讼、仲裁、执行程序的个别清偿中，债务人与债权人恶意串通损害其他债权人利益外，管理人无权对上述行为行使撤销权[①]。

（4）一般认为，破产受理前6个月内，银行自动扣划债务人账户内存款偿还到期债权，如扣划时债务人存在《企业破产法》第2条第1款规定情形的，即债务人不能清偿到期债务，并且资产不足以清偿全部债务或者明显缺乏清偿能力的，管理人也可以对此扣划行为行使撤销权。

5. 结语

在不良资产处置过程中，如果债务人有上述情形，债权人可以通过行使撤销权，保障其合法权益。

需要提醒的是，债权人在行使撤销权时，可能会存在破产撤销权和民事撤销权竞合的情形，比如在破产情形下，除了出现《企业破产法》规定的特殊撤销权外，债务人的行为还符合《民法典》第538条的规定，甚至还可

[①]《企业破产法司法解释（二）》第14条、第15条、第16条的规定。

能违反《民法典》第154条①关于行为人与相对人恶意串通，损害他人合法权益的民事法律行为。当出现上述竞合情形时，债权人当然具有自由选择权利救济路径的权利，无论当事人选择何种权利，人民法院都应当依法予以保护。只是，破产程序中的撤销权应遵循"入库规则"，即债权人无论行使哪种撤销权后，撤销追回的财产为债务人的财产，应在破产程序下进行全部清偿，而非由提起撤销权之诉的债权人个别清偿。

---

① 《民法典》第154条，行为人与相对人恶意串通，损害他人合法权益的民事法律行为无效。

CHAPTER 8

第八章

行使代位权

一、代位权快速入门

在债务催收和不良资产处置实务中，如果债权人不能按照本书第四章、第五章、第六章方法实现债权的，也没能按第七章找到债务人可撤销的交易。那么，债权人可以考虑一下本章中的代位权。因为，现实中经常出现"连环债"的情形，即尽管债务人未能向债权人偿还债务，但是其对案外第三人享有债权并怠于求偿，在这种情况下，为更好地保护债权人的利益，法律上赋予了债权人代位权。

根据《民法典》第535条第1款规定，因债务人怠于行使其债权或者与该债权有关的从权利，影响债权人的到期债权实现的，债权人可以向人民法院请求以自己的名义代位行使债务人对相对人的权利，但是该权利专属于债务人自身的除外。

代位权是债的保全制度的一种，具体是指因债务人怠于行使其债权或者与该债权有关的从权利，影响债权人的到期债权实现的，债权人可以向人民法院请求以自己的名义代位行使债务人对相对人的权利。

二、实战案例：8年不追债，被债权人行使代位权

在对代位权的行使条件和法律效果有了初步了解后，我们可以通过真实的案例来理解其在实践中的运用。

1.基本案情

1997年7月，被告涤纶厂因内部需求从日本购买设备，通过工艺品公司在甲银行申请向乙银行开出信用证，甲银行为其购买设备垫付货款。被告涤纶厂欠工艺品公司的进口设备款项在1999年2月6日双方签订的还款承诺到

期后，工艺品公司没有通过诉讼或仲裁的方式向涤纶厂主张到期债权，却对涤纶厂2000年2月18日出具的延期还款计划予以认可。

2. 法院裁判

债务人工艺品公司既未积极向债权人甲银行履行到期债务，又未通过诉讼或者仲裁方式主张其对次债务人涤纶厂的到期债权，而在其债权到期后，通过签订延期还款协议，将还款时间延长8年之久，明显损害了债权人甲银行的合法权益。工艺品公司的上述行为，导致甲银行的债权不能实现，属于《合同法》（已失效）第73条[①]规定的债务人怠于行使债权。判决涤纶厂在判决生效后10日内给付甲银行为工艺品公司垫付的信用证余款。

3. 案例小结

代位权无疑是债权人捍卫自身利益的利器，若使用得当，则可以实现事半功倍的效果。不过行使代位权有严格的法律条件，如何运用得当，是债权人的必修课，值得每个债权人仔细体会和学习。

三、《民法典》后，代位权实务行使中的四大变化

尽管法律赋予了债权人代位权，但是该权利的行使有严格的法律规制。根据《最高人民法院关于适用〈中华人民共和国合同法〉若干问题的解释（一）》（以下简称《合同法司法解释一》，已失效）第11条的规定，债权人提起代位权诉讼，应当符合下列条件：

（一）债权人对债务人的债权合法；

（二）债务人怠于行使其到期债权，对债权人造成损害；

（三）债务人的债权已到期；

（四）债务人的债权不是专属于债务人自身的债权。

但需要重点提示的是，自《民法典》生效后，《合同法司法解释一》已经被明确废止。同时，由于《民法典》的代位权规定相较于《合同法》（已失效）发生了一定的变化，就新的变化择其要者，我们总结如下：

[①] 现参见法条。

1.代位权行使条件的变化

根据《合同法》第73条第1款的规定，因债务人怠于行使其到期债权，对债权人造成损害的，债权人可以向人民法院请求以自己的名义代位行使债务人的债权。根据《民法典》第535条规定，因债务人怠于行使其债权或者与该债权有关的从权利，影响债权人的到期债权实现的，债权人可以向人民法院请求以自己的名义代位行使债务人对相对人的权利。由上可见，《民法典》确立了"影响债权实现"的标准，而放弃了《合同法》"造成损害"的标准。

此外，根据《全国法院贯彻实施民法典工作会议纪要》第8条的规定，民法典第五百三十五条规定的"债务人怠于行使其债权或者与该债权有关的从权利，影响债权人的到期债权实现的"，是指债务人不履行其对债权人的到期债务，又不以诉讼方式或者仲裁方式向相对人主张其享有的债权或者与该债权有关的从权利，致使债权人的到期债权未能实现。相对人不认为债务人有怠于行使其债权或者与该债权有关的从权利情况的，应当承担举证责任。

2.扩大了代位权所指向的债务人权利的范围

根据《合同法》第73条第1款的规定，因债务人怠于行使其到期债权，对债权人造成损害的，债权人可以向人民法院请求以自己的名义代位行使债务人的债权。此外，根据《合同法司法解释一》第13条第1款的规定，合同法第七十三条规定的"债务人怠于行使其到期债权，对债权人造成损害的"，是指债务人不履行其对债权人的到期债务，又不以诉讼方式或者仲裁方式向其债务人主张其享有的具有金钱给付内容的到期债权，致使债权人的到期债权未能实现。因此，实际上最高法通过《合同法司法解释一》将代位权的行使范围限缩解释为具有金钱给付内容的到期债权。

但根据《民法典》第535条规定，因债务人怠于行使其债权或者与该债权有关的从权利，影响债权人的到期债权实现的，债权人可以向人民法院请求以自己的名义代位行使债务人对相对人的权利。由此可见，《民法典》实际上将从权利，如抵押权、质押权、保证也纳入了代位权的范围，大大地扩展了代位权的适用范围，同时，债权也不再限于具有金钱给付内容的到期债权。

3.新增债权人代位保存权

《民法典》第536条新增规定:"债权人的债权到期前,债务人的债权或者与该债权有关的从权利存在诉讼时效期间即将届满或者未及时申报破产债权等情形,影响债权人的债权实现的,债权人可以代位向债务人的相对人请求其向债务人履行、向破产管理人申报或者作出其他必要的行为。"与《民法典》第535条所规定的代位权不同,债权人代位保存权的行使不以债权到期为前提。

4.法律效果

《民法典》对代位权的法律效果也作出了不同于《合同法》的规定。根据《民法典》第537条规定,"人民法院认定代位权成立的,由债务人的相对人向债权人履行义务,债权人接受履行后,债权人与债务人、债务人与相对人之间相应的权利义务终止。债务人对相对人的债权或者与该债权有关的从权利被采取保全、执行措施,或者债务人破产的,依照相关法律的规定处理"。本条延续了《合同法》的直接清偿原则,即由次债务人向债权人直接清偿,而无须先归入债务人的一般责任财产,再由债务人向债权人清偿(即传统民法代位权的"入库规则")。不过《民法典》对直接清偿原则又规定了三项例外,即保全、执行措施及债务人破产,在此三种情形下,次债务人不应当向债权人直接清偿。

此外,在建设工程领域,实际施工人也可在转包人或者违法分包人怠于向发包人行使到期债权时,主张代位权。根据《最高人民法院关于审理建设工程施工合同纠纷案件适用法律问题的解释(一)》第44条规定,实际施工人依据民法典第五百三十五条规定,以转包人或者违法分包人怠于向发包人行使到期债权或者与该债权有关的从权利,影响其到期债权实现,提起代位权诉讼的,人民法院应予支持。

CHAPTER 9

第九章

追加被执行人

一、追加被执行人快速入门

追加被执行人系指在符合法定条件的情况下，在执行程序中，申请执行人或其继承人、权利承受人向人民法院申请变更、追加被执行人。通过追加被执行人，申请执行人扩大了求偿可能，从而在一定程度上便利了申请执行人主张权利。

二、实战案例：股东不实缴，一样被追缴

申请执行人某国际有限公司（以下简称申请执行人）因被执行人上海网络科技有限公司（以下简称被执行人）未履行上海市仲裁委所作出的仲裁裁决确定的还款义务而向法院申请强制执行。在执行中，法院通过全国法院网络执行查控系统对被执行人的财产进行查控，并对其名下财产进行直接调查，均未发现有财产可供执行。在对被执行人采取限制高消费的强制执行措施后，经申请执行人同意，法院于2020年7月13日裁定终结该案的本次执行程序。2021年2月，申请执行人再次向法院申请追加被执行人的股东徐甲、蒋某、徐乙、张某为被执行人。法院于同年4月13日裁定驳回原告的追加申请。申请执行人不服，遂提起执行异议之诉。

法院经审理认为，本案的争议焦点为，在徐甲、蒋某、徐乙、张某对被执行人认缴出资的期限尚未届满的情况下，其出资义务是否应加速到期。在注册资本认缴制下，股东依法享有期限利益。债权人以公司不能清偿到期债务为由，请求未届出资期限的股东在未出资范围内对公司不能清偿的债务承担责任的，一般不予支持。但公司作为被执行人的案件，人民法院已穷尽执行措施仍无财产可供执行，公司已具备破产原因但不申请破产的，股东出资

应当加速到期。

本案中，被执行人无法清偿已发生法律效力的仲裁裁决确定的债务，且已被市场监督管理部门吊销营业执照。经法院穷尽执行措施，仍未发现有财产可供执行，法院据此作出了终结本次执行程序的裁定，故该公司符合具备破产原因的情形。综上，徐甲、蒋某、徐乙、张某对被执行人的出资义务应加速到期，其应在各自认缴出资的范围内对被执行人尚欠申请执行人的生效债务承担补充赔偿责任。

最终，法院判决追加徐甲、蒋某、徐乙、张某为被执行人，在认缴出资人民币1100万元范围内，对不能清偿仲裁裁决确定的债务承担补充赔偿责任。

三、实务中追加被执行人的7种情况

当被执行人存在实际履行能力不足的情况时，如何追加被执行人则是不良资产处置中重要的救济措施。与其他不良资产处置方式相比，追加被执行人无需经过审判程序，执行法官可依执行申请人申请，对符合法定条件的对象追加为被执行人。这节省了大量的时间和成本。笔者结合实务经验对追加为被执行人的情形进行梳理，以期不良资产处置人可以从中受益、得到启发。

1. 被执行人被其他主体合并而终止，追加合并后存续的主体为被执行人

在不良资产处置实践过程中，我们遇到有些公司在法院判决生效后，拒不履行还款义务，并通过股东会决议等一系列操作，由关联公司将其吸收合并，并且双方约定，在合并前的一切债务由被合并公司承担，以期通过该种方式逃避债务。

当我们申请将合并后的公司追加为被执行人时，该公司辩称，双方已签署了"合并协议"，明确约定合并前的债务由被合并公司承担。同时，被合并公司在报纸上刊登了合并及注销公告，并向债权人邮寄了书面通知，合并手续合法合规，但债权人在收到书面通知后不予理会。因而，其未参加债权债务登记工作，导致未参与分配剩余资产造成的法律后果应该由其自身承担。

尽管存在合并后公司辩称的事实情况，执行法院仍根据《最高人民法院关于民事执行中变更、追加当事人若干问题的规定》（以下简称《执行追加规定》)第11条的规定,作为被执行人的法人或其他组织因合并而终止,申请执行人申请变更合并后存续或新设的法人、其他组织为被执行人的,人民法院应予支持。最终,支持我方追加了合并后存续的公司为被执行人的申请。

上述情形中,合并双方对债务承担的约定并不能达到阻却法院追加被执行人的效果。

2. 被执行人个人独资企业,追加其投资人为被执行人

如果被执行人为个人独资企业,出现该企业无法清偿生效法律文书确定债务的情形时,我们应考虑援用《执行追加规定》第13条第1款的规定,即作为被执行人的个人独资企业,不能清偿生效法律文书确定的债务,申请执行人申请变更、追加其投资人为被执行人的,人民法院应予支持。个人独资企业投资人作为被执行人的,人民法院可以直接执行该个人独资企业的财产。

也就是说,虽然个人独资企业与其投资人是两个不同的经营主体,但并非两个独立的责任主体,个人独资企业的财产为投资人个人所有,故可以申请追加个人独资企业的投资人为被执行人。

3. 被执行人为合伙企业,追加其普通合伙人及未按期足额缴纳出资的有限合伙人为被执行人

根据《执行追加规定》第14条的规定,作为被执行人的合伙企业,不能清偿生效法律文书确定的债务,申请执行人申请变更、追加普通合伙人为被执行人的,人民法院应予支持。作为被执行人的有限合伙企业,财产不足以清偿生效法律文书确定的债务,申请执行人申请变更、追加未按期足额缴纳出资的有限合伙人为被执行人,在未足额缴纳出资的范围内承担责任的,人民法院应予支持。

毫无疑问,根据上述规定,当被执行人不能清偿生效法律文书确定的债务时,可以追加普通合伙人以及未按期足额缴纳出资的有限合伙人为被执行人。

然而,在实践中存在《合伙协议》约定的普通合伙人或有限合伙人与工商登记不一致的情况。在此情形下,如何确定被追加主体?

根据我们的实务经验,在执行案件中,人民法院通常仅以工商登记资料为依据,确定合伙企业的普通合伙人及有限合伙人,而非合伙企业内部约定的"合伙协议"。因此,在不良资产处置过程中发现上述情形,应充分认识到工商登记资料与"合伙协议"不一致带来的执行风险。

4.被执行人未经清算就办理注销登记，追加股东、董事以及控股股东为被执行人

实践中，大量存在有限责任公司在无法清偿到期债务或法定债务时，公司法定代表人、董监高以及股东"跑路"的情况，在此情况下，大部分公司都未依法进行清算，而且存在财务账册、重要文件，甚至公章、财务章丢失的情形，使得债权人无法通过破产清算程序获得救济。

根据《最高人民法院关于适用〈中华人民共和国公司法〉若干问题的规定（二）》（以下简称《公司法司法解释（二）》）第18条以及《执行追加规定》第21条的规定，有限责任公司的股东、股份有限公司的董事和控股股东未在法定期限内成立清算组开始清算，导致公司财产贬值、流失、毁损或者灭失，债权人主张其在造成损失范围内对公司债务承担赔偿责任的，人民法院应依法予以支持。

有限责任公司的股东、股份有限公司的董事和控股股东因怠于履行义务，导致公司主要财产、账册、重要文件等灭失，无法进行清算，债权人主张其对公司债务承担连带清偿责任的，人民法院应依法予以支持。

上述情形系实际控制人原因造成，债权人主张实际控制人对公司债务承担相应民事责任的，人民法院应依法予以支持。

作为被执行人的公司，未经清算即办理注销登记，导致公司无法进行清算，申请执行人申请变更、追加有限责任公司的股东、股份有限公司的董事和控股股东为被执行人，对公司债务承担连带清偿责任的，人民法院应予支持。

因此，当存在上述情形时，有限责任公司的股东、股份有限公司的董事和控股股东可依法追加为被执行人，承担连带清偿责任。

我们建议，不良资产处置人在破产清算程序都无法实现救济的情况下，可以积极寻求追加该公司股东、董事以及控股股东为被执行人，要求其依法承担连带责任。

5.被执行人被注销、吊销或撤销，股东、出资人或主管部门无偿接受其财产，追加该股东、出资人或主管部门为被执行人

根据《执行追加规定》第22条规定，作为被执行人的法人或其他组织，被注销或出现被吊销营业执照、被撤销、被责令关闭、歇业等解散事由后,其股东、出资人或主管部门无偿接受其财产,致使该被执行人无遗留财产或遗留财产不足以清偿债务,申请执行人申请变更、追加该股东、出资人或主管部门为被执行人,在接受的财产范围内承担责任的,人民法院应予支持。

实践中,处理该种情形的关键在于是否有证据证明其股东、出资人或主管部门无偿接受原被执行人财产。笔者的经验是,要从"清算报告""股东会决议""审计报告"等财务数据入手,寻找无偿接受原被执行人财产的线索,从而达到追加上述主体的目的。

6.被执行人财产不足以清偿债务,追加出资不实、抽逃出资的股东或出资人为被执行人

根据《执行追加规定》第17条以及第18条的规定,作为被执行人的企业法人,财产不足以清偿生效法律文书确定的债务,申请执行人申请变更、追加未缴纳或未足额缴纳出资的股东、出资人或依公司法规定对该出资承担连带责任的发起人为被执行人,在尚未缴纳出资的范围内依法承担责任的,人民法院应予支持。

申请执行人申请变更、追加抽逃出资的股东、出资人为被执行人,在抽逃出资的范围内承担责任的,人民法院应予支持。

从笔者的实务经验来看,出资不实的常见情形包括:

(1)公司自成立时起,各股东都没有以任何方式实际缴纳注册资本,该情况也可以在公司交给税务局的财务报表中反映;

(2)约定的出资期限尚未到期,股东并未足额缴纳出资。

瑕疵出资的情形包括:

(1)股东以实物出资的,未以实物的所有权进行出资,仅以实物的使用权进行出资;

(2)股东以房产出资,至今未办理房产过户手续。

虚假出资的情形包括:

(1)在公司增加注册资本的过程中,股东将资金转入公司账户验资后,又将资金转出;

(2)"验资报告"记载股东将其认缴的出资缴存在公司开立的某临时存

款账户内，但经法院调查发现，该账户并无流水信息；

（3）出资的银行凭证或者出资凭证为虚假伪造，如虚假发票等。

在不良资产处置过程中，如果发现上述情形，可以考虑股东或出资人可能存在出资不实、瑕疵出资甚至虚假出资的情形，应依法予以追加为被执行人。

7.在借贷纠纷案件中，如借款的实际使用人与借款人身份混同，追加实际使用人为被执行人

实践中存在不少不良债权的基础法律关系为民间借贷关系，而借款人无力偿还的情况。在此情况下，不良资产处置人可留意借贷人是否为借款的实际使用人，如果借贷人并非借款的实际使用人，同时还发现借贷人与实际使用人存在身份混同的情形，如借款人与实际使用人办公地点一致、为同一法定代表人，甚至使用共同账户，对账户中的资金支配不作区分等。

在上述情况下，不良资产处置人可以在追偿诉讼中，尝试要求实际使用人共同承担还款责任，以便增加获得追偿的概率。

该种不良资产处置方式的原理类似于"刺破公司面纱"，即否定商事主体的有限责任，要求事实上存在混同的主体承担连带责任。通过"刺破公司面纱"来实现不良资产的有效处置。

CHAPTER 10

第十章

追究债务人股东的责任

一、"刺破公司面纱"快速入门

在催收债务和追讨不良资产的过程中，我们经常会遇到下面这种情况：债务人是有限责任公司，仅就其注册资金承担有限责任而无法继续追偿股东。更有甚者，有些实际债务人利用有限责任来逃避债务。那如何才能刺破公司面纱，追究债务人股东的责任呢？本章将对该问题进行探讨。

公司法人格否认制度，又为"刺破公司面纱""揭开公司面纱"，意为股东滥用公司法人独立地位和股东有限责任，逃避债务，严重损害公司债权人利益时，通过否定公司有限责任，揭开公司法人这层面纱，追究公司法人面纱后股东的法律责任。

我国《公司法》第20条第2款、第3款规定对公司法人格制度的建立作出明确规定："公司股东滥用股东权利给公司或者其他股东造成损失的，应当依法承担赔偿责任。公司股东滥用公司法人独立地位和股东有限责任，逃避债务，严重损害公司债权人利益的，应当对公司债务承担连带责任。"第63条规定了一人有限公司法人格否认的情形："一人有限责任公司的股东不能证明公司财产独立于股东自己的财产的，应当对公司债务承担连带责任。"

法人人格否认要求股东存在滥用法人人格行为，目前法人人格否认的情形主要包括：资产显著不足；公司与股东人格混同；股东对公司过度控制与支配、一人有限公司不能证明股东财产独立等。该滥用行为给债权人利益造成损失；且滥用行为与债权人损失之间存在因果关系。

由于公司法人人格独立与股东有限责任是公司两大基石，因此法人人格否认效果仅限于个案。

二、实战案例：母公司与子公司人格混同，母公司也脱不了干系

1. 基本案情

甲公司成立于2003年12月4日，为乙公司的子公司，乙公司持有其51%的股份。2003年7月1日，市丙公司与乙公司签订了建设工程施工合同，乙公司为发包公司，市丙公司为承包人。2003年8月18日，市丙公司与乙公司签订建筑安装工程安全合同，该合同属于2003年7月1日建设工程施工合同的附属合同。后来，乙公司与市丙公司又签订了开工日期为2003年3月20日的建设工程施工合同，该合同未体现签订时间，但是工程名称、工程地点、工程内容、承包范围等均与两公司在2003年7月1日签订的建设工程施工合同一致；两合同约定价款不同，该合同约定价款为200万元，原合同约定价款为50万元。但是，2003年3月20日所签订的合同发包人处签字为乙公司委托代理人文某，发包人住所地为××市××区××路××号，盖章为甲公司，市丙公司的盖章与签字均与原来相同。2004年4月及8月，市丙公司与乙公司签订两份发包工程安全合同。

2007年8月7日，乙公司在丁银行通过电汇向市丙公司汇款60万元；2008年1月23日，乙公司向市丙公司支付排水、道路两笔工程款，金额分别为150万元、50万元。同时，市丙公司以乙公司为付款人名称开具工程发票。此后，甲公司给市丙公司发过两次往来征询函，在征询函中表明截至2009年6月30日，甲公司欠市丙公司工程价款1400221.7元。该往来征询函有甲公司盖章。

后来，因乙公司长期未支付工程价款，市丙公司向人民法院提起诉讼，请求乙公司支付工程价款，甲公司就乙公司债务承担连带责任。

2. 审判结果及理由

沈阳市中级人民法院认为，其间，乙公司业已向市丙公司支付了部分工程款，市丙公司也向乙公司出具了发票及收据，上述事实为双方所不争。乙公司认为，在甲公司成立前，乙公司系代甲公司与市丙公司签订和履行施工合同，在甲公司成立后，上述施工合同的权利义务已转移至甲公司，乙

不再承担责任。对此，乙公司并未举证证明，其理由不能成立。依据合同相对性原理，市丙公司向乙公司主张所欠工程款有合同依据，乙公司应履行给付所欠工程款的义务。

乙公司持有甲公司51%的股份，同时在本案纠纷中，乙公司与甲公司在人员、业务管理、资金方面存在人格混同情形，具体表现在：甲公司董事长杨某同时又是乙公司的董事，就涉诉工程对外发包时无论是在甲公司成立之前还是成立之后，乙公司代理人文某均在合同发包方处署名，表明在人员、业务管理方面，乙公司与甲公司已无法区分；在合同履行方面，无论甲公司成立之前还是成立之后，乙公司均存在支付工程款的事实（自乙公司与市丙公司订立合同最初时间2003年7月至乙公司最后一笔付款时间2008年1月，前后长达4年之久），而且对于市丙公司以乙公司为付款人所开具的发票及收据，乙公司照收不误，未提出任何异议。上述事实表明，乙公司与甲公司较长时间内在经营与资金方面难分彼此。基于上述两点，可以推定，本案在合同的订立、履行以及结算方面，反映不出甲公司的独立意思表示。因此，可以认为，本案中股东与公司发生人格混同，由于存在股东与公司间人格混同，股东须对公司债务承担责任，自不待言，而公司也须为股东债务承担责任，也应是《公司法》第20条有关法人格否认规定的应有之义。因此，甲公司应当对乙公司债务承担连带责任，二者共同给付市丙公司工程价款及利息。

三、"刺破公司面纱"的核心：如何证明公司财产与股东财产混同？

在催收债务和不良资产中，存在股东与公司人格混同的情形，尤其是在自然人作为大股东控制有限责任公司的情况下，自然人股东拥有对公司的全部控制权和管理权，滥用公司的独立人格，公司财产与股东个人财产混同，股东擅自调用公司资金，利用公司的资产为股东借贷做担保的情况屡见不鲜。追讨该类不良资产的有效方法是将公司股东拉进来，一起为公司债务承担连带责任。

然而，在实践中，否定公司独立人格相对比较困难。从最高人民法院的法官至大部分各级地方法院的法官均倾向性地认为，公司人格独立是《公司法》的基本原则，否认公司独立人格只是例外情形。

在实务操作中[①]，要刺破公司面纱，追究股东连带责任，就要证明公司与股东之间人格混同，主要表现为以下几个方面：

（1）人员混同

人员混同是指股东与公司的组织机构和人员存在重合，一般表现为董事、监事、经理、财务负责人均相同，有时甚至出现出纳会计、工商手续经办人均相同的情况。

（2）业务混同

业务混同是指股东与公司具有相同的经营范围和目标客户群体，在经营活动中，出现代替彼此与交易对方当事人签订供货协议、服务协议或买卖协议等情形，在履行上述协议时通常也不分彼此，相互代为履行。此外，在业务混同的情况下，一般还会出现宣传信息混同，使交易的对方当事人无法辨认是与股东还是公司进行交易或默认为股东与公司为无差别交易主体的情形。

（3）财务混同

实践中，财务混同是公司人格混同的最主要表现形式，也是各级法院作出否认公司独立人格判决的最重要标准。财务混同通常表现为：①股东与公司使用共同的账户，对账户中的资金及支配不作区分；②股东与公司随意无偿调拨公司资金或财产，不作财务记载；③股东用公司的资金偿还股东个人债务，或者调拨资金到公司的关联公司，不作财务记载或说明；④股东与公司账簿不分、账簿记载混乱或彼此之间相互冲账、往来款项没有任何说明；⑤股东与公司的利益或盈利不加区分，致使各方利益不清；⑥公司的财产记载在股东的名下，由股东占有、使用。

除了上述三种主要表现外，一般情况下，还伴随公司住所上的混同。

法院在审理确认是否作出否定公司独立人格的判决时，主要考虑的因素为是否构成财务或财产上的混同，并不要求上述表现形式全部出现，其他方

---

① 最高院指导案例15号：徐某集团工程机械股份有限公司诉成都川某工贸有限责任公司等买卖合同纠纷案［（2011）苏商终字第0107号］。

面的混同往往只是财务混同或者财产混同的补强。

除了人格混同外，股东滥用控制行为还表现为公司注册资本显著不足，如股东虚假出资、抽逃出资以及转移资产等。因此，在处置不良资产时，应着重关注股东与公司之间的财务往来，确认公司的注册资本是否显著不足，尤其是股东履行出资后，公司随后又向股东支付没有任何说明及法律基础的往来款。股东出资显著不足的行为，表明股东没有从事公司经营的诚意，实质上是恶意利用公司独立人格和股东有限责任把投资风险转嫁给债权人。

虽然刺破公司面纱是一种追究不良资产的方法，但实践中否认公司的独立人格的难度还是比较高的，原因如下：

（1）目前各级法院在处理否认公司的独立人格的案件时，仍坚持"慎用"的审判思路，不轻易否定公司的独立人格，否则会动摇公司人格独立和股东有限责任的基石；

（2）如前文所述，实践中对于否认公司独立人格的证据要求相当高，而获取证据的难度相对较大，尤其是公司的债权人，其获取公司与股东账户信息、财务账簿或往来款记录的概率较小，尤其是在非一人有限责任公司的情况下，公司债权人的举证责任重，而获取证据的可能性小，因此，最终获取法院支持的可能性也相对较小。

当然，在此类案件中，聘请专业律师开展深入调查，寻找公司与个人股东财产混同的蛛丝马迹，甚至通过破产程序来获得相关财务账册等，这都是一些可行的方案，也为不良资产债权人"刺破公司面纱"带来一线曙光。

11
CHAPTER

第十一章

强制清算诉股东

一、强清追股东快速入门

处置不良资产的方式多种多样。在实务中，强制清算是处置不良资产的常见方法。强制清算的法律基础为《公司法》第183条[1]、相关司法解释[2]及最高人民法院有关纪要[3]的规定。根据上述规定，强制清算是指当公司出现法定的解散事由，基于利害关系人（实务中通常为公司债权人及公司股东）的申请而由人民法院组织的清算。

1.强制清算申请主体

（1）债权人

强制清算申请主体包括法定清算义务人及债权人。对于债权人的申请资格，《公司法》第183条规定得较为明确，实践中并无争议。根据《公司法》第183条规定，有限责任公司的清算组由股东组成，股份有限公司的清算组由董事或者股东大会确定的人员组成，逾期不成立清算组进行清算的，债权人可以申请人民法院指定有关人员组成清算组进行清算。

---

[1] 《公司法》第183条规定："公司因本法第一百八十条第（一）项、第（二）项、第（四）项、第（五）项规定而解散的，应当在解散事由出现之日起十五日内成立清算组，开始清算。有限责任公司的清算组由股东组成，股份有限公司的清算组由董事或者股东大会确定的人员组成。逾期不成立清算组进行清算的，债权人可以申请人民法院指定有关人员组成清算组进行清算。人民法院应当受理该申请，并及时组织清算组进行清算。"

[2] 《最高人民法院关于适用〈中华人民共和国公司法〉若干问题的规定（二）》第7条规定："公司应当依照民法典篇七十条、公司法第一百八十三条的规定，在解散事由出现之日起十五日内成立清算组，开始自行清算。有下列情形之一，债权人、公司股东、董事或其他利害关系人申请人民法院指定清算组进行清算的，人民法院应予受理：（一）公司解散逾期不成立清算组进行清算的；（二）虽然成立清算组但故意拖延清算的；（三）违法清算可能严重损害债权人或者股东利益的。"

[3] 最高人民法院《关于审理公司强制清算案件工作座谈会纪要》。

（2）清算义务人

对于清算义务人组成人员的构成，根据《公司法》第183条规定，有限责任公司的清算组由股东组成，股份有限公司的清算组由董事或者股东大会确定的人员组成。

此外，根据《最高人民法院关于适用〈中华人民共和国公司法〉若干问题的规定（二）》（以下简称《公司法司法解释（二）》）第18条第2款规定，有限责任公司的股东、股份有限公司的董事和控股股东因怠于履行义务，导致公司主要财产、账册、重要文件等灭失，无法进行清算，债权人主张其对公司债务承担连带清偿责任的，人民法院应依法予以支持。

值得注意的是，新生效施行的《民法典》对于清算义务人的规定与《公司法》及其司法解释不同。根据《民法典》第70条第2款规定，法人的董事、理事等执行机构或者决策机构的成员为清算义务人。法律、行政法规另有规定的，依照其规定。

在《民法典》施行前，一般都理所应当认为清算义务人是公司股东，但是在《民法典》生效施行后，对此问题理论界和实务界产生了争议。第一种观点认为，有限责任公司的清算义务人是公司董事，而不应该包括股东。第二种观点认为，根据我国现状，无论如何不能将股东排除在清算义务人之外。第三种观点认为，由于《公司法》第183条对此问题没有明确规定，而《公司法司法解释（二）》第18条对此作出了规定，目前宜暂按司法解释来确定清算义务人。公司法修改已经纳入议事日程，该问题宜留待修改后的公司法解决。2019年11月8日最高院出台的《全国法院民商事审判工作会议纪要》（以下简称《九民会议纪要》）倾向于第三种观点，理由是原《民法总则》将此问题留给了《公司法》，但《公司法》恰恰没有规定，而公司法修改很可能在今后较短时间内完成，为避免我们现在对此作出解释与修改后的《公司法》不一致，因此，第三种观点是一种更为妥当的选择。即现阶段仍按照《公司法司法解释（二）》第18条的规定来执行，即有限责任公司的清算义务人包括公司股东，但应当对该条作出正确的解读，避免理解不正确，导致不应当承担责任的股东承担责任，不仅法律效果不好，而且社会效果也很差。①

2.强制清算申请审查

人民法院对债权人强制清算申请审查，涉及债权人对被申请强制清算公司的债权已经超过诉讼时效，人民法院是否应当主动审查的问题。在《九民会议纪要》出台之前，由于目前公司法及相关司法解释中并没有明确的规定，因此，理论界依据不同的法理基础，对该问题有着较为争议的观点。

《九民会议纪要》出台后，该问题有了明确的规定，今后的司法审判实践也会依照该规定进行规范和统一。根据《九民会议纪要》第16条第1款规定，公司债权人请求股东对公司债务承担连带清偿责任的，股东以公司债权人对公司的债权已经超过诉讼时效期间为由抗辩，经查证属实的，人民法院依法予以支持。

公司债权人以《公司法司法解释（二）》第18条第2款为依据，请求有限责任公司的股东对公司债务承担连带清偿责任的，诉讼时效期间自公司债权人知道或应当知道公司无法进行清算之日起计算。

因此，对于强制清算诉讼时效的审查，是在股东提出抗辩的情形下，人民法院才会予以审查。

3.强制清算案件的管辖

根据最高人民法院于2009年11月4日发布的《关于审理公司强制清算案件工作座谈会纪要》（以下简称《座谈会纪要》）的规定，对于公司强制清算案件的管辖应当分别从地域管辖和级别管辖两个角度确定。地域管辖法院应为公司住所地的人民法院，即公司主要办事机构所在地法院；公司主要办事机构所在地不明确、存在争议的，由公司注册登记地人民法院管辖。级别管辖应当按照公司登记机关的级别予以确定，即基层人民法院管辖县、县级市或者区的公司登记机关核准登记公司的公司强制清算案件；中级人民法院管辖地区、地级市以上的公司登记机关核准登记公司的公司强制清算案件。存在特殊原因的，也可参照适用《企业破产法》第4条②、《民事诉讼法》第37

---

① 最高人民法院民事审判庭第二庭编著：《全国法院民商事审判工作会议纪要的理解与适用》，人民法院出版社2019年版，第166页。

② 破产案件审理程序，本法没有规定的，适用民事诉讼法的有关规定。

条[1]和第39条[2]的规定，确定公司强制清算案件的审理法院。

4. 强制清算组的组成

根据《座谈会纪要》规定，人民法院受理强制清算案件后，应当及时指定清算组成员。公司股东、董事、监事、高级管理人员能够而且愿意参加清算的，人民法院可优先考虑指定上述人员组成清算组；上述人员不能、不愿进行清算，或者由其负责清算不利于清算依法进行的，人民法院可以指定《人民法院中介机构管理人名册》和《人民法院个人管理人名册》中的中介机构或者个人组成清算组；人民法院也可根据实际需要，指定公司股东、董事、监事、高级管理人员，与管理人名册中的中介机构或者个人共同组成清算组[3]。

5. 强制清算组的议事机制

根据《座谈会纪要》规定，公司强制清算中的清算组因清算事务发生争议的，应当参照公司法第112条的规定[4]，经全体清算组成员过半数决议通过。与争议事项有直接利害关系的清算组成员可以发表意见，但不得参与投票；因利害关系人回避表决无法形成多数意见的，清算组可以请求人民法院作出决定。与争议事项有直接利害关系的清算组成员未回避表决形成决定的，债权人或者清算组其他成员可以参照公司法第22条的规定[5]，自决定作出之日

---

[1] 《座谈会纪要》依据的《民事诉讼法》已于2012年8月31日以及2017年6月27日修改作了修订，最新版《民事诉讼法》已于2017年7月1日施行。《座谈会纪要》依据的旧《民事诉讼法》第37条规定为：有管辖权的人民法院由于特殊原因，不能行使管辖权的，由上级人民法院指定管辖。人民法院之间因管辖权发生争议，由争议双方协商解决；协商解决不了的，报请它们的共同上级人民法院指定管辖。

[2] 同上。《座谈会纪要》依据的旧《民事诉讼法》第39条规定为：上级人民法院有权审理下级人民法院管辖的第一审民事案件，也可以把本院管辖的第一审民事案件交下级人民法院审理。下级人民法院对它所管辖的第一审民事案件，认为需要由上级人民法院审理的，可以报请上级人民法院审理。

[3] 《座谈会纪要》第22条的规定。

[4] 《座谈会纪要》依据的《公司法》已于2013年12月28日以及2018年10月26日作了修订，最新版《公司法》已于2018年10月26日施行。《座谈会纪要》依据的旧《公司法》第111条规定为：董事会会议应有过半数的董事出席方可举行。董事会作出决议，必须经全体董事的过半数通过。董事会决议的表决，实行一人一票。

[5] 同上。《座谈会纪要》依据的旧《公司法》第22条第1款、第2款规定为：公司股东会或者股东大会、董事会的决议内容违反法律、行政法规的无效。股东会或者股东大会、董事会的会议召集程序、表决方式违反法律、行政法规或者公司章程，或者决议内容违反公司章程的，股东可以自决议作出之日起六十日内，请求人民法院撤销。

起六十日内,请求人民法院予以撤销[①]。

二、实战案例:清算公司账册丢失,债权人另案追股东

在青岛某资产管理有限公司与温州某汽车销售有限公司申请青岛某汽车销售有限公司强制清算一案[②]中,青岛某汽车销售有限公司营业执照已被吊销,杜某、惠某作为青岛某汽车销售有限公司的股东,未在法定期限内对丙公司进行清算。同时,其实际经营地无从查找,法定代表人下落不明,青岛某汽车销售有限公司的财产、账册、文件、公章均已无从查找。

青岛市中院认为,因被申请人青岛某汽车销售有限公司的财产、账册、文件、印章证照均已无从查找,且其法定代表人杜某也下落不明,致使本院无法对被申请人进行强制清算,故应终结对被申请人青岛某汽车销售有限公司的强制清算程序。申请人青岛某资产管理有限公司和申请人温州某汽车销售有限公司可依据《公司法司法解释(二)》第18条第2款之规定,另行诉请被申请人丙公司的清算义务人对被申请人青岛某汽车销售有限公司所负债务承担连带清偿责任。

三、强制清算案件如何终结?

根据《公司法》及其相关司法解释,以及最高人民法院发布的《座谈会纪要》的规定,发生以下终结强制清算案件的事由时,强制清算程序则可被终结。

1.公司依法清算结束,清算组制作清算报告并报人民法院确认后,人民法院应当裁定终结清算程序[③]。该种情形为强制清算程序终结的常见原因,清算组按照《公司法》及其相关司法解释等规定,履行清算组应尽的职责,根据被清算公司的实际情况草拟清算报告,受理法院对清算报告进行审核确认

---

① 《座谈会纪要》第26条的规定。
② 案号:(2019)鲁02强清2号。
③ 《座谈会纪要》第36条的规定。

后，则依法应当裁定终结清算程序。

2.对于被申请人主要财产、账册、重要文件等灭失，或者被申请人人员下落不明的强制清算案件，经向被申请人的股东、董事等直接责任人员释明或采取罚款等民事制裁措施后，仍然无法清算或者无法全面清算，对于尚有部分财产，且依据现有账册、重要文件等，可以进行部分清偿的，应当参照企业破产法的规定，对现有财产进行公平清偿后，以无法全面清算为由终结强制清算程序；对于没有任何财产、账册、重要文件，被申请人人员下落不明的，应当以无法清算为由终结强制清算程序[①]。

3.公司强制清算中，有关权利人依据企业破产法第2条[②]和第7条[③]的规定向人民法院另行提起破产申请的，人民法院应当依法进行审查。权利人的破产申请符合企业破产法规定的，人民法院应当依法裁定予以受理。人民法院裁定受理破产申请后，应当裁定终结强制清算程序[④]。

四、强制清算程序中的衍生程序及股东究竟有哪些责任？

需要指出的是，由于强制清算程序自身具有一定的局限性，因而在利用强制清算程序实现不良资产清收处置的同时，还需要配合与强制清算程序有关的衍生程序或诉讼，才能更有效地实现清收目的。

1.财产保全申请

实务中存在被申请强制清算公司在人民法院受理强制清算时，享有知识产权、土地使用权、不动产或物业资产等情形，而被申请强制清算公司的实

---

① 《座谈会纪要》第28条的规定。

② 《企业破产法》第2条第1款规定："企业法人不能清偿到期债务，并且资产不足以清偿全部债务或者明显缺乏清偿能力的，依照本法规定清理债务。"

③ 《企业破产法》第7条规定："债务人有本法第二条规定的情形，可以向人民法院提出重整、和解或者破产清算申请。债务人不能清偿到期债务，债权人可以向人民法院提出对债务人进行重整或者破产清算的申请。企业法人已解散但未清算或者未清算完毕，资产不足以清偿债务的，依法负有清算责任的人应当向人民法院申请破产清算。"

④ 《座谈会纪要》第33条的规定。

际控制人或控股股东可能会在强制清算组组成前,利用一切办法转移、隐匿甚至毁损公司财产。根据《座谈会纪要》的规定,人民法院受理强制清算申请后,公司财产存在被隐匿、转移、毁损等可能影响依法清算情形的,人民法院可依清算组或者申请人的申请,对公司财产采取相应的保全措施[①]。

因此,为了更有效地实现不良资产清收处置的目的,在人民法院受理强制清算申请后,债权人可一并提起财产保全申请。

2. 起诉股东承担连带责任

根据2014年3月1日生效施行的《公司法司法解释(二)》第18条第1款、第2款的规定,有限责任公司的股东、股份有限公司的董事和控股股东未在法定期限内成立清算组开始清算,导致公司财产贬值、流失、毁损或者灭失,债权人主张其在造成损失范围内对公司债务承担赔偿责任的,人民法院应依法予以支持。有限责任公司的股东、股份有限公司的董事和控股股东因怠于履行义务,导致公司主要财产、账册、重要文件等灭失,无法进行清算,债权人主张其对公司债务承担连带清偿责任的,人民法院应依法予以支持[②]。

在《九民会议纪要》出台之前,由于人民法院对于该条的理解不同,实践中存在不少案件结果扩大了股东的清算责任,如出资几百万元的小股东,最后承担上亿元公司债务的情况。在我们以往不良资产处置实践过程中,也有在获得人民法院对公司主要财产、账册、重要文件等灭失的认定后,根据《公司法司法解释(二)》第18条第2款的规定,请求有限责任公司的所有股东对公司债务承担连带清偿责任的案例。

《九民会议纪要》第14条、第15条以及第16条对怠于履行清算义务的认定、因果关系以及诉讼时效进行了详细的规定,提高了认定门槛和举证责任,一定程度上加大了起诉股东承担连带责任的难度。根据《九民会议纪要》的规定,另案追股东,需要满足以下要件。

(1)怠于履行清算义务

《公司法司法解释(二)》第18条第2款规定的"怠于履行义务",是指

[①] 《座谈会纪要》第27条的规定。
[②] 《公司法司法解释(二)》第18条第2款的规定。

有限责任公司的股东在法定清算事由出现后，在能够履行清算义务的情况下，故意拖延、拒绝履行清算义务，或者因过失导致无法清算的消极行为。股东举证证明其已经为履行清算义务采取了积极措施，或者小股东举证证明其既不是公司董事会或者监事会成员，也没有选派人员担任该机关成员，且从未参与公司经营管理，以不构成"怠于履行义务"为由，主张其不应当对公司债务承担连带清偿责任的，人民法院依法予以支持。

对于该条的理解，需要注意的是，《公司法司法解释（二）》第18条第2款规定的"怠于履行义务"中的"履行义务"，不是指履行清算的一系列义务，而仅仅指没有启动清算程序成立清算组，或者在清算组成立后，没有履行清理公司主要财产以及管理好公司账册、重要文件等义务。这里的"怠于"，是一种消极的不作为行为，过错形态既包括故意，也包括过失[①]。审判实践中，"怠于履行义务"主要是指没有按照要求启动清算程序，成立清算组。至于清算组成立后，则是指怠于履行清理公司主要财产以及管理好公司账册、重要文件等义务。

实践中，还存在一种情况，即公司股东没有申请人民法院指定清算组对公司进行清算，这种行为是否属于《公司法司法解释（二）》第18条第2款规定的"怠于履行义务"？

根据《公司法司法解释（二）》第7条的规定，公司应当依照公司法第一百八十三条的规定，在解散事由出现之日起十五日内成立清算组，开始自行清算。有下列情形之一，债权人、公司股东、董事或其他利害关系人申请人民法院指定清算组进行清算的，人民法院应予受理：（一）公司解散逾期不成立清算组进行清算的；（二）虽然成立清算组但故意拖延清算的；（三）违法清算可能严重损害债权人或者股东利益的。

《九民会议纪要》认为，本条规定的"怠于履行义务"不包括上述《公司法司法解释（二）》第7条第3款规定的情形，因为在《公司法司法解释（二）》第7条第2款规定的三种情形下，公司股东申请人民法院指定清算组

---

① 最高人民法院民事审判庭第二庭编著：《全国法院民商事审判工作会议纪要的理解与适用》，人民法院出版社2019年版，第166页。

对公司进行清算，并不是法律规定的股东义务，相反是股东的权利。[1]

（2）怠于履行清算义务与无法清算具有因果关系

根据《九民会议纪要》第15条规定，有限责任公司的股东举证证明其"怠于履行义务"的消极不作为与"公司主要财产、账册、重要文件等灭失，无法进行清算"的结果之间没有因果关系，主张其不应对公司债务承担连带清偿责任的，人民法院依法予以支持。

实践中，在假设股东"怠于履行义务"的前提下，出现哪些情况才能证明与"公司主要财产、账册、重要文件等灭失，无法进行清算"的结果之间没有因果关系呢？比如，有证据证明公司经营过程中，公司财务室发生了火灾，公司账册和重要文件已被烧毁，并且此事已向公安机关报案。又如，小股东有证据证明，公司主要财产、账册、重要文件均由大股东及其所派人员掌握、控制，即使其"怠于履行义务"，也与"公司主要财产、账册、重要文件等灭失，无法进行清算"的结果无关。

（3）小股东有了全身而退的机会

根据《九民会议纪要》第14条规定，公司法司法解释（二）第18条第2款规定的"怠于履行义务"，是指有限责任公司的股东在法定清算事由出现后，在能够履行清算义务的情况下，故意拖延、拒绝履行清算义务，或者因过失导致无法进行清算的消极行为。股东举证证明其已经为履行清算义务采取了积极措施，或者小股东举证证明其既不是公司董事会或者监事会成员，也没有选派人员担任该机关成员，且从未参与公司经营管理，以不构成"怠于履行义务"为由，主张其不应当对公司债务承担连带清偿责任的，人民法院依法予以支持。

（4）债权在诉讼时效内

根据《九民会议纪要》第16条规定，公司债权人请求股东对公司债务承担连带清偿责任，股东以公司债权人对公司的债权已经超过诉讼时效期间为由抗辩，经查证属实的，人民法院依法予以支持。

---

[1] 最高人民法院民事审判庭第二庭编著：《全国法院民商事审判工作会议纪要的理解与适用》，人民法院出版社2019年版，第167—168页。

公司债权人以《公司法司法解释（二）》第18条第2款为依据，请求有限责任公司的股东对公司债务承担连带清偿责任的，诉讼时效期间自公司债权人知道或者应当知道公司无法清算之日起计算。

3.强制清算与破产清算的衔接问题

实践中，在破产清算案件中，存在债权人以"公司主要财产、账册、重要文件等灭失，无法进行清算"为由，在破产程序结束后，起诉破产企业原股东承担责任的情形。

对于上述情形，《九民会议纪要》予以禁止。《九民会议纪要》第118条第2款规定，人民法院在适用《最高人民法院关于债权人对人员下落不明或者财产状况不清的债务人申请破产清算案件如何处理的批复》第3款的规定，判定债务人相关人员承担责任时，应当依照企业破产法的相关规定来确定相关主体的义务内容和责任范围，不得根据公司法司法解释（二）第18条第2款的规定来判定相关主体的责任。

总之，此类案件涉及《公司法》《企业破产法》及有关司法解释、《九民会议纪要》等多个规定，专业性较强。因此，在不良资产清收过程中，聘请专业的律师团队有针对性、系统性地开展工作，避免因清收效率低，超过诉讼时效等情况的发生导致清收失败，才是较为妥当的选择。

CHAPTER 12

第十二章

纳入失信被执行人名单,
限制高消费

一、失信被执行人快速入门

"老赖",法律上也称"失信被执行人",通常是指恶意拒绝履行人民法院生效法律文书确定的义务(实践中往往体现为拒绝履行偿还金钱债务的义务),藐视司法公信力的被执行人。债权人面对老赖有何应对方法?如何处置此类不良资产呢?

其实,面对老赖,最高人民法院接连颁布了一系列司法解释,主要包括:于2015年7月6日最高人民法院出台的《最高人民法院关于限制被执行人高消费及有关消费的若干规定》(以下简称《限高规定》);于2017年3月1日最高人民法院出台的《最高人民法院关于公布失信被执行人名单信息的若干规定》(以下简称《失信规定》);以及于2016年1月20日由国家发展改革委和最高人民法院牵头,人民银行、中央组织部等44家单位联合签署的行政文件:《关于对失信被执行人实施联合惩戒的合作备忘录》[①](以下简称《备忘录》)。这些措施切实提高了老赖的失信成本,并直接影响老赖的生活和利益。

上述司法解释颁布后,效果明显。2016年至2018年9月,全国法院共执行结案1693.8万件,执行到位金额4.07万亿元,同比分别增长120%、76%。全国法院累计发布失信被执行人名单1211万例,共限制1463万人次购买机

---

① 由国家发展改革委和最高人民法院牵头,中国人民银行、中央组织部、中央宣传部、中央编办、中央文明办、最高人民检察院、教育部、工业和信息化部、公安部、安全部、民政部、司法部、财政部、人力资源社会保障部、国土资源部、环境保护部、住房城乡建设部、交通运输部、农业部、商务部、文化部、卫生计生委、国资委、海关总署、税务总局、工商总局、质检总局、安全监管总局、食品药品监管总局、林业局、知识产权局、旅游局、法制办、国家网信办、银监会、证监会、保监会、公务员局、外汇局、共青团中央、全国工商联、中国铁路总公司等44家单位于2016年1月20日联合签署了《关于对失信被执行人实施联合惩戒的合作备忘录》。

票，限制522万人次购买动车、高铁票，322万名失信被执行人迫于信用惩戒压力自动履行了义务。①

总之，失信信息公开，限制高消费，联合惩戒，对老赖的生活和工作都会产生很大的影响。很多老赖迫于压力，不得不偿还债务。因此，债权人正确、合理、合法地使用上述措施或以上述措施为要挟与老赖开展谈判，对不良资产的催收会有很大的帮助。

二、实战案例："老赖"被纳入失信名单，主动还钱

2017年12月，申请执行人广州某科技公司依据生效裁决书，向河源中级人民法院申请强制执行，请求被执行人河源某水泥公司向申请执行人支付奖励服务费、仲裁费等款项共计人民币55万余元，但被执行人一直未能履行生效裁决书所确定的义务。进入执行程序后，河源中级人民法院依法于2018年4月11日将被执行人列入失信被执行人名单，并在公众平台予以曝光。后因被执行人无财产可供执行，该案依法进入终本程序。

被执行人被纳入失信被执行人名单后，对公司经营产生了一定影响，如银行无法贷款、客户不信任，且失信黑名单上随处可见公司名称等。至此，被执行人深刻认识到当"老赖"上"黑名单"对公司经营活动造成的种种负面影响。2021年5月，被执行人主动联系承办法官，表示愿意纠正失信行为，向申请执行人支付98万元，希望承办法官主持调解。据了解，申请执行人坚持要求被执行人向其支付119万元。双方对履行款金额争议较大，承办法官遂采取背对背调解方式，多次通过电话向当事人耐心释法说理，力促案结事了。在双方达成初步调解意向后，2021年5月25日上午，承办法官召集双方到场调解，申请执行人当场同意被执行人足额一次性支付102万元，双方的债权债务即时结清。2021年6月16日，被执行人按照执行和解协议履行完毕，承办法官立即屏蔽了被执行人的失信信息，避免扩大对被执行人经营运转造

---

① 数据来源：十三届全国人大常委会第六次工作会议，最高人民法院院长代表最高院的报告。

成的影响，该案得以顺利结案。①

三、什么情况下会进入人民法院的失信黑名单？

惩戒失信被执行人主要发生在法院的执行阶段。被执行人不履行生效法律文书确定的义务，并具有《失信规定》第1条的6种严重失信情节，人民法院就会将其纳入失信被执行人名单，依法对其进行信用惩戒。6种失信行为如下：有履行能力而拒不履行生效法律文书确定义务的；以伪造证据、暴力、威胁等方法妨碍、抗拒执行的；以虚假诉讼、虚假仲裁或者以隐匿、转移财产等方法规避执行的；违反财产报告制度的；违反限制消费令的；无正当理由拒不履行执行和解协议的。

应当注意的是，常常与"失信被执行人"一起提及的"限制高消费"，是人民法院惩戒失信被执行人的手段/措施之一。当然，人民法院对于没有被列入失信被执行人名单的人员，也可以视情况对其单独采取"限制高消费"的决定。②

1. 失信黑名单的准入条件更加严格规范

2017年最高人民法院修改《失信规定》时，对第1条（主要规定列入失信被执行人的条件）进行了调整。修订后的《失信规定》将原本的"其他有履行能力而拒不履行生效法律文书确定义务"的"其他"二字删除，并调整其位置，将其从第1条第6项前移至第1项，使得其不再具有"兜底条款"作用。同时，2017年的《失信规定》中第3条新增了不被列入"有履行能力而拒不履行生效法律文书确定义务的"的4种情节：提供了充分有效担保的；已被采取查封、扣押、冻结等措施的财产足以清偿生效法律文书确定债务的；被执行人履行顺序在后，对其依法不应强制执行的；其他不属于有履行能力而拒不履行生效法律文书确定义务的。

法院颁布更加细致的规定，使被列入"失信被执行人名单"的条件越趋

---

① 《失信"黑名单"显威力 被执行人主动履行义务》，载 https://www.thepaper.cn/newsDetail_forward_13373806，最后访问时间2023年7月28日。

② 参见《限高规定》第1条。

严格，既可以大大地减少失信情节轻微/出于无奈失信的被执行人列入黑名单的概率，又可以让法院将司法资源重点用于打击那些黑名单（严格限制准入）上的"老赖"。

2.实践中被列入黑名单的老赖，其失信行为主要聚焦在两个法定情节

（1）"有履行能力而拒不履行生效法律文书确定义务"的行为

《失信规定》规定的6种严重失信情节中，后5种相对来说规定得更为具体，实践中的难点在于如何认定第一种严重失信情节，即"有履行能力而拒不履行生效法律文书确定义务"的，该情节也是失信被执行人决定书中涉及最多的情节。

司法实践中，根据文义正向推演解释：被执行人承担金钱给付义务时有可供执行的财产，承担给付义务有可实际履行能力的，但具有积极逃避履行或消极懈怠不履行的情形，可认为属于"有履行能力而拒不履行生效法律文书确定义务"。[1]根据文义反向推演解释：《失信规定》第3条罗列了4种不属于"有履行能力而拒不履行生效法律文书确定义务"的情形；《失信规定》第10条规定了人民法院应当在黑名单上删除失信被执行人信息的7种情形。

司法实践中，法院主要根据上述法条进行正反向推演。例如，企业承包经营合同纠纷复议决定书案[2]中，法院认为，根据财产查询反馈信息，被执行人在名下尚有银行存款的情况下，其未按执行通知的要求履行生效判决确定的义务。即使被执行人以申请执行人涉嫌刑事犯罪为由向法院申请中止执行，但在执行案件中止执行前，被执行人仍负有履行生效判决的义务。因此，被执行人有财产而未向申请执行人清偿债务的情况下，法院应将其纳入失信被执行人名单。

（2）"违反财产报告制度"的行为

被执行人最清楚其资产状况，但对于财产报告却存在天然抗拒，因此敷衍或拒绝申报的情况较为普遍。而该行为也是容易被列入黑名单的雷区之一。

---

[1] 《广东省高级人民法院关于限制消费及纳入失信被执行人名单工作若干问题的解答》。
[2] 案号：（2019）沪02执复109号。

典型的情形主要表现如下：一是不积极提交证据证明财产申报表的内容。如上海GL电器机械有限公司复议决定书案[1]中，法院认为，被执行人在"被执行人财产申报表"中陈述其名下的汽车质押给他人，但未向执行法院提供相关的质押证据，该行为属不如实申报财产，规避本案的执行，拒不主动履行生效法律文书的义务。执行法院将孙某纳入失信被执行人名单，于法有据。二是不在规定期限内提交财产申报表。如葛某、张某、盛某民间借贷纠纷复议决定书案[2]中，被执行人在接到青浦法院的申报财产令后，并未在规定期限内向青浦法院如实上报其名下的所有财产。法院认为，被执行人未完全履行生效法律文书确定的还款义务，亦未如实向法院申报财产，因此维持了执行法院将其纳入失信被执行人名单的决定。

由此可见，债权人只要把握以上要点和机会，就可以把"老赖"送入失信黑名单。

四、"老赖"的哪些利益会受到直接影响？

实践中失信被执行人（老赖）一旦被列入黑名单，会有以下影响和惩戒措施：

（1）信息被公开

失信被执行人的相关信息会被人民法院统一收录于"中国执行信息公开网"[3]上进行公开。公开信息的内容包括失信人员的具体身份信息以及失信情节。同时，失信被执行人、被执行人、限制消费人员的信息均可以在该网站上查询到。

此外，实践中被执行人照片也可以公开，但被执行人住址、工作单位及联系电话等个人隐私信息除外。[4]

---

[1] 案号：(2018) 沪01执复82号。
[2] 案号：(2018) 沪02执复143号。
[3] 中国执行信息公开网：http://zxgk.court.gov.cn/，最后访问时间2022年7月1日。
[4] 参见《失信规定》第6条。

（2）限制高消费

根据《限高规定》第1条第2款，纳入失信被执行人名单的被执行人，人民法院应当对其采取限制消费措施。并在第3条罗列了具体限制的消费项目。

被执行人为自然人的，被采取限制消费措施后，禁止以下消费行为：

- 乘坐交通工具时，选择飞机、列车软卧、轮船二等以上舱位；
- 在星级以上宾馆、酒店、夜总会、高尔夫球场等场所进行高消费；
- 购买不动产或者新建、扩建、高档装修房屋；
- 租赁高档写字楼、宾馆、公寓等场所办公；
- 购买非经营必需车辆；
- 旅游、度假；
- 子女就读高收费私立学校；
- 支付高额保费购买保险理财产品；
- 其他非生活和工作必需的消费行为。

（3）其他可能的影响：失信行为联合惩戒系统

国家发展改革委和最高人民法院牵头44家机构于2016年1月20日联合签署了《备忘录》，涵盖金融活动、民商事行为、行业准入、董监高等重要职位、优惠政策或荣誉、出境等各个方面的限制措施。国家发改委建立失信行为联合惩戒系统，最高人民法院在该系统中共享失信被执行人名单信息，联合惩戒单位获取信息后进行惩戒。

例如，"办理信用卡和贷款的限制"。最高人民法院与中国银监会合作，联合限制失信被执行人在全国金融机构贷款或办理信用卡；分别与中国工商银行、中国农业银行、中国银行、中国建设银行、中国交通银行等21家银行业金融机构就网络执行查控与失信被执行人信息共享工作达成一致，联网查询、冻结、扣划被执行人存款，金融机构在贷款和发放信用卡等事项上采取相应的控制和限制措施。因此，失信被执行人的房贷、车贷、信用卡等各类贷款均会被限制。又如，"失信被执行人不能担任董监高"。国家工商总局限制失信被执行人在全国范围内担任任何公司的法定代表人、董事、监事和高级管理人员。主要通过全国工商失信被执行人信息共享交换应用系统，该系统上线运行仅3天，全国就有21省区市工商、市场监管部门在公司登记注册环节限制失信被执行人471人次。

①具体如何实施？

人民法院贯彻执行上述项目，主要采取的是信息共享和联合惩戒的方式。例如，人民法院与铁路、民航部门联动。2014年6月18日、7月1日，中国铁路总公司、中国民航信息网络股份有限公司分别正式上线限制失信被执行人购买列车软卧车票和飞机票。2015年8月25日零时开始，中国铁路总公司增加限制乘坐高铁和其他动车二等以上座位。

又如，人民法院可直接或签发律师调查令要求教育主管部门或相关学校协助查询被执行人或其子女的就读学校名称、入读时间、父母身份信息及联系方式等信息，或调取学杂费、住宿费等费用缴纳资料或信息。

此外，法院还可直接向互联网旅游公司签发协助执行通知书，例如，2016年，北京市朝阳区人民法院针对为保障188件限制消费案件能够切实得到执行，该院同时向携程、去哪儿、途牛三家互联网旅游服务公司发送协助执行通知书，要求协助对限制消费人员具体消费行为予以限制。

②被执行人为单位的，法定代表人发生变更怎么办？

根据《限高规定》第3条第2款，被执行人为单位的，被采取限制消费措施后，被执行人及其法定代表人、主要负责人、影响债务履行的直接责任人员、实际控制人不得实施前款规定的行为。因私消费以个人财产实施前款规定行为的，可以向执行法院提出申请。执行法院审查属实的，应予准许。

对于单位被执行人的"法定代表人"而言，尤为关注的是其身份变化后是否不再受失信被执行人名单的影响。实践中，部分地区的高级人民法院认为[①]：首先，法定代表人一般以营业执照、统一社会信用代码证书等登记载明为准。其次，被限制消费的单位法定代表人发生变更的，变更后的法定代表人不得实施受禁止的消费行为；对原法定代表人不得采取限制消费措施，但其属于本条规定的影响债务履行的直接责任人员或实际控制人的除外。即惩戒行为并不会牵连新来的、与案件无关的人员。同时，原本与案件直接关联

---

① 《广东省高级人民法院关于限制消费及纳入失信被执行人名单工作若干问题的解答》。

的人员也不会因为身份的变化而免受惩戒。最后，在单位被限制高消费的情形下，人民法院不直接将被限制高消费的单位的法定代表人、主要负责人、影响债务履行的直接责任人员、实际控制人纳入失信被执行人名单，如果纳入的，上述人员可以向人民法院提出申请以个人财产来进行高消费活动。

13
CHAPTER

第十三章

债转股

一、债转股快速入门

近年来，我国企业杠杆率居高不下，债务规模呈现持续增长。为了降低债务企业（对象企业）的杠杆率以及银行的不良资产率，提高拟转股对象企业的股权融资比重，国务院及各地政府纷纷出台了一系列的政策来推动债转股的实施。本书将从几个典型案例出发，探讨债转股的几种经典模式，以及投资人后续退出的方案及注意事项。

债转股作为"债务重组"的一种特殊方式，是指债权人以其依法享有的对拟转股对象企业的债权转化为该企业的股权，从而增加该企业注册资本的行为，其中包括债权的消灭和股权的产生两个法律关系。债转股不仅运用在"债务重组"阶段，在破产预重整、破产重整、和解中，管理人也可能让债权人通过债转股来保护其合法权益。

债转股在实践中早已有之，1999年起，信达资产、华融资产、东方资产、长城资产及银河资产陆续成立，这些国有金融资产管理公司（AMC）在债转股、不良资产处置以及防范金融风险等方面起到了重要的作用。

2016年起，国务院等政府部门陆续出台了一系列的政策来推动市场化银行债转股，包括《关于市场化银行债权转股权的指导意见》（以下简称《指导意见》）、《市场化银行债权转股权专项债券发行指引》（以下简称《发行指引》）、《金融资产投资公司管理办法（试行）》（以下简称《管理办法》）等。

正是由于这些新政策的出台，推动着以"市场化债转股"为主要业务的金融资产投资公司（AIC）的兴起和设立，工银、建信、农银、中银、交银等AIC在2017年相继设立，浦发银行也在2020年出资100亿元人民币发起设立首个股份制银行AIC，这些AIC也推动着市场化债转股模式的不断演变及更新。

AMC和AIC均由国家金融监督管理总局管辖，属于一脉相承的两类非银行金融机构，《管理办法》也赋予了AIC较为灵活的业务运作模式，例如，可以收购处置正常类贷款，可以协商定价，可以采取招标、拍卖、协议转让等方式，可以采用"先收债后转股"方式，宜转股则转，不宜转则处置，可以从事与债转股业务相关的财务顾问和咨询业务。

但是，这并不意味着背靠拥有债权资源的商业银行作为股东的AIC，可以在"债转股"业务上完全取代AMC。AMC可以作为战略投资者投资AIC，也可以与AIC建立战略合作关系，将自身的专业优势和功能优势与AIC的资源优势结合起来，在合作中共同拓展债转股及相关业务。

作为市场化去企业负债杠杆的工具之一，债转股本身就是一项高难度、高成本、较复杂的长期系统性工程。同时，随着市场经济的发展及法律法规的不断完善，债转股的具体模式及退出方案也在不断更新发展，我们仍需要重点关注拟转股对象企业是否能够得到长期发展，债权人的投入是否能够得到保障，退出方案是否合法合规且具有实际可操作性，以达到通过债转股这一工具最终实现降低企业的杠杆率及银行不良资产率的目的。

二、实战案例：甲钢集团、乙钢集团的债转股

1. 甲钢集团债转股项目（通过发行私募产品实现债转股）

为了降低甲钢集团的负债率，2016年8月，甲钢集团和丙银行共同签署了"去杠杆业务合作框架协议"。该协议明确约定，双方将设立两只总规模高达240亿元的转型发展基金，用以支持甲钢集团降低资产负债率，实现转型升级。上述两只发展基金募集到位后，可帮助甲钢集团降低10个百分点的杠杆率。

在该项目中，合作双方拟先设立一家有限合伙基金（LLP），通过LLP募集资金来帮助其子公司偿还银行贷款。随后，LLP将偿还银行贷款所获得的子公司的债权转换成股权，成为子公司股东，并最终通过二级市场或甲钢集团回购实现退出。该项目交易架构图如图13-1所示：

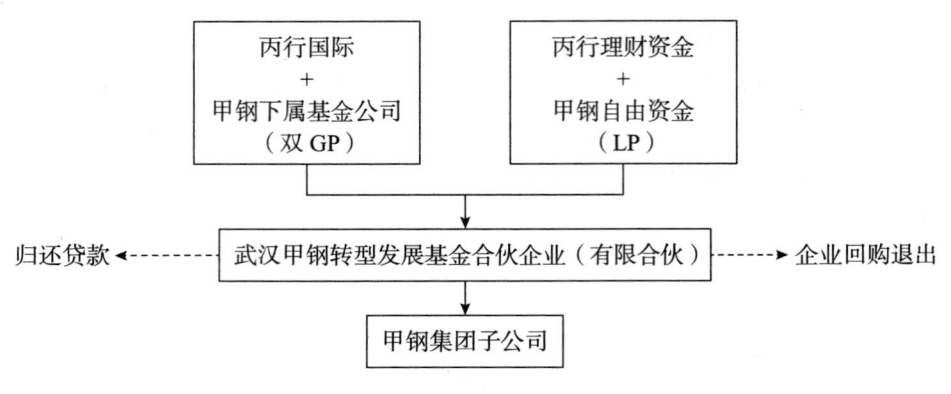

```
┌─────────────┐         ┌─────────────┐
│  丙行国际    │         │ 丙行理财资金 │
│     +       │         │     +       │
│甲钢下属基金公司│         │  甲钢自由资金│
│  （双GP）   │         │   （LP）    │
└──────┬──────┘         └──────┬──────┘
       │                       │
       └───────────┬───────────┘
                   ▼
归还贷款 ◄---- ┌──────────────────────────────┐ ----► 企业回购退出
              │武汉甲钢转型发展基金合伙企业（有限合伙）│
              └──────────────┬───────────────┘
                             ▼
                      ┌─────────────┐
                      │ 甲钢集团子公司│
                      └─────────────┘
```

图13-1 项目交易架构图

从资金来源上看，双方共分两次出资，每次120亿元（GP出资比例为1:2，即甲钢出资10亿元，丙银行出资20亿元；LP出资比例为1:5，即甲钢出资15亿元，丙银行出资75亿元）。

从债权定价上看，由于子公司是正常贷款，因此丙银行主导的基金以1:1的企业账面价值承接债务，而非市场上的打折价。

从退出机制上看，双方采用了灵活的两种机制结合的模式，即股权投资+回购。同时，丙银行也设定了一定的业绩条件和公司治理的要求，如不达标，将会要求甲钢集团按照一定的条件回购股份。

2. 乙钢集团债转股项目（通过"留债+可转债+有条件债转股"的模式实现债转股）

乙钢集团作为国资委主管的钢铁矿产行业大型央企，于2016年12月与丁银行等5家银行签署了"债务重组协议"。该协议明确，乙钢集团600多亿元债务重组采取了"留债+可转债+有条件债转股"的模式（270亿元转股，其余留债），分两个阶段实施，具体如下：

（1）在第一阶段中，对本息总额600多亿元的债权进行整体重组，并分为留债和可转债两个部分；其中：①留债部分的利息将下降为3%，若相关贷款评估值、企业现金流或者抵押物能够全部覆盖本息，则全部留债；②若是信用担保的贷款，则要全额转做可转债。该模式较为特殊，从严格意义上来讲并非债转股，而是债务置换，只不过在被置换的债务中有一部分采取了可转债的置换方式而已[①]。

（2）在第二阶段中，在相关条件满足的情况下，可转债持有人逐步行使转股权。

3. 戊钢债转股项目（市场化债转股）

2018年9月30日，A股上市的戊钢股份发布公告称，将与五大行的AIC、东方AMC、当地国资股权投资基金和该公司管理层签署总额为77.33亿元的市场化债转股协议。此次债转股的实施标的是内蒙古丁钢金属制造有限责任公司，即丁钢股份为实施本次债转股设立的全资子公司。

此次交易分为两步：第一步：由戊钢股份拟划转427.67亿元资产至丁钢金属，形成对丁钢金属的投资200亿元、债权221.44亿元，其他债权人对丁钢金属的债权6.23亿元；第二步：由丁钢金属通过吸收资金或债权增资扩股，用于其对偿还丁钢股份的债务，丁钢股份再最终将收到的款项用于偿还金融机构债务。

三、债转股常见的四大模式

上述前两个案例，债权人均是银行，对象企业也均为央企和国企，此类债转股多是在政府的指导和推动下实施的，也被称为"政策性债转股"，第三个案例则是以AIC为主导的"市场化债转股"。上述两种性质的债转股一般有以下几种模式：

1. 直接模式

直接模式是指债权人将其对拟转股对象企业的债权直接转化为该企业的股权。在债权人不是银行的情况下，此模式是一般企业及上市企业债转股最常见的模式。

对于上市公司而言，由于深圳证券交易所及上海证券交易所将"净资产连续为负纳入公司退市条件"，因此在连续经营不善的情况下，为了避免

[①] 庄键：《中钢集团与中行等银行签署重组协议600亿元债转股方案落定》，载https://www.jiemian.com/article/1006781.html，最后访问时间2022年6月30日。

退市，企业的大股东会通过增发新股的方式将企业的净资产由负转正，但是对上市公司有大量债权的大股东，为了避免更大的损失，一般不愿意用现金资产认购新股，所以往往会选择将对上市公司的债权作为实施增发新股的出资，从而实现净资产由负转正，避免退市。

2. 间接模式

根据《指导意见》的相关规定：银行不得直接将债权转为股权[1]。因此，间接模式应运而生。间接模式是指债权人将其对公司的债权，打包出售给第三方（"实施机构"，例如AMC/AIC等），债权则随之转移给第三方，再由第三方将该笔债权转化为其对公司的股权。该模式的具体架构如图13-2所示：

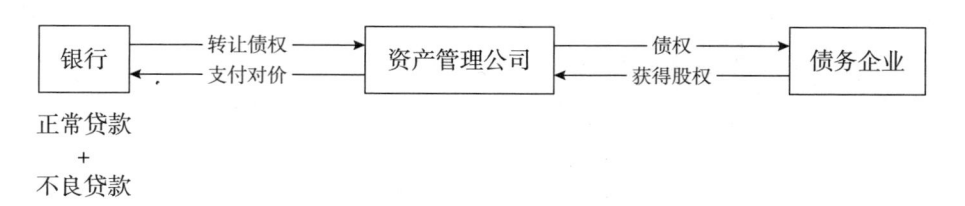

```
┌──────┐  转让债权  ┌──────────┐   债权    ┌──────────┐
│ 银行 │ ─────────→│资产管理公司│ ←──────── │ 债务企业 │
│      │← ─────── │          │  获得股权  │          │
└──────┘  支付对价  └──────────┘ ─────────→└──────────┘
正常贷款
  ＋
不良贷款
```

图13-2　间接模式架构图

间接模式多运用于银行债权，且在实践中，一般包括两种方式："以股抵债"和"发股还债"；其中："以股抵债"是指银行首先将其对企业的债权让与实施机构，再由实施机构向该企业增资将债权转为股权；"发股还债"是指通过企业首先向实施机构增发股份或由实施机构向企业增资的方式，使企业获得增资款，并由企业以增资款偿还负债的模式。

3. 发行私募产品模式

由于AMC和AIC等实施机构并非对每个领域都有管理经验，因此这些实施机构一般会与股权投资机构合作发起设立专项开展银行债转股的私募股权投资基金，从而在一定程度上实现两类机构的资源互补。由于股权投资机构有丰富的投资管理经验，可以使对象企业扭亏为盈，实施机构又能够获得

---

[1] 根据《指导意见》的规定：禁止将下列情形的企业作为市场化债转股对象：扭亏无望、已失去生存发展前景的"僵尸企业"；有恶意逃废债行为的企业；债权债务关系复杂且不明晰的企业；有可能助长过剩产能扩张和增加库存的企业。

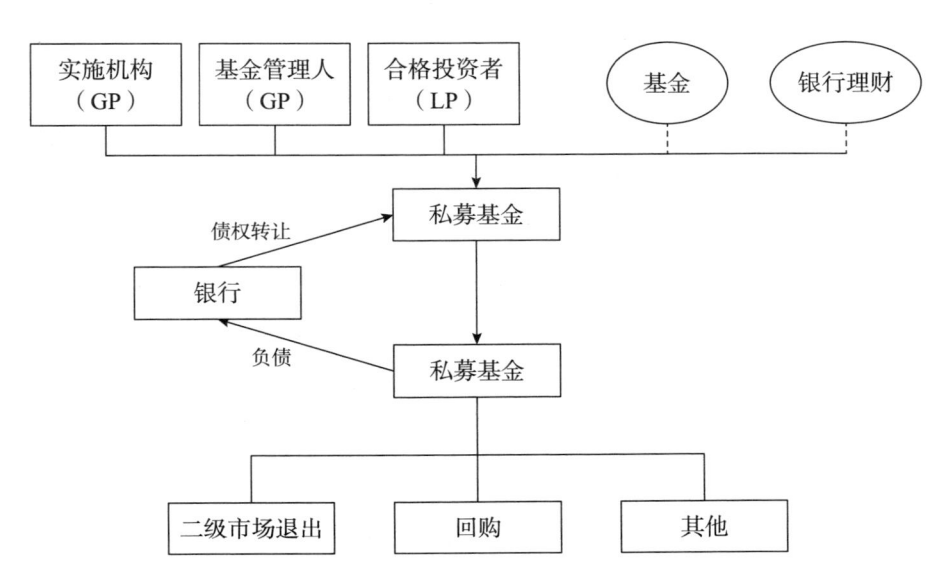

稳定、固定的收益，进而实现双赢。此模式典型的架构图如图13-3所示：

图13-3 发行私募产品模式架构图

4.发行金融债券模式

除上述三种模式外，为了扩大债转股的资金来源，根据《发行指引》的相关规定，AIC还可以通过发行金融债券，用于收购银行债权和流动性管理。此外，《管理办法》亦明确规定AIC可通过发行金融债券募集债转股资金。

但须注意的是，虽然《管理办法》给AIC规定了较为灵活的业务运作模式，但根据《管理办法》第30条、第31条的规定，AIC收购银行债权时不得从事下述禁止性行为：（1）不得接受债权出让方银行及其关联机构出具的本金保障和固定收益承诺，不得实施利益输送，不得协助银行掩盖风险和规避监管要求；（2）不得与银行在转让合同等正式法律文件之外签订或达成任何协议或约定，影响资产和风险真实完全转移，改变交易结构、风险承担主体及相关权益转移过程等；（3）不得由该债权出让方银行使用资本金、自营资金、理财资金或其他表外资金提供任何形式的直接或间接融资；（4）不得由该债权出让方银行以任何方式承担显性或者隐性回购义务；（5）对企业进行股权投资，股权投资资金用于偿还企业银行债权的，不得由该债权人银行使用资本金、自营资金、理财资金或其他表外资金提供任何形式的直接或间接融资。

四、债转股退出时应注意的3个事项

债权人通过债转股获得拟转股对象企业股权的最终目的是减少损失及获取收益，因此债权人在债转股之前，一般会与该企业及其股东签署协议，以最终实现退出。实践中，一般会采用以下几种退出模式：

1.企业回购

企业回购模式较为常见，一般情况下，债权人在债转股之前，会与拟转股对象企业的股东约定一个触发机制，即当相应情形出现时，该企业的股东需要回购公司股权，并使债权人完成退出。

但是，实践中，该种模式的债转股多为明股实债。这也就意味着，企业的股东需要在未来几年后将债转股的股权回购，这对于企业及股东而言，只是将短期债务置换为了长期债务，企业的实际负债率及杠杆率并没有降低，偏离了债转股的初衷。而且，在实践操作中，回购并没有强制性，若企业的股东不回购股权或没有能力回购股权，可能会存在难以退出的风险。同时，抽屉协议的存在，亦有可能引发股权法律纠纷。

2.股权转让

股权转让模式是指引入新的投资者替换债权人，即通过第三方实现退出。此种模式下，除非拟转股对象企业的所有股东将其持有的全部股权均转让给第三方，否则，该企业的原股东会对第三方设置诸多条件，以防第三方的加入不利于企业的发展。

3.上市

如果拟转股对象企业是非上市公司，则可以直接寻求上市通过二级市场转让实现债权人的退出。但此种模式较为复杂，牵涉面也较广，因此实践中，最终采取此模式实现退出的情形较为少见。

CHAPTER 14

第十四章

债务重组

一、债务重组快速入门

随着产业结构调整，部分企业正面临或已陷入债务危机，其中需要债务重组的，是陷入困境的房地产行业。这个行业体量大、影响广。如何通过债务重组让房地产进行"软着陆"，从而化解因此产生的众多债务纠纷，是一个非常重要的课题。

2020年8月20日，住房和城乡建设部、中国人民银行发布了针对房企资金监测和融资的规则，也就是常提到的"三道红线"[①]。新规发布后，部分房企触碰红线。有的房企召开金融机构债权人会议，并公布债务重组方案，以期通过该方案化解自身的债务危机。面对债务危机，多家房企走向"自救"之路，在融资渠道受限的大背景下，债务重组成了困境房企的首选。

那么，什么是债务重组？狭义上讲，根据2019年5月修订的《企业会计准则第12号——债务重组》的定义，债务重组，是指在不改变交易对手方的情况下，经债权人和债务人协定或法院裁定，就清偿债务的时间、金额或方式等重新达成协议的交易。从法律意义上来讲，债务重组，即在债务人破产前或陷入流动性危机时，针对尚未清偿的债务，债务人与债权人达成新的协议，包括债务展期等。但广义上讲，债务重组是困境房企在陷入流动性危机后，摆脱困境的各种方法，常规模式包括但不限于融资+小股操盘代建、引入合作开发方、引入AMC或纾困基金、出售资产或项目公司股权获得现金流偿债、与债权人重新达成展期或转股协议、设立信托受益权等。

[①] 红线一：房企剔除预收款后的资产负债率大于70%；红线二：房企的净负债率大于100%；红线三：房企的现金短债比小于1.0倍。

二、实战案例：甲房地产企业千亿元债务重组案

2021年10月8日，甲房地产企业正式在上海证券交易所发布公告[①]，公布了债务重组计划的主要内容，包括出售优质资产、出售项目公司股权及债务置换、债务展期、设立信托受益权以及现金偿债的方式，具体如下：

1. 出售资产回笼资金约750亿元

对于变现能力强的资产，公司将积极寻找资金实力强、协同效应好的潜在投资者予以出售，回笼资金主要用于偿付金融债务。可出售资产预计能够回笼资金约750亿元。回笼资金中拟安排约570亿元用于现金偿付金融债务；剩余部分用于落实住宅开发和交付责任，及恢复产业新城及其他业务板块的正常运营，以保障经营债务及承接金融债务的清偿。

2. 出售资产带走金融债务约500亿元

出售项目公司的自身金融债务，随项目公司股权出售一并带走并转出公司，展期、降息，由项目公司依据债务重组协议约定还本付息。出售项目公司通过债务置换方式，有条件承接相应的由公司统借统还的金融债务，置换后的债务展期、降息，具体置换方式由公司、可出售项目公司的收购方、相关金融债权人具体协商。

3. 优先类金融债务展期或清偿约352亿元

（1）应收账款质押和实物资产抵押的金融债务展期留债，维持原财产担保措施不变。展期期间利率下调。如若实物资产抵押相关担保物被处置或出售的，所担保债权可在担保物被处置或出售价款范围内优先清偿；应收账款质押的，按年度分期按比例偿还。

（2）与房地产开发建设等业务相关的开发贷，由相关金融机构维持开发贷余额不变，利率下调，存量项目逐步销售偿还，新增项目逐步投放。

4. 现金兑付约570亿元金融债务，即出售资产回笼资金中约570亿元用于兑付金融债务。

---

① 《甲基业股份有限公司关于重大事项进展暨股票复牌的公告》，载上海证券交易所，http://static.sse.com.cn/disclosure/listedinfo/announcement/c/new/2021-10-08/600340_20211008_1_3jcUKE3g.pdf，最后访问时间2023年7月28日。

5. 以持有型物业等约220亿元资产设立的信托受益权份额抵偿，即以公司约220亿元有稳定现金流的持有型物业等资产设立信托计划，并以信托受益权份额偿付相关金融债务。

6. 剩余约550亿元金融债务由公司承接，展期、降息，通过后续经营发展逐步清偿。展期届满后，根据企业后续经营情况，可协商直接清偿或继续展期。

7. 其他事项。包括有关欠息、罚息的安排、债券兑付安排、担保措施调整。

2021年12月10日，甲房地产企业发布公[①]告称，其持有的债权敞口本金余额[②]为1030.72亿元，占债委会全体成员债权敞口本金余额比例为80.75%。根据"债委会议事规则"相关规定，债委会全体会议应当经占债委会全体成员债权敞口本金余额2/3以上的债委会成员以及全体成员过半数表决同意，并且其所代表的债权额占债委会全体成员的无财产担保金融债权总金额半数以上，方视为表决通过。因此，按照上述表决结果和"债委会议事规则"的规定，"债务重组计划"获得债委会全体会议审议通过。

上述"债务重组计划"审议通过后，甲房地产企业积极推进债务重组协议洽谈、签署等工作，确保"债务重组计划"得到落实。甲房地产企业称，投票决议通过签署协议后，意味着公司主要金融负债将展期5—8年，为公司后续恢复造血赢得了宝贵的时间。

2022年4月1日，甲房地产企业发布公告[③]称，下属二级全资子公司某投资有限公司（以下简称乙投资，为转让方）与某科创有限公司（以下简称丙科创，为受让人）就目标公司某园区建设发展有限公司（以下简称丁园区公司）股权转让事宜签署"关于丁园区建设发展有限公司之股权转让协议"（以下简称"丁公司股权转让协议"），约定乙投资将其持有的丁园区公

[①] 《甲基业股份有限公司关于公司债务重组的进展公告》，载上海证券交易所，http://static.sse.com.cn/disclosure/listedinfo/announcement/c/new/2021-12-10/600340_20211210_1_GjZPiwrq.pdf，最后访问时间2023年7月28日。

[②] 债权敞口本金余额，指债权本金总额扣除华夏幸福质押的保证金、存单以及现金等价物后的债权本金余额。

[③] 《甲基业股份有限公司关于公司债务重组相关资产出售事项的进展公告》，载上海证券交易所，http://static.sse.com.cn/disclosure/listedinfo/announcement/c/new/2022-04-01/600340_20220401_2_LROCkPIg.pdf，最后访问时间2023年7月28日。

司100%股权转让给丙科创。丁园区公司为公司在某市某县运营产业新城业务的平台公司，负责某县委托区域的开发建设管理工作。

另外，甲房地产企业全资子公司某房地产开发有限公司（以下简称戊公司）作为转让方与某经济开发区建设发展有限公司（以下简称己开发区建设，为受让人）就目标公司某建设投资开发有限公司（以下简称庚投资开发）股权转让事宜签署"关于某建设投资开发有限公司之股权转让协议"（以下简称股权转让协议），约定戊公司将其持有的庚投资开发100%股权转让给己开发区建设。庚投资开发为公司在某市某区运营产业新城业务的平台公司，负责某区委托区域的开发建设、招商引资和运营管理等工作。

此外，2022年4月30日，甲房地产企业发布公告称，（1）自2022年2月22日开始，公司启动第一批现金兑付安排，分批向已签署《债务重组协议》的相关债权人进行现金兑付，兑付总金额为5亿元；（2）自2022年4月29日开始，公司启动第二批现金兑付安排，分批向已签署《债务重组协议》的相关债权人进行现金兑付，兑付总金额为14.16亿元。

从2021年12月通过"债务重组计划"至2022年4月30日，短短近5个月的时间，甲房地产企业债务重组工作取得了重大突破，债务重组金额破千亿元，生产经营也渐渐稳中向好，是近几年来少有的债务重组较为成功的案例，这对于陷入困境的房地产企业具有重要的参考和借鉴意义。

三、困境房企债务重组的常见模式与法律问题

那么陷入困境的房企一般采取哪些模式来纾困和自救呢？

（一）融资+小股操盘代建

融资+小股操盘代建，一般适用于陷入困境的单个房地产项目。这类项目通常为住宅或可散售公寓，且拿地价格比较有优势（也适合"勾地"取得的优质项目），所以陷入困境的开发商一般不太愿意退出，而且也有一定的出资能力，通常最少能够出资项目峰值投资的30%，项目后续拿地开发所需的70%的资金，通常由融资方来解决。而此类融资方，一般为大型房企下属的私募

基金或资管公司。那么，这些融资方在提供大部分债权融资的过程中（通常综合融资利率在年化15%以上），有时也会小股介入一些项目公司股权，同时要求原开发商不再参与操盘，而交给他们指定的品牌开发商代建，并由项目公司支付代建费（一般为总销的4%—6%）。

在这样的模式下，原来陷入困境的开发商不用出让大部分的股权，同时引入后续开发资金和知名品牌开发商代建，这样项目销售价格得到溢价和保障，整个操盘流程也由品牌开发商保障，融资资金也不会被挪用，项目交房有保证，融资方和原开发商的利益都能有保障。最终，融资方获得高额债权利息，代建方获得代建费，而原开发商在项目公司支付融资本金利息等成本后，仍然享有绝大部分项目开发利润。

（二）引入合作开发方

如果地产项目利润一般，原来拿地的开发商陷入现金流困境，无力单独开发，也不想继续做大股东分享所有利润。那么可以考虑转让51%—75%的项目公司股权，引入优质的开发商进行合作开发。

合作开发的好处是，引入的新开发商分担了原开发商的资金成本，也分担了风险。当然，项目的利润也会根据合作开发各方投入而进行合理的分配。

2021年12月20日，中国人民银行、原银保监会出台《关于做好重点房地产企业风险处置项目并购金融服务的通知》，鼓励银行稳妥有序开展并购贷款业务，重点支持优质的房地产企业兼并收购出险和困难的大型房地产企业的优质项目。同时，加大债券融资的支持力度，支持优质房地产企业在银行间市场注册发行债务融资工具，募集资金用于重点房地产企业风险处置项目的兼并收购。这其实就是鼓励优质的民企和央企开发商收购出险和陷入困境房地产企业的项目。

不过合作开发模式虽然可以挽救出现困境的房企，但合作开发模式也不容易。因为，很多有能力收购项目的房企都是国企或央企，民企与国企合作开发，文化和制度上有太多的不同，合作开发协议约定不明，很容易产生矛盾和纠纷。所以，合作开发协议中必须要详细约定很多事项，如公司治理、资金监管、共同融资，开发成本控制、总包选择，销售价格如何锁定，如何提前退出，是否同股同权等，以免后续发生纠纷。

（三）出售项目公司资产或股权，带走或清偿债务

（1）出售资产，一次性转让各类物业或停车位等

出售资产是缓解债务危机较为常见、较为重要的方式之一。

从甲房地产企业债务重组方案可以看出，甲房地产企业出售资产获得大部分回笼资金用于偿付金融债务，剩余部分用于落实住宅开发和交付责任，完成"保交房"的开发商责任。

实践中，由于房企在选择出售优质资产时，通常已经深陷债务泥潭多日，因此不少购买方打着"趁火打劫"的主意，希望能够借此机会以低价获得该房企的优质资产。值得注意的是，根据《企业破产法》第31条的规定，人民法院受理破产申请前一年内，涉及债务人财产的下列行为，管理人有权请求人民法院予以撤销：（1）无偿转让财产的；（2）以明显不合理的价格进行交易的；（3）对没有财产担保的债务提供财产担保的；（4）对未到期的债务提前清偿的；（5）放弃债权的。

针对以明显不合理的价格进行交易的，最高人民法院出台的《关于适用〈中华人民共和国企业破产法〉若干问题的规定（二）》第13条规定，破产申请受理后，管理人未依据企业破产法第三十一条的规定请求撤销债务人无偿转让财产、以明显不合理价格交易、放弃债权行为的，债权人依据民法典第五百三十八条、第五百三十九条等规定提起诉讼，请求撤销债务人上述行为并将因此追回的财产归入债务人财产的，人民法院应予受理。相对人以债权人行使撤销权的范围超出债权人的债权抗辩的，人民法院不予支持。

考虑到不少房企在债务重组失败后，仍然自行申请或被债权人申请破产清算或重整，若在法院受理破产清算或重整裁定作出之日前的一年内，该企业存在以明显不合理的价格出售资产的，管理人或者债权人均有权行使撤销权。

最后，值得注意的是，出售优质资产也包括以物抵债的情形，有关以物抵债的问题请参见本书有关章节，在此不再赘述。

（2）出售项目公司股权

广义上来说，出售项目公司股权也属于出售资产的一种。为了与上述出

售的有形资产进行区别，笔者将出售项目公司股权这一常见的方式单列出来，方便读者理解。部分项目股权出售，就是真实的出售，比如某房地产企业当年甩卖文旅项目和酒店项目。但部分项目股权出售后，可能在一定期间内还有回购权，比如有些信托或国企在持有困境房企优质项目时，往往还给困境房企一个回购权，如届时无力回购，那么项目就变成真实的出售了。

需要特别说明，目前很多困境住宅项目，都是有向信托或其他资金方融资的，如果项目陷入困境无法开发，那么项目公司债权人也会受到影响，为此不少债权人，特别是信托机构也纷纷下场，收购困境项目公司的股权和债权，并继续投入资金，将项目建成出售，实现各方利益最大化。

比如，2022年2月25日，某房地产企业与甲信托和乙信托签订合作协议，出售其持有的4个项目的股权至甲信托和乙信托。通过出售股权，某房地产企业可收回项目的部分前期投资款约人民币19.5亿元，可化解项目涉及的债务约人民币70.1亿元。上述两家信托机构接管4个项目后，根据实际需要负责向相关项目投入开发建设所需资金。但这个股权收购也有一些特殊安排：

• 信托机构接管4个项目运营管理权后投入资金保障后续开发建设（即保交楼），但某房地产企业行使财务监督及销售共同定价权；

• 项目实现收益后，信托机构享有优先收益权，偿还其接管前后的任何投入（实质上仍是借贷关系）；某房地产企业集团劣后，如有盈余则偿还某房地产企业集团的前期资金投入；

• 偿还信托机构的投入后（信托机构不以股东身份参与项目利润分配），某房地产企业集团可以要求以零对价受让项目公司100%股权；

• 若某房地产企业集团不回购，项目公司继续由信托机构管理运营，那么需要把每年5%的可分配利润分配给信托机构，余额分配给某房地产企业集团。

某房地产企业向甲、乙信托出售4个项目公司股权和债权，缓解了某房地产企业的流动性问题；对于信托来说，面对与某房地产企业集团合作的部分项目出现风险，通过获得项目公司全部股权及管理权，推动项目正常化运营，是当前解决某房地产企业项目问题的最优方案，也维护了信托投资人的利益。

对于信托投资人来说，在目前的大环境下收购房企项目公司股权既是机遇，也是挑战。从笔者参与过的有关房企项目的收并购中，我们发现，房企的项目公司债务通常较为繁杂，项目层面还有抵押、保证等权利负担，如果没有专业的法律团队及财务团队，不少隐性债务在股权收购交易完成后才逐渐显现。

（四）债务协商展期、借新还旧或者清偿

房企陷入困境或出现流动性危机后，与债权人协商贷款展期是必须要做的事情。对于房企来说，一方面要争取展期或降息，另一方面要争取将一些加速到期条款，或交叉违约条款解除，否则由于其他债务违约，导致已经展期的贷款又加速到期，债权人挤兑催讨的，房企就又会陷入困境。

而对于债权人来说，给予展期一定要争取获得一些降低风险的条件，比如债权人可以要求增加一些增信措施或担保，或者要求债务人提前归还一部分本金，降低今后"出险"时的风险。

另外，有些金融机构喜欢用"借新还旧"来帮助债务人展期，那么借新还旧过程中，特别要注意原来的担保物要去重新办理登记手续。原来"借新还旧"模式中的担保物权是否重新登记问题，司法实践中一直很有争议，但《全国法院民商事审判工作会议纪要》（以下简称《九民会议纪要》）第57条现在明确规定："贷款到期后，借款人与贷款人订立新的借款合同，将新贷用于归还旧贷，旧贷因清偿而消灭，为旧贷设立的担保物权也随之消灭。贷款人以旧贷上的担保物权尚未进行涂销登记为由，主张对新贷行使担保物权的，人民法院不予支持，但当事人约定继续为新贷提供担保的除外。"所以，如用"借新还旧"方式来展期的，金融机构务必重新去办理担保物的登记，否则担保物权可能会随之消灭。

（五）引入纾困基金或AMC进行债务重组

如果出险房企和目标项目公司都陷入债务纠纷中，而且项目可能已经预售，购房人支付了货款却拿不到房子而维护合法权益，该项目已成为当地政府的重点工作。此时优质开发商（特别是国企）是轻易不敢单独合作开发或收购项目的。

如果这些债务都来自金融机构，可以厘清，没有太多民间借款，那么还可以引入 AMC 或者纾困基金与开发商一起进行债务重组。

这里讲的债务重组，一般也称为"庭外重组"，一般分为：收购债权—注入资金—引入代建三步进行：首先，依靠 AMC 或纾困基金将项目公司债务厘清，并与债权人达成收购和和解，将债务收拢、统一展期、解除查封，给困境项目公司债务解绑；其次，AMC 或其引入的优质开发商注入必要的启动续建资金；最后，由代建开发商操盘代建，由优质开发商完成后续建设并保交楼，其间需要的额外资金，可以由 AMC 和优质开发商等共同提供。

这种债务重组的模式下，原来开发商已经无力开发，且即使继续融资开发，购房人也不再信任原"出险"开发商，因此会出现无法顺畅销售的困境，原开发商在各类债权人的诉讼和查封下，最终也会颗粒无收。为此，AMC 通常会与当地政府一起要求困境房企总体上退出项目公司或者在债务重组完成后尽可能少分享利润，这样 AMC 或纾困基金才有积极性来推动项目债务重组，债权人的利益也可以得到最大限度的保护。但是现实中很多困境房企还会做"困兽之斗"，不太愿意折损或局限于仅分到一笔"安家费"，还希望债务重组后它能继续操盘并获得项目收益。这就使得债务重组的谈判很艰难。

所以，在重组过程中，纾困的 AMC 要考虑原开发商的前期投入和成本；困境房企也要有"壮士断腕"的决心；债权人也需有打折出售债权的心理准备，这是一个各方博弈的过程，各方达不成一致，困境房企和债权人就无法摆脱困境，最后只能沦落到破产的局面，这对困境房企和债权人都是最坏的情况。

2022年8月5日，多家媒体报道，《郑州市房地产纾困基金设立运作方案》（以下简称《方案》）由郑州市人民政府办公厅印发至各开发区管委会，各区县（市）人民政府及各部门、各有关单位。方案旨在：由政府牵头设立房企纾困专项基金，规模暂定100亿元，主要用于缓解房地产项目停工停按揭月供带来的社会问题和金融风险，提振市场信心。

（六）信托受益权的使用

在甲房地产企业债务重组方案中，设立信托受益权份额抵偿是一大亮点。事实上，不仅甲房地产企业，不少大型企业债务重组，甚至破产重整中均采用设立信托受益权的方式。

所谓信托受益权，是指以债务人的财产或其收益权作为委托财产给受托人设立信托计划，受托人通过管理运用和处分信托财产产生的收益，向债权人进行分配（在信托法律关系中，该债权人为受益持有人），从而达到清偿债权的目的。其结构如图14-1所示：

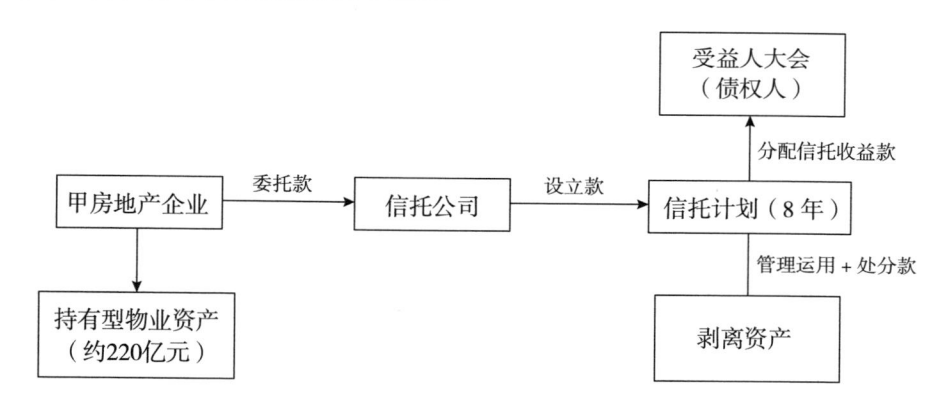

图14-1 信托受益权结构

深陷债务危机的房企采用信托受益权的方式主要有以下几个优势：

首先，避免该企业的财产被"贱卖"。由于深陷债务危机的房企急需资金输血或缓解债务压力，通常在出售资产时处于劣势，不少投资人会抱有"趁火打劫"的心态。如果此时将公司财产仓促低价卖出，则既损害公司利益，也损害债权人利益。设立信托收益权则可以在缓解债务压力的同时，避免现在将公司财产低价出售。需要注意的是，在信托计划中，通常作为信托计划的底层资产需要有一定的运营价值，能够通过受托管理产生收益用于偿债，如甲房地产企业债务重组方案中的底层资产为能够产生稳定现金流的持有型的物业。

其次，设立信托受益权，能够保证底层资产的独立性，实现与其他风险资产的隔离。在房企债务重组（包括破产重整的情况下），设立信托受益权的架构，可以实现将用于信托受益权的底层资产剥离出来，从法律意义上来讲，该资产成为受托人的信托财产，与房企其他具有风险的财产或者待处置财产形成隔离，若该剥离财产为房企核心资产，则通过该方式保存了核心资产，维持企业正常经营；若该剥离财产为房企非核心资产，也为将来择机处置留有余地。

最后，将待清偿债权证券化，便于后续引入投资人。在信托计划的框架下，接受信托收益权清偿方式的债权人享有的债权，转化对信托财产的受益权份额，对于该份额有统一的决策机构，也有统一的决策主体，改变了众多债权人分散的情况，若后续有投资人介入债务重组，可以直接与该统一的决策主体进行沟通，避免了与一户一户的债权人分别进行沟通的负担，同时也有利于投资人开展债权收购工作。如在某钢铁破产重整一案中，其信托计划设立后，某银行就着手进行受益权集中收购的工作。

四、资产管理公司（AMC）与房地产开发企业三大常见合作模式

开发商与资产管理公司（AMC）进行深度战略合作后，可以在以下模式中开展合作。

模式1：AMC打折收购银行债权，通过推动法院拍卖，获得抵押物后引入开发商

在该种模式下，AMC从银行等金融机构打折收购带有抵押担保的债权，抵押担保包括担保人的土地使用权或不动产等。AMC在取得上述银行债权后，可起诉并推动人民法院对该抵押物（如土地使用权、在建工程或商业物业）进行拍卖、变卖，由于AMC取得债权是有折扣的，所以抵押物拍卖时，AMC有竞价优势，通常不会有人参与竞拍，AMC下属公司或其与合作开发商成立的合资公司可以较低价格获得抵押物，或者以物抵债获得抵押物物权。

AMC在取得抵押物物权并处理好相关纠纷（如租赁事宜或补交出让金

等）后，即可优先引入与其合作的开发商，通过合作开发或开发商代建、操盘、运营等方式，与开发商开展合作。

模式2：AMC通过债务重组为企业纾困后引入开发商

如果陷入困境的项目公司，负债相对简单，AMC和/或其下属公司，通过从银行等金融机构或社会上打折收购困境项目公司的债权并控制这些债权后，对项目公司进行债务重整，如展期、降息，或通过债转股消减债务，控制项目公司股权等；同时清理之前的各种纠纷，如与预售小业主，施工单位等纠纷，为项目续建扫清法律障碍。

在项目公司债务重组并扫清续建法律障碍后，AMC可优先引入与其合作的品牌开发商进行续建、合作。品牌开发商可以债权或股权方式为项目公司提供续建资金，并获得项目的代建操盘或合作开发的权利，从而最终从项目获利；而AMC对项目公司债权的收购也变相为品牌开发商开发项目提供了融资。

模式3：AMC通过破产重整/预重整的方式取得项目公司控制权后引入开发商

如果困境项目公司债务比较复杂，且资不抵债，AMC或其下属公司可通过破产重整或者预重整的方式获得开发项目的控制权。《企业破产法》第八章对破产重整进行了规定，条款涉及破产重整的申请和重整期间、重整计划的制定和批准、重整计划的执行等方面的内容。需要注意的是，《企业破产法》对于破产重整具体操作模式并未规定，实践中对于重整企业，管理人通常需要引进战略投资人来盘活重整企业，盘活方式包括以投资款换股权、债转股、以共益债形式进行融资等。

破产预重整与破产重整既有联系，也有区别，是近两年来不良资产处置领域非常热门的实践类型。从实践操作来看，所谓破产预重整，简单来说就是在破产企业进入法院正式的破产重整程序前，先与债权人、重整投资人等利害关系方就债务清理、营业调整、控制权调整以及管理层变更共同拟订重整方案，并将债权债务清理、债权人会议等重整工作提前到破产重整程序之前开展和完成。

对于破产预重整模式，首先需要指出的是，虽然在国家政策层面一直鼓励探索破产预重整制度,但是《企业破产法》并未对破产预重整作出规定。不过,实践中不少地方法院却对该制度进行积极、大胆的实践。

与前两种模式相比,该破产(预)重整模式最大的优点在于有关债权的数额和清偿顺位、债权的处理以及投资安排由法院作出生效的裁定,具有法律确认效力和执行效力,适合债权比较复杂、隐性或潜在债权存在可能性较大的案件。

在该种模式下,AMC可以通过打折收购项目公司拥有优先权的债权(如银行抵押债权或施工单位债权),从而在破产(预)重整中,控制有担保的债权人组,进而对破产(预)重整方案的表决有一定的控制权;同时,AMC下属公司也可以破产重整投资人的身份,以投资款换股权的常见模式,获得项目公司股权、剥离之前复杂的负债,从而取得相对干净的项目公司,然后再引入开发商进行项目后续续建或合作开发。

破产(预)重整和法院裁决最终使原来复杂的债务与项目公司剥离干净,AMC下属公司作为破产重整投资人实际控制了项目公司股权及开发项目,与AMC深度绑定的开发商此时也可以优先带资入股进行后续合作开发,或提供少量续建资金,而相关续建资金可以作为共益债权优先于一般债权受偿,也可以仅仅提供代建操盘等轻资产服务。

五、困境企业债务重组中的集中管辖及债权人如何规避?

1. 集中管辖的法律依据

我国法律法规中并未对集中管辖进行明文规定。对于民商事案件,《民事诉讼法》仅规定了地域管辖、级别管辖、指定管辖和移送管辖。从理论上讲,集中管辖是将分散于各基层法院、中级法院管辖的案件交由特殊法院进行统一审理。从本质上讲,集中管辖属于指定管辖,即由最高人民法院指定涉及某一主体的全部或部分案件由与案件最密切联系的法院进行集中管理。

2. 集中管辖的案例

除上述两种管辖类型外,对于涉案人数众多,牵涉利益巨大,或者出于保护被起诉方利益，避免债权人起诉抢占债务人资产以及方便司法审判或后续处理等因素的考虑，最高人民法院还会发布临时性集中管辖司法性文件，规定由某一地方法院集中管辖某一被起诉方或关联主体所涉案件。

该种类型的集中管辖在房地产领域更为常见。如在某基业控股股份公司债务重组案件中，最高人民法院就发布了《关于对某基业控股股份公司及其关联公司相关诉讼执行案件集中管辖的通知》，通知规定，自本通知下发之日起1年内，以某基业控股股份公司及其关联公司（包括廊坊市某房地产开发有限公司）为被告或者被执行人的除涉农民工工资案件、劳动争议、涉自然人房屋买卖合同纠纷、租赁合同纠纷、建设工程施工合同纠纷以外的民商事诉讼案件、执行案件，统一由河北省廊坊市中级人民法院及河北省高级人民法院管辖。

3. 集中管辖制度优势和目的

一般而言，最高人民法院决定对某企业集团进行集中管辖的目的主要如下：

第一，统一裁判尺度。最高人民法院将涉案集团及其确定范围内关联企业涉及的案件全部移送至指定人民法院管辖，从整体化解风险的角度来说，可以统一法院的裁判尺度。防止不同地区债权人所在法院采取"地方保护主义"，导致债务人承受不公平的待遇。不同地区的债权人依靠不同司法机关处理速度及具体口径的不同而实现更快的债权清偿。

第二，防止挤兑。一般债务人出现流动性困境，债权人财产保全和执行遵循"先到先得"的原则，很容易引发挤兑事件。所以，假如作为债务人的企业只是短期的流动性危机，集中管辖是一种防止挤兑的权宜之计，能够在一定程度上保障企业的正常经营秩序，同时也能防止债务人四处应对诉讼，疲于奔命。

第三，权衡各项权利人之间的利益。将案件归集于一个法院可以有效地保证各债权人的利益，避免诉讼在后，债权人无钱可偿。其实有些债权人，如建设工程款优先受偿权、购房人权益的保护等是有优先权的，而商票逾期或普通债权人的利益应该劣后于这些优先债权人，集中管辖有利于这些利益的平衡和后续执行的更合理、公平的安排。

第四，债务重组和破产的准备工作。对于尚未进入破产程序的涉案集团而言，统一各类纠纷集中于一个法院进行管辖可以为后续纾困或转入破产重整程序做准备工作。

所以，债务人如果面临流动性危机，就应该积极去申请集中管辖，这对保护陷入困境的债务人是有利的。

4.集中管辖对债权人的影响和规避

对于一些商票逾期的持票人而言，他们往往能够按"先到先得"的逻辑，先行起诉，如先行财产保全或执行以保障其利益。一旦遇到债务人集中管辖，这些普通债权人即使打赢诉讼，也无法执行，而通常要等待其他优先权人的诉讼均结束后，才能统一执行，这样执行等待的时间就很久。

部分持票人为避免集中管辖，未将作为出票人或承兑人的集中管辖债务人作为被告，以期规避集中管辖。然而法院的处理结果，并不总是能让持票人如愿。此类案件的处理结果至少包括以下两类：

第一类：法院认为破产重组企业并非本案被告，应当以原告选择的被告确定管辖法院，不应移送集中管辖。

第二类：案件审理过程中，法院依被告申请或依职权追加破产重组企业作为第三人或共同被告，或者法院认为破产重组企业系涉案票据的出票人或承兑人，进而根据最高人民法院集中管辖的通知，将案件移送。

15
CHAPTER

第十五章

破产预重整

一、破产预重整快速入门

破产预重整制度，顾名思义，是指受理法院在依据《企业破产法》受理债务人破产重整前，对具备重整价值和挽救可能的债务人，预先启动破产重整受理后才应开展的债权债务梳理、出资人权益调整以及战略投资人招募等工作的制度。

从预重整制度的实践来看，破产预重整制度承担了衔接企业自行主导的庭外债务重组与庭内破产重整（即我国《企业破产法》下的破产重整程序）的功能，兼具庭外重组与庭内重整的特点。与庭外重组相比，一方面，破产预重整制度吸纳了庭外重组灵活变通的特点，不受严格的法定重整期间的限制；另一方面，破产预重整又避免了庭外重组变数过大，容易失败，最终导致企业陷入破产清算的弊端。与庭内重整相比，一方面，破产预重整降低了企业重组的制度性成本、提高破产审判效率、避免了破产重整失败后只能走向清算的情况发生；另一方面，由于破产预重整存在司法介入和保障，一定程度上增强了重整参与各方的信心，避免庭外重组经常出现久拖不决的情况发生。

1. 我国预重整制度起源现状

在制度建立层面，我们又可细分为国家层面和地方层面。

（1）国家层面

首先，需要指出的是，2007年6月1日生效施行的《企业破产法》并未对预重整有规定，最早提出预重整的文件是最高人民法院于2017年8月7日颁布的《关于为改善营商环境提供司法保障的若干意见》（以下简称《若干意见》）。《若干意见》第16条规定，积极推动构建庭外兼并重组与庭内破产程序的相互衔接机制，加强对预重整制度的探索研究。

2019年6月22日，最高人民法院、国家发展改革委及其他11个部委联合颁布了《加快完善市场主体退出制度改革方案》（以下简称《改革方案》），《改革方案》中有关完善破产法律制度的部分明确规定：研究建立预重整和庭外重组制度。研究建立预重整制度，实现庭外重组制度、预重整制度与破产重整制度的有效衔接，强化庭外重组的公信力和约束力，明确预重整的法律地位和制度内容。

2019年11月8日，最高人民法院颁布了《九民会议纪要》。根据《九民会议纪要》第115条规定，人民法院受理重整申请前，债务人和部分债权人已经达成的有关协议与重整程序中制作的重整计划草案内容一致的，有关债权人对该协议的同意视为对该重整计划草案表决的同意。该规定实质上是从法院层面承认了预重整有关工作成果的效力。

除了上述有关文件，为了应对新冠疫情，最高人民法院于2020年5月15日颁布了《关于依法妥善审理涉新冠肺炎疫情民事案件若干问题的指导意见（二）》（以下简称《指导意见（二）》）。根据《指导意见（二）》第17条规定，引导债务人通过庭外调解、庭外重组、预重整等方式化解债务危机，实现对企业尽早挽救。

2020年7月20日，最高人民法院联合国家发展和改革委员会颁布了《关于为新时代加快完善社会主义市场经济体制提供司法服务和保障的意见》（以下简称《意见》）。根据《意见》第5条规定，细化重整程序的实施规则，加强庭外重组制度、预重整制度与破产重整制度的有效衔接。

综上所述，从国家层面来看，目前对于预重整制度的建立主要还是集中在宏观方面，对于预重整具体如何操作并未有相关的立法或法律解释性文件说明。

（2）地方层面

地方法院探索预重整的实践活动要早于国家层面出台相关支持性文件。早在2013年7月5日，浙江省高级人民法院即颁布了《关于企业破产案件简易审若干问题的纪要》（以下简称《问题纪要》），首先提出"企业破产申请预登记"制度，即法院经合理评估后，可以参照浙江省高级人民法院《关于试行诉前登记制度的通知》的要求，进行企业破产申请预登记。该"企业破产申请预登记"制度，实质上就是对于破产预重整的探索实践。

除浙江省外，2015年2月5日，深圳市中级人民法院颁布了《破产案件立案规程（2015）》（以下简称《立案规程（2015）》）。根据《立案规程（2015）》第25条第2款规定，本院受理破产申请前，债权人和债务人可以自行协商和解或提前准备重整方案，协商和解和准备重整方案的期间不计入本院破产案件立案审查期间。

2017年至2020年，地方层面加快了对破产预重整的立法活动的速度，其中温州市、深圳市、苏州市以及北京市最为突出。

2018年12月27日，温州市政府颁布了《企业金融风险处置工作府院联席会议纪要》（以下简称《会议纪要》）。《会议纪要》明确了预重整程序的推动主体、管理人的选定、受理法院以及预重整程序及预重整方案等问题。

2019年3月14日，深圳市中级人民法院颁布了《深圳市中级人民法院审理企业重整案件的工作指引（试行）》（以下简称《工作指引（试行）》）。《工作指引（试行）》第三章对预重整专门进行了规定，《工作指引（试行）》明确规定了预重整适用的情形、预重整期间、管理人的指定以及相关职责、预重整方案的制订与表决等工作。

2019年6月27日，苏州市吴中区人民法院颁布了《苏州市吴中区人民法院关于审理预重整案件的实施意见（试行）》（以下简称《实施意见（试行）》）。《实施意见（试行）》对预重整的适用条件、管理人的指定、府院联动机制等进行了规定，对于其他法院制定有关预重整的规定具有积极的借鉴意义。

2019年12月30日，北京市破产法庭颁布了《北京破产法庭破产重整案件办理规范（试行）》（以下简称《办理规范（试行）》）。《办理规范（试行）》用专章的形式对预重整审查、临时管理人指定及职责、预重整计划草案的表决等内容进行了规定。

2020年1月19日，南京市中级人民法院颁布了《关于规范重整程序适用提升企业挽救效能的审判指引》（以下简称《审判指引》）。《审判指引》也以专章的形式对预重整适用主体、府院联动机制、管理人选任、信息披露、预重整与重整程序的衔接以及预重整方案的效力延伸等实际操作内容进行了比较具体的规定。

2020年2月19日，苏州市吴江区人民法院颁布了《苏州市吴江区人民法院审理预重整案件的若干规定》（以下简称《若干规定》）。《若干规定》对临时管理人的指定及其职责、预重整期间、债务人的义务、预重整期间费用以及预重整期间的借款、与重整程序的衔接等问题进行了详细的规定。

2020年7月9日，宿迁市中级人民法院颁布了《宿迁市中级人民法院关于审理预重整案件的规定（试行）》（以下简称《预重整规定（试行）》）。《预重整规定（试行）》对临时管理人指定及职责、预重整期间、债务人义务、府院联动机制以及预重整方案表决等内容进行了规定。

值得注意的是，在"温州模式"下，预重整的启动与审查阶段，地方政府扮演着重要的角色，而其他大部分地区仍是由受理法院在申请人、被申请人以及投资人自愿的前提下，审查是否适用预重整路径。

2. 预重整的常见模式

从目前国家及地方各级法院的规定，以及结合实践中有关预重整的实际操作，预重整的常见模式包括政府主导模式（即前述"温州模式"），以及重整参与方自愿模式。

温州模式：破产预重整程序由属地人民政府启动并由其主导，人民法院对相关工作进行指导和监督。重整计划草案由债务人或管理人制定，并提交债权人会议进行预表决。重整计划草案获得预表决通过后，则债务人或债权人向法院提出对债务人进行重整的申请，法院对符合受理条件的申请予以裁定受理。该种模式的特点为：

破产预重整程序由属地人民政府启动，并由属地人民政府发布书面文件予以确认。

积极利用府院联动机制。如在需要引进战略投资人的情况下，属地政府会牵头要求管理人、债务人积极参与引进投资人的工作中，通过聚集各方资源达到提高引进效率和成功率的效果。

自愿模式：破产预重整程序由债务人或债权人向人民法院申请，人民法院受理预重整后同时指定临时管理人，由临时管理人对债务人是否具有重整价值或可能性进行预先调查，并制定预重整计划草案进行预表决。预重整计划草案表决通过后，再由法院正式受理重整，预重整取得的成果在破产重整程序中继续有效。这种方式以北京、深圳、南京、苏州等地区操作的方式为典型代表。与"温州模式"相比，该种模式的特点为：破产预重整程序由债权人或债务人自愿申请，并由人民法院审查决定是否予以受理，债权人或债务人的意愿得到充分尊重。

二、实战案例：上海典型破产预重整案例分析

甲建设开发总公司（以下简称甲公司）破产预重整一案[①]，是上海市第一例破产预重整案件，是一个对外负债体量巨大的大型企业集团，探索母公司率先重整带动重点子公司"单体联动"式盘活，并创新市场化方式引入信托模式重整成功的典型案例。

甲公司（以下简称债务人）成立于1991年8月27日，是某科学院行政管理局下属企业，主营业务为工程施工，注册资本人民币11003.15万元。债务人下辖分公司39家，分布在全国26个省份的各级子公司逾400家，形成体量庞大的企业集团。自2018年以来，债务人因沉重的对外担保负担及资金链断裂等原因陷入经营困境。根据审计报告等材料，债务人资产总额约133亿元，负债近800亿元、涉及债权人逾3000户，涉诉、涉执行案件达460余件。债务人作为集团的控股母公司，资产、负债与集团内各层级公司交织，债务散在全国各地，社会影响面大，受到多方面广泛关注。债务人曾试图重组自救未果。

2019年债务人向上海市某中院提出预重整申请。上海市某中院审查认为，债务人负债巨大、类型复杂，且集团内部关联交易和债权债务关系错综，为有效评估重整价值及重整可行性，贯彻最高人民法院破产审判工作会议、《九民会议纪要》指导意见，以及最高人民法院和国家发改委等十三部委《改革方案》中有关预重整制度的意见精神，于2019年11月受理了预重整申请。又依债权人及债务人上级单位一致推荐意见，法院确认上海市某律

[①] 《甲建设开发总公司预重整转重整案》，载上海市第三中级人民法院公号，https://mp.weixin.qq.com...bif2So-9qxG9hKw，最后访问时间2022年7月12日。

师事务所为预重整期间的临时管理人。

预重整期间，工作开展主要由临时管理人负责，合议庭适度介入，遵循当事人意思自治原则，以市场化方式推进预重整，并监督指导管理人工作。预重整期间，完成各级关联子公司调查、八成债权申报审核等工作，深入了解了集团状况和重整价值。

在预重整基础上，债务人于2020年10月提出重整申请，法院依法裁定债务人进入正式重整程序，并指定临时管理人担任管理人。重整阶段，充分衔接利用了预重整期间已有的工作成果，有效节省了程序成本、提升了效率。同时审慎核查关联企业是否具备实质合并或程序合并条件后，对该大型企业集团拯救逐步调整重整思路，确定了不轻易否定公司独立人格以稳定整个集团运营秩序、尽量降低司法程序成本的原则，尝试母公司及其重点子公司"单体联动"式推进重整的路径，核心企业母公司率先恢复经营和治理能力后，再自主解决其他企业问题；在大体量债务难以引入外部巨额投资的情况下，着眼内部盘活沉淀资产能力，创新引入信托计划和信托受益权自愿兑换平台，并以市场化方式公开招募遴选信托公司。

2021年10月，债务人提交了重整计划草案，一方面设立信托计划纳入债务人资产，另一方面修复债务人工程主业、恢复造血能力，以达到债权人受偿权益最大化。经债权人会议审议，出资人组、担保债权组、税收债权组、职工债权组、普通债权组均一次性表决通过了重整计划草案。2021年12月1日，上海市某中院裁定批准债务人重整计划并终止重整程序。

三、破产预重整的核心作用

从前文阐述的破产预重整定义以及国家层面、地方层面的规定可以看出，虽然破产预重整是在进入正式的破产重整程序前，由债权人、债务人、出资人、投资人以及其他利害关系人协商，商定自行重组草案，但最终形成的重组方案需要由法院在进入破产重整程序后裁定予以确认，具有直接的执行效力。

与破产预重整不同，债务重组由债权人、债务人或投资人共同达成，是各方的自由意志体现，并无政府、法院参与或指导，该自行重组方案的制定并非一定以通过破产重整程序确认为目的,往往是各方达成一致意见后,无需通过人民法院确认亦可照约履行。

1.预重整兼具庭外重组与庭内重组的特点,是两种方式的桥梁

庭内重组是以《企业破产法》作为法律基础,在人民法院的主持下,由指定的管理人对进入破产重组程序的债务人进行重整。与庭内重组不同,庭外重组不以人民法院正式受理破产案件为前提,庭外重组方案或协议由债权人、债务人或投资人共同达成,是各方的自由意志体现,并无政府、法院参与或指导,方案或协议签署后由各方自行遵照履行。

预重整正是架在庭内重组与庭外重组之间的一座桥梁,兼具两种重组制度的特点:一方面,预重整制度弥补了庭内重组程序复杂,欠缺灵活性以及时间周期较长,一旦进入无法予以撤回的缺点;另一方面也弥补了庭外重组法律执行效力较低、容易产生违约等缺点。

2.预重整需要由人民法院受理,府院联动是必要补充

如前所述,无论是"温州模式"还是自愿模式,预重整都需要由人民法院受理。对于符合预重整受理条件的企业,法院才会受理预重整申请。此外,对于债权人数众多、涉及民生工程的预重整案件,相关单位还需发挥重要的协调和维护稳定职能。

3.预重整的对象具有特定性

预重整制度的目的及优势是提高重整效率、促使企业重整成功。因此,并非所有向法院申请将进入破产重整的企业均适用预重整制度。通过对各地法院出台的预重整制度指引的研究,大多数倾向于将预重整制度适用于职工人数较多、债权人数较多、关联性质复杂的企业。此外,人民法院还会综合评估企业经营状况、资产质量、债务负担、清偿能力、产业政策、技术工艺、行业前景、职工就业等因素,对于重整价值较大的企业,实行预重整。

4.预重整并非一定以进入破产重整为最终目标

预重整并非破产重整的预备程序,不一定以法院受理破产重整申请为最终目的。在预重整程序中形成的预重整计划草案,并非一定需要进入破产重整程序中转化为重整计划草案进行表决通过,各方在预重整程序中形成一致意见后,可以向人民法院撤回破产重整的申请,按照预重整计划草案执行。

四、破产预重整实践操作中的常见问题

不可否认的是，由于2007年6月1日生效施行的《企业破产法》并未对破产预重整有任何规定，且地方法院仍处于积极探索之中，对如何运用预重整程序标准不一，因此实践中在运用破产预重整制度时也遇到许多问题和障碍，需要立法机关通过法律法规进一步明确。本文将抛砖引玉，聚焦破产预重整实践中经常出现的问题以及应对方法，希望对读者有所启发。

1.预重整时间节点的把握

预重整程序是在法院裁定受理破产重整申请前，由申请人提出或由受理法院建议并经申请人同意。申请人可以是债务人、债权人，部分法院还允许债务人注册资本1/10以上的出资人提出预重整。

当然，为了提高预重整的成功率，实践中不少重整参与方以及重整的关键事项在破产重整提交法院立案审查前即已经确定，如债务清偿方案、战略投资人的确定以及初步的重整方案等。

2.受理预重整申请的关键前提

虽然《企业破产法》并未规定适用预重整的前提条件，但实践中受理法院仍以《企业破产法》规定的破产重整受理条件为基础或参考，比如被申请人应具有重整的价值以及重整可行性。

实践中，预重整程序适用主体通常为债权人数较多、债权债务关系复杂、影响社会稳定的大型企业、房地产开发企业等，以及具有金融或准金融机构性质的公司。

此外，预重整案件一般还需得到申请人、债务人同意后，受理法院才会审查决定是否对债务人进行预重整。

3.破产预重整期间的确定

不受严格的法定重整期间的限制是破产预重整的一大特点。但是，由于没有法定重整期间的限制，实践中存在不少预重整案件久拖不决的情况。

对于该问题的解决思路，笔者认为受理法院可以在受理预重整时即设定一定的预重整条件，要求申请人在预重整申请书中作出承诺，6个月预重整期间内，若申请人不告知预重整成功与否的，即视为撤回预重整申请。事实

上，无锡市中级人民法院受理的ZN集团股份有限公司破产预重整一案[①]即采用了该种方法。

4. 预重整期间的借款

债务人开展预重整工作免不了会存在借款需求，而对于借款性质的认定则关乎出借方的清偿顺位。

实践中，对于债务人预重整期间为继续营业而产生的借款，一般会参照《企业破产法》第42条第4项以及《最高人民法院关于适用〈中华人民共和国企业破产法〉若干问题的规定（三）》（以下简称《企业破产法司法解释（三）》）第2条的规定进行处理，即将该借款认定为共益债务。根据《企业破产法》第43条第1款的规定，破产费用和共益债务由债务人财产随时清偿。

通过将预重整期间为继续营业而产生的借款设定为共益债务，一定程度上缓解了出借方对于借款方无法还款的顾虑。此外，对于预重整期间为继续营业而产生的借款，经预重整参与各方同意的情况下，当然也可以设定相应的抵押担保。

5. 执行程序中止问题

根据《企业破产法》第19条规定，人民法院受理破产申请后，有关债务人财产的保全措施应当解除，执行程序应当中止。该规定应当适用于人民法院正式受理破产重整、清算或和解的情况，但对于破产预重整，如何实现执行程序中止呢？

根据笔者参与有关破产预重整的经验，笔者认为可以通过"执转破"程序实现破产预重整下的执行程序中止的目的。根据《关于执行案件移送破产审查若干问题的指导意见》（以下简称《指导意见》）第8条第1款的规定，执行法院作出移送决定后，应当书面通知所有已知执行法院，执行法院均应中止对被执行人的执行程序。换句话说，只要有一家法院同意执转破，其他执行法院也应当中止执行。

因此，在破产预重整程序下，受理法院或债务人可以引导债权人向执行法院申请执转破程序，从而达到执行程序中止的目的，保障破产预重整程序

---

① 案号：（2020）苏02破54号。

的顺利开展。

6.表决票效力延伸问题

实践中也存在一种情形，即债权人或债务人原股东在破产预重整中表决确定的事项，在案件正式受理进入庭内重整后又提出异议或反对意见，破坏预重整取得的成果，将庭内重整推向无法进一步推进的尴尬境地。

针对该问题，笔者与破产审理一线法官有过讨论，为了避免上述情况发生，保障破产预重整取得的成果，建议在破产预重整有关事项表决前，即要求债权人、债务人原股东签订表决权效力延伸承诺书，承诺在破产预重整中作出的表决，效力延伸至后续正式的破产重整程序中。当然，破产预重整临时管理人要确保该效力衍生承诺，不存在《民法典》中规定的民事法律行为无效或可撤销的情形。

7.临时管理人的确定

无论是预重整程序还是破产重整程序，管理人都扮演着不可或缺的角色。在预重整情况下，通常由债务人及其出资人、主要债权人共同推荐，受理法院审查认可的，则会指定该共同推荐的管理人为临时管理人。

当然，在预重整转为正式的破产重整程序后，如果上述重整程序参与方对临时管理人在预重整阶段的工作表示认可，即一般会由受理法院决定将其转为破产重整管理人，将不再另行指定其他机构担任管理人，以免影响重整程序及成果的连续性。

8.预重整期间产生的费用问题

对于预重整期间产生的费用问题，实践中一般参考《企业破产法》第41条有关破产费用的规定。也就是说，预重整期间，临时管理人执行职务的费用由债务人随时清偿。

9.管理人工作衔接问题

破产预重整实践中，一般受理法院会根据申请人、被申请人推荐或者债权人（单独或共同）推荐，甚至在战略投资人的推荐下，指定临时管理人。临时管理人履职范围与庭内重整管理人履职范围相似，承担接受债权申报、审核债权、调查债务人财产状况以及拟定预重整方案等职责。临时管理人取得的工作成果，在没有无效或被撤销的情形下，通常可直接转化为庭内重整的工作成果。

实践中，大部分受理法院在预重整进入庭内重整程序后，仍然会指定预重整期间的临时管理人担任庭内重整管理人。比如《上海高院破产审判工作规范指引2021》第151条规定：预重整阶段临时管理人如果需要申请担任破产重整程序管理人的，自身应当属于上海法院管理人名册中的一、二级管理人，并应提交第一次债权人会议讨论决定，经债权总额占2/3以上的债权人表决通过，且不违反相关管理人利益冲突条款规定的临时管理人可继续担任破产重整管理人。

这一做法当然有很多优点，比如大大地减少了破产重整的成本、提高了重整程序的效率、确保预重整与庭内重整顺利衔接以及更好地保障了预重整阶段取得的工作成果。

但是，也有少部分法院担心由于临时管理人是申请人、被申请人、债权人或者战略投资人推荐、选聘，存在恶意串通、欺诈的风险，无法保证管理人履职的中立性，因而倾向于在破产重整阶段通过法院摇号或竞选的方式另行选任管理人。

针对该问题，笔者认为是否选任临时管理人继续担任庭内重整的管理人确实是优缺点并存，并且受理法院拥有一定的裁量权。站在战略投资人的角度，我们建议战略投资人在参与预重整时，即应与受理法官对于庭内重整管理人的选任进行沟通，取得一致性意见，避免后续进入庭内重整程序时，法院另行选任管理人给战略投资人带来不必要的担忧。另外，折中的办法也可以根据债权人会议的要求，按照重整案件应当适用的程序指定增加一名联合管理人。

除了上述问题，破产预重整实践中还存在许多其他问题，但由于篇幅有限，笔者就不再一一展开。

CHAPTER 16

第十六章
破产重整和破产和解

一、破产重整和破产和解快速入门

如果企业被申请破产，首先要看看债务人是否有破产重整的价值。破产重整的对象应当是具有拯救价值和可能的困境企业，从债务人资产状况、技术工艺、生产销售、行业前景等因素对企业重整的价值进行识别。重整不限于债务减免和财务调整，重整的重点是维持企业的营运价值。适用重整应坚持债务整理与营业整合相统一，防止纯粹地减债、借壳。

1. 重整的申请

一般情况下，以下人员可以向人民法院提出重整申请。

• 债务人或债权人；

• 在人民法院受理破产清算申请后、宣告破产前，债务人或出资比例占债务人注册资本1/10以上的出资人可以提出清算转重整的申请。多个出资人申请清算转重整的，出资比例可以合并计算。经债权人会议决议通过，债权人可以提出清算转重整的申请。

需要指出的是，实践中很多投资人也想申请破产清算转重整，但其实投资人没有资格申请重整，投资人还是需要说服债权人、债务人或10%以上的出资人来提出申请。

申请人申请上市公司重整，除提交《企业破产法》第8条规定的材料外，还应当提交重整可行性报告、职工安置方案、所在地省级政府向证监会的通报材料以及证监会的书面意见等。

2. 招募重整投资人

招募重整投资人一般应当以市场化方式进行，管理人可通过"全国企业破产重整案件信息网"等媒体向社会公开发布招募公告。债权人等破产程序参与人可以推荐重整投资人。

管理人结合招募要求、项目特点、重整预案、经营承诺等各方面条件进行评审，依法、公正地择优招募。管理人可根据实际需求聘请相关专业人士协助招募评审。

评审规则和评审结果应当公开，评审资料应当记录、保存。

人民法院不直接参与招募评审，而应依法行使监督指导权。

3. 重整计划草案的制作

管理人或债务人制作重整计划草案时应当听取各方利益主体的意见。如加强与债权人、债务人的出资人、重整投资人、有关政府部门沟通协调，吸纳正当合理的建议，注重重整计划草案的合法性和可行性。

重整计划草案应当包括债务人的经营方案、债权分类、债权调整方案、债权受偿方案、重整计划的执行期限、重整计划执行的监督期限，以及其他有利于债务人重整的方案。

管理人或债务人对于重整计划草案的表决结果应当作出预判，并及时向人民法院报告。

4. 重整计划的表决和强制批准

债权人会议需要分组对重整计划草案进行表决。表决分组包括财产担保债权人组、职工债权人组、税款债权人组、普通债权人组、劣后债权人组。必要时还可以在普通债权人中设小额债权人组。涉及出资人权益调整的，应当设出资人组。

对重整计划草案分组表决时，权益未受到调整或者影响的债权人或者股东，不参加重整计划草案的表决。

确实需要强制批准重整计划草案的，人民法院合议庭应提交审判委员会讨论决定。强制批准重整计划草案，必须同时具备以下条件：

（1）符合《企业破产法》第87条第2款规定的各项条件；

（2）债权人分组的，至少有一组已经通过重整计划草案；

（3）各表决组中反对者的清偿利益不低于依照破产清算程序所能获得的利益。

5. 重整计划的效力

经人民法院批准的重整计划，对债务人和全体债权人（包括对特定财产享有担保权的债权人）均具有约束力，对债务人的出资人也具有约束力。因此，重整计划一旦生效，出资人也需要遵守，不能随意退出。确因出现国家政策调整、法律修改等特殊情势而导致重整计划无法执行的，债务人或管理人可以申请变更重整计划一次。变更申请应提交债权人会议表决同意，并在决议后十日内提请人民法院裁定批准。

需要说明的是，破产重整计划生效后，出资人不是100%可以防范债务人的隐性债务。如债权人未申报债权或者未全额申报债权的，债权人依据《企业破产法》第92条的规定，只是在重整计划执行期间不得行使权利，在重整计划执行完毕后还是可以向债务人主张相应债权的。

6.破产和解

债务人有其他清偿能力或有第三方提供资金的，债务人可以按照《企业破产法》第95条规定，向人民法院申请和解。债务人申请和解应当提出和解协议草案。债权人会议对和解协议草案进行讨论并表决，如果全体债权人表决通过和解协议，由法院裁定认可该协议，终止和解程序，并予以公告。如果表决未通过和解协议草案，或者已经通过的和解协议未获得法院认可的，法院裁定终止和解程序，并宣告债务人破产。债务人未执行和解协议的，由法院裁定终止和解协议的执行，并宣告债务人破产。[①]破产和解其实也是一种特殊的重整方式，只不过需要全体债权人与债务人达成协议。

二、实战案例：首例特大钢铁企业重整案——某钢厂"破茧重生"[②]

甲钢铁股份有限公司（以下简称甲钢铁）前身系张之洞于1890年创办的汉阳铁厂。甲钢铁于1997年8月11日登记注册，主要从事钢铁生产、加工和销售，其股票分别在香港联合交易所（以下简称联交所）和上海证券交易所（以下简称上交所）挂牌交易。截至2016年12月31日，甲钢铁合

[①] 《上海市高级人民法院破产审判工作规范指引（2021）》第171条。
[②] 某钢铁股份有限公司破产重整案，载广东省珠海市中级人民法院官网，http://www.zhcourt.gov.cn/article/detail/2022/01/id/6504172.shtml 最后访问时间 2003年7月26日。

并报表资产总额为364.38亿元，负债总额为365.45亿元，净资产为-1.07亿元。[1]因连续2年亏损，重庆钢铁股票于2017年4月5日被上交所实施退市风险警示。

2017年4月24日，甲钢铁的债权人重庆乙商贸公司向重庆市第一中级人民法院（以下简称重庆一中院）申请甲钢铁破产重整。重庆一中院于2017年7月3日裁定受理甲钢铁破产重整一案，并指定甲钢铁清算人作为破产重整管理人。

2017年11月17日，甲钢铁召开第二次债权人会议及出资人组会议，会议表决通过了《甲钢铁股份有限公司重整计划（草案）》（以下简称《重整计划》）及《重整计划》之《出资人权益调整方案》。

具体的重整方案[2]如下：

1.甲钢铁的法人主体资格继续存续，证券市场主体资格不变，仍是一家在联交所及上交所上市的股份有限公司。

2.甲钢铁控股股东丙钢铁集团让渡其所持公司的2096981600股股票，该等股票由重组方（系指重庆丁钢铁有限公司，背后实际是中国戊钢铁集团有限公司）有条件受让。重组方有条件受让2096981600股股票后成为甲钢铁的第一大股东，受让条件包括：

（1）重组方向上市公司提供1亿元流动资金作为受让甲钢铁集团2096981600股股票的现金条件。

（2）重组方承诺以不低于39亿元的资金用于购买管理人通过公开程序拍卖处置的机器设备。

（3）重组方提出经营方案，对甲钢铁实施生产技术改造升级，提升甲钢铁的管理水平及产品价值，确保甲钢铁恢复持续盈利能力；为贯彻实施上述经营方案，保障公司恢复可持续健康发展能力，增强各方对公司未来发展的信心，重组方承诺，自重整计划执行完毕之日起5年内，不向除中

---

[1] 何宗渝：《某钢股份资不抵债被判重整》，载经济参考报，http://www.jjckb.cn/2017-07/07/c_136423970.htm?from=timeline，最后访问时间2003年7月26日。

[2] 甲钢铁股份有限公司：《重整计划》，载http://pdf.dfcfw.com/pdf/H2_AN201711201052900655_01.pdf，最后访问时间2022年3月15日。

国戊钢铁集团有限公司或其控股子公司之外的第三方转让其所持有的上市公司控股权。

（4）在重整计划执行期间，由重组方向甲钢铁提供年利率不超过6%的借款，以供甲钢铁执行重整计划。

3.以甲钢铁A股总股本为基数，按每10股转增11.50股的比例实施资本公积转增股票，共计转增约44.83亿股A股股票。上述转增股票不向原股东分配，全部用于根据本重整计划的规定偿付债务和支付重整费用。

4.有财产担保债权就将担保财产的财产变现价款获得现金清偿或在担保财产清算评估价值范围内优先获得现金清偿，担保财产的财产变现价款或清算评估价值不能覆盖的债权将作为普通债权，按照普通债权的调整及受偿方案获得清偿。

5.职工债权以现金方式全额清偿。

6.普通债权以债权人为单位，每家债权人50万元以下（含50万元）的债权部分将获得全额现金清偿；超过50万元的债权部分，每100元普通债权将分得约15.990483股甲钢铁A股股票，股票的抵债价格按3.68元/股计算，该部分普通债权的清偿比例约为58.844978%。按照上述方案清偿后未获清偿的普通债权，甲钢铁不再承担清偿责任。

2017年11月20日，重庆一中院裁定批准重整计划并终止重整程序；12月29日，裁定确认重整计划执行完毕。据甲钢铁发布的2017年年度报告显示，通过成功实施重整计划，其2017年获得归属于上市公司股东的净利润为3.2亿元，已实现扭亏为盈。

该案因系当时全国涉及资产及债务规模最大的国有控股上市公司重整、首例股票同时在联交所和上交所挂牌交易的"A+H"股上市公司重整、首家钢铁行业上市公司重整，而被认为属于"特别重大且无先例"。在这一重整中，综合运用了资产拍卖、债转股、资本公积转增股票、银行贷款等手段，使得甲钢铁"起死回生"。对于普通债权人而言，尽管未能得到全额清偿，但是清偿比例相较于破产清算，显著提高。因此，在债务人存在严重债务危机的情况下，在某种意义上，破产重整可能就是债权人的最后一线希望。

三、破产重整的六大模式

根据《企业破产法》第2条规定，企业法人不能清偿到期债务，并且资产不足以清偿全部债务或者明显缺乏清偿能力的，或者具有明显丧失清偿能力可能的，可以进行破产重整。但是，对于破产重整具体的模式法律并未明确规定。因此，在实践中，破产重整管理人在不违反《企业破产法》及相关司法解释的规定和原则下，可以创造性地对破产重整具体的操作模式进行实践。本文将对破产重整操作的常规模式和创新模式进行探究，以期对破产重整实务的参与主体带来启发和帮助。

1. 投资款换股模式

该种模式是投资人直接介入重整企业最常见、最直接的方式。顾名思义，该种模式是指重整投资人通过注入投资款换取重整企业的股权。换股的方式可细分为持有原股和增资。

鉴于在破产情况下，一般原股已不存在价值，因此实践中通常为投资款换取原股。实践增资的情形中为原股权存在价值，在出资人组不通过重整方案而法院也不愿意对重整方案强制裁定的情形下，重整投资人及破产重整管理人会考虑采用增资的模式。

在该种模式下，破产重整管理人一般会先发布"重整招募公告"，通过预先制定的遴选规则、程序，采取现场公开竞价报价方式确定重整投资人，并与重整投资人签订"重整投资协议"，确定投资总额，并由破产重整管理人按《企业破产法》规定的清偿顺序确定破产债权额及清偿比例，以重整投资人投入的总额为可分配财产，对确定的破产债权额以确定的比例进行清偿。

从重整投资人角度来说，在其未缴清投资款之前，重整投资人投入的建设资金和对债务人的日常经营管理均由破产重整管理人监管，在重整投资人足额缴清投资款后，调整股权结构（通常为零对价获得100%股权），将调整的部分股权转让、变更登记给重整投资人指定人员，在重整计划草案通过后并经人民法院裁定批准，破产重整程序终结。

2. 现金+债转股（房）模式

该种模式实践中也较为常见。在该种模式框架内，通常有担保的债权人，可通过实现担保的方式来100%清偿债权。当然，如果有担保的债权人愿意全部或部分放弃担保债权而转为普通债权，作为债转股的条件，也未尝不可。对于破产费用、共益债务、职工债权和税收债权等，一般也通过现金一次性清偿完毕。

但在该种重整模式下，对于普通债权而言，实践中通常做法：以现金的方式清偿一部分债权（小额债权或者不愿意债转股的债权人持有的债权）；债务人的出资人无偿让渡其持有的全部或部分股权，将剩余的债权转为股权。

实践中，采用现金＋债转股的方式灵活多变，可以将剩余债权部分转为股权，部分与债权人达成协议，于重整成功后5年内还本付息。其中在房地产企业破产重整中，更多会用到债转房，也就是普通债权人可以用债权按一定价格折抵今后建成的房屋，这样一方面帮助破产重整的房企解决房屋销售问题，另一方面普通债权人因为获得房屋而可能获得全部或更高比例的清偿。

总之，现金＋债转股（房）的模式给了债权人选择权，债权人可以选择马上获得现金偿还一定比例的债务，或者选择将债权转为股权（或今后可获得房产）以谋求重整后可获得更高比例的清偿。

3.共益债务模式

根据《企业破产法》第42条、第43条第1款的规定，共益债务包括以下几类：（1）因管理人或者债务人请求对方当事人履行双方均未履行完毕的合同所产生的债务；（2）债务人财产受无因管理所产生的债务；（3）因债务人不当得利所产生的债务；（4）为债务人继续营业而应支付的劳动报酬和社会保险费用以及由此产生的其他债务；（5）管理人或者相关人员执行职务致人损害所产生的债务；（6）债务人财产致人损害所产生的债务。破产费用和共益债务由债务人财产随时清偿。

从上述条文中可以看出，重整投资人无论采取何种形式向重整企业注入重整资金，都不属于《企业破产法》规定的共益债务范畴。但是，为了能够让重整投资人投资款项有所保证，增加重整参与的吸引力，实践中破产重整管理人一般会将重整投资资金列为共益债务的提议，提交债权人会议或者债权人委员会进行表决。

不过，从重整投资人角度来说，该种模式并不受到青睐，对重整参与的吸引力也极为有限。主要原因之一在于，根据《最高人民法院关于适用〈中华人民共和国企业破产法〉若干问题的规定（三）》（以下简称《企业破产法司法解释（三）》）第2条第1款的规定，提供借款的债权人主张参照企业破产法第42条第4项规定的共益债务（即为债务人继续营业而应支付的劳动报酬和社会保险费用以及由此产生的其他债务，为共益债务），优先于普通破产债权清偿的，人民法院应予支持，但其主张优先于此前已就债务人特定财产享有担保的债权清偿的，人民法院不予支持。换句话说，共益债务融资后的还款要劣后于担保债权。这给以融资方式参与重整的投资人后续清偿带来了巨大的风险和不确定性。

4. 自筹资金偿债模式

该种模式在实践中较为少见，原因是企业进入破产重整程序，其企业信誉及偿债能力都大打折扣，融资渠道短缺。但实践中也有少数重整企业筹集足够的资金支撑重整成功的案例。

在自筹资金偿债的模式下，通常伴随着重整企业经营方案的重整以及股东借款的情形，经营方案的重整包括对债务人不动产、动产以及知识产权等财产的评估和变卖。

在自筹资金偿债模式下，重整企业通常会"割肉自保"，变卖大量的具有价值的资产。重整投资人可以在适当之时，以适当的价格收购上述资产。

5. 出售式重整模式

所谓出售式重整模式，实质上即为生产让与型重整，是指将债务人具有活力的营业事业之全部或主要部分出售让与他人，使之在新的企业中得以继续经营存续，而以转让所得对价以及企业未转让遗留财产（如有）的变价清算所得清偿债权人。不少破产重整管理人将该模式形象地概括为"破产不破业，保事业不保外壳"。

实践中采用该种模式进行重整，一般重整企业以及其他重整程序参与主体具有以下特点：

（1）首先该重整企业应具有优质资产，实践中主要包括先进的生产流水线、高科技产品专利、驰名商标品牌等。

（2）重整企业在被法院受理破产重整前，一般也与目标重整投资人有初步的共识，对于待出售资产范围以及相关对价不存在较大的分歧。

（3）原股东在该重整企业中不存在重大利益，不会对待出售的资产的价值产生重大影响。若股东在业务经营、技术研发、产品销售、融资支持等方面对重整企业影响较大，一旦该资产被出售，切断了该资产与股东的联系，则原本优质的资产会因丧失原股东资源而大幅缩水甚至丧失价值，那么出售式重整可能就不是最优方案，或者只能采取由原股东与重整投资人共同持股新设企业。

（4）债权债务关系相对不复杂，不存在错综复杂的关联交易引发的债权债务。如果普通债权人与重整企业的债权债务关系的真实性与合理性难以确定，则可能存在债务人企业股东逃避债务的可能，破产重整管理人也会承担巨大的风险，因此，重整计划也难以获得包括破产重整管理人、债权人会议以及受理法院的认同。

6. 反向出售式重整模式

反向出售式重整模式，是部分破产重整管理人（江浙地区为主）在破产重整实践中，探索出来的一种重整新模式，该模式相对比较少见，并且在目前我国《企业破产法》的体系下，存在一定的法律风险。

所谓反向出售式重整模式，即与前述出售式重整模式相反，将良性或优质资产（资质）保留在破产企业本身，对于其他资产、股东权益、负债等，全部整体打包至第三方公司（通常为破产企业的子公司），由该公司负责清算义务。

该种模式的结构特点为：

（1）该模式最大的特点：保留了重整企业的外壳。保留外壳的原因在于，该外壳具有一定价值或稀缺的资质或许可证，如建筑施工总承包特级资质等。

（2）重整投资人通过取得该重整企业的股权，实现取得该重整企业的控制权。投资款实质上为该重整企业拥有的经营资质的对价。

（3）清算义务由重整企业转向第三方公司。

（4）清算结束后，破产企业继续存续，而负责清算义务的第三方公司在清理债权债务完毕后，即进入注销程序。

在我国现行破产法的法律框架下，出售式重整模式和反向出售式重整模式存在无法克服的风险和障碍。首先，这两种重整模式为破产欺诈提供了可能性。破产欺诈是指公司、企业的法人代表及其直接责任人通过隐瞒事实或者制造虚假情况的手段，实施某种物之处分或交易，促使公司、企业破产的行为。在企业破产的司法实践中，债务人通常是以放弃债务、捏造债务、无偿转让债务人财产、对未到期债务提前清偿、毁弃财产以及对无财产担保的债务提供担保等方式，不正当地减少其财产、逃避债务。出售式重整为恶意债务人提供可乘之机。恶意债务人通过合法途径实现其非法目的，在债务人企业注销后，隐藏的债权人将失去司法救济途径，不仅损害债权人利益，也影响市场经济秩序健康发展。

其次，在我国破产法立法体系中，《企业破产法》中对企业重整进行了规定，即传统的存续式重整，对出售式重整并没有相关规定。在我国破产企业重整的司法实践中，适用的情形也是根据具体案件做的特别尝试，虽然成果显著、获得较高的经济效益，但是还没有形成统一的标准进行推广。从制订存续重整计划到执行结束，在此期间出现的部分纠纷问题将会面临无法可依的窘境。

近两年来随着我国破产立法改革步伐的加快，很多实践中遇到的难点或不确定性也将有法可循。当然，破产实践中出现的创新的理论、观点以及实践，也势必会推动破产立法的改革。

从重整投资人的角度来看，当重整投资人决定参与重整程序时，应当对具体的重整模式、重整企业资产、债务等方面进行分析，必要时应当聘请专业的团队为其参与重整提供服务。

四、共益债融资及其实务问题

任何企业的发展，都离不开资金的支持。资金如同企业的血液，一旦血液的流动出现了问题，那么企业的"五脏六腑"就会出现重大问题。资金流动性问题也是造成企业债务危机，甚至不得不面临破产的主要因素之一。

在实践中，企业引入资金，保障正常血液流通功能的方式主要有三种：一、股权性融资。顾名思义，通过股权转让、发行新股、资本公积转增股份的方式来融资。二、债权性融资。包括发行企业债券、向金融机构借款及民间借贷等方式来获得资金。三、股债混合性融资。该融资方式混合了股权性融资方式和债权性融资方式，也就是通常所说的"股+债"的方式。

对于面临破产重整的企业来说，股权的价值微乎其微，除个别行业龙头企业外，实践中极少有企业能通过股权融资方式融资，因此绝大部分破产企业，尤其是房地产开发企业，都仅能通过债权性融资方式重获新生。在债权性融资方式中，共益债融资是最常用的方式。

1. 共益债融资的法律依据

根据《企业破产法》第42条第4项的规定，"人民法院受理破产申请后发生的下列债务，为共益债务：……（四）为债务人继续营业而支付的劳动报酬和社会保险费用以及由此产生的其他债务"。

根据《企业破产法》第43条规定，破产费用和共益债务由债务人财产随时清偿。债务人财产不足以清偿所有破产费用和共益债务的，先行清偿破产费用。债务人财产不足以清偿所有破产费用或者共益债务的，按照比例清偿。债务人财产不足以清偿破产费用的，管理人应当提请人民法院终结破产程序。人民法院应当自收到请求之日起十五日内裁定终结破产程序，并予以公告。

另外，根据《企业破产法》第75条第2款规定，在重整期间，债务人或者管理人为继续营业而借款的，可以为该借款设定担保。

综上可见，《企业破产法》对共益债务范围其实没有明确，其采用列举的方式"（四）为债务人继续营业而支付的劳动报酬和社会保险费用……"显然是共益债务，但由此产生的其他债务，怎么样才算共益债务就规定得不是很明确。

另外，《企业破产法司法解释》第11条、第30条、第31条、第32条、第33条、第36条、第37条、第38条规定，在管理人行使撤销权、追回权、债务人非法转让他人财产需赔偿、管理人决定解除所有权保留买卖合同等情况下也会产生共益债，但这不是本书讨论的重整期间共益债的范畴。

除上述规定外，《企业破产法司法解释（三）》第2条对共益债务有更清晰的规定，"破产申请受理后，经债权人会议决议通过，或者第一次债权人会议召开前经人民法院许可，管理人或者自行管理的债务人可以为债务人继续营业而借款。提供借款的债权人主张参照企业破产法第四十二条第四项的规定优先于普通破产债权清偿的，人民法院应予支持，但其主张优先于此前已就债务人特定财产享有担保的债权清偿的，人民法院不予支持"。

虽然上述法律及司法解释的规定并未清晰地规定共益债现实中的范围，但是为共益债融资的合法性提供了一定的法律依据。

需要指出的是，地方性有关破产的司法文件中对共益债的融资性质规定得更为明确，如2019年3月25日深圳市中级人民法院发布的《审理企业重整案件的工作指引（试行）》第69条规定，"在重整期间，为债务人继续营业或维持重整价值而向债务人提供必要借款的，可以按照共益债务处理"。2021年3月1日生效的《深圳经济特区个人破产条例》第67条规定，"人民法院裁定受理破产申请后发生的下列债务，为共益债务：……（六）为债务人重整提供融资或者担保所产生的债务"。

2. 共益债融资典型案例——上海甲置业有限公司破产重整案

上海甲置业有限公司（以下简称甲置业公司）成立于2009年4月，股东结构为上海乙投资管理有限公司持有76%股权、上海丙公司持有剩余24%股权，法定代表人为相某。甲置业公司名下的甲国际广场，由1幢甲级写字楼、3幢LOFT公寓和1幢综合商业楼构成，总建筑面积达22万平方米。该项目地处上海嘉定区商圈，临近在建的地铁14号线定边路站。2014年6月被上海市闵行区人民法院（以下简称闵行区法院）以财产保全的名义正式查封，同时被上海市徐汇区人民法院（以下简称徐汇区法院）轮候查封。由于在建工程已被法院查封，无法进行预售登记，因此在开发商将资金窟窿补上之前，该项目已不允许销售。

笔者通过查询全国企业破产重整案件信息网了解到，2020年3月3日上海市第三中级人民法院（以下简称上海三中院）裁定受理上海丁建筑工程（集团）有限公司（以下简称上海丁公司）、上海戊股权投资基金合伙企业（有限合伙，以下简称戊合伙企业）以及己集团国际贸易有限公司（以下简称己贸易公司）申请甲置业公司破产重整。

2021年3月15日，上海三中院裁定确认"甲置业债权表（一）"，该债权表显示，经管理人确认的消费性购房者优先权365笔，涉及金额共计339037713.23元；建设工程优先权及有财产担保权9笔，涉及金额共计1593941981.63元。另，甲置业公司还有职工36名，职工债权金额共计43626350.01元；社保债权3笔，金额共计215427.12元；普通债权696笔，金额共计10166457419.94元，其中被认定为真实购房债权本金共计405318620.57元，包括劣后债权674996056.18元。

上海庚投资控股集团股份有限公司（以下简称上海庚公司）作为重整投资人，以典型的共益债方式参与甲置业公司破产重整一案中。通过上海庚公司于2021年6月3日披露的《关于投资甲置业重整暨签订〈重整投资之框架协议〉的公告》（以下简称《重整投资公告》）获悉，上海庚公司提供共益债性质的借款共计2.5亿元，资金来源为自有或自筹，主要用于甲国际广场续建。

值得注意的是，上海庚公司除提供借款外，同时还负责甲国际广场的续建管理、招商和运营管理及销售管理事项。通过参与续建及后续运营、销售工作，投资人在重整程序中的主动性及掌控力大大增强，也增强了重整投资人的投资信心，该做法值得每一个参与房企破产重整的投资人借鉴。

另外，《重整投资公告》也详细披露了重整投资人回报来源：1.共益债务借款2.5亿元，利率年化12%，利息根据实际出资按日计提，按季付息。该措施降低了投资人共益债的风险，保证了投资人资金的流动性。2.上海庚公司作为项目受托管理方并收取管理费，管理费预计收取4年，预计总额为4200万元，其中自首笔共益债资金到账之日起18个月内，按120万元/月收取管理费，第18个月至第36个月内，按90万元/月收取管理费，第36个月后，按35万元/月收取管理费。

此外，对于共益债的偿付路径也相对做了投资人与债权人之间的利益平衡。根据《重整投资公告》披露，上海庚公司投资的共益债务将由甲置业公司以其在甲国际广场项目中的房屋销售增值部分优先偿付，即甲国际广场项目的每套房屋销售收入中超过该套房屋对应清算评估值的部分，属于房屋增值部分。共益债务的范围包括借款本息、续建费用、执行重整计划所需的各项成本和开支等。

2021年7月1日，以该"重整投资协议"为蓝本的"重整计划草案"裁定批准通过。

3. 共益债融资实务中存在哪些问题？

（1）共益债融资款清偿顺位问题

根据《企业破产法司法解释（三）》第2条的规定，共益债优先于普通债权清偿，但并不优先于此前已就债务人特定财产享有担保的债权。但是，如上文甲置业公司破产重整案中出现的情况一样，在房地产企业破产案件中，除了担保债权外，还存在其他优先清偿的权利，如建设工程价款优先受偿权、商品房消费者购房款优先权。对于共益债的清偿与其他所谓的"超级优先权"的顺位，法律及司法解释并未予以规定。从《企业破产法司法解释（三）》第2条来看，甚至暗藏着共益债融资劣后于建设工程价款、商品房消费者购房款受偿的含义。正因针对共益债融资的法律地位和受偿顺位尚未明确，因此也给共益债投资人带来不小的顾虑。

实践中，有些管理人对于共益债务想当然地进行操作，既未向法院报告获得法院许可，也未提请债权人会议进行表决，最终造成职工债权人、社保债权人以及税收债权人与管理人对立，甚至起诉追责管理人（尤其在共益债务融资并未达到为债务人增值的情况下）。

（2）共益债融资利息优先清偿问题

根据《企业破产法》第46条的规定，"未到期的债权，在破产申请受理时视为到期。附利息的债权自破产申请受理时起停止计息"。在共益债融资情形下，通常投资人最大的回报就是融资利息。对于融资利息是否也应归为共益债的问题，有小部分专家学者、破产管理人持否定态度，他们认为在破产受理后，还计算融资利息并给予其优先地位有违企业破产法的规定及立法宗旨。

对此，笔者认为，《企业破产法》第46条的规定是针对全体债权人而言的，是为了保障全体债权人清偿公平，而共益债融资的本质是实现重整成功、提升危困企业的价值。在需要"外部输血"的情况下，只有在保障战略投资人利益的前提下，危困企业才有重生的可能，因此笔者认为共益债融资的利息不应受到《企业破产法》第46条规定的约束。

最后，从实践层面来看，大部分的招募投资人公告都给予了投资人共益债融资利息的优先地位。

（3）预重整下的共益债地位问题

在目前破产法律体系下，共益债优先地位的前提是破产申请已经由法院受理，时间发生在破产受理后。对于预重整情形下，共益债融资的地位及顺位问题，法律亦没有规定，实践中也因法院的态度而有所不同。严格从现有的破产法律法规的框架下来看，预重整阶段的融资款显然不属于共益债务。另外，考虑到实践中预重整程序可能会在进入破产重整程序前提前终止，笔者的看法是，原则上在预重整阶段的融资款项不宜认定为共益债务。不过，对于预重整阶段出现的融资款项的性质，投资人可与临时管理人提前约定，在进入重整阶段时，作为共益债务予以优先清偿，并对该约定的效力进行表决延伸。

因此，在预重整模式下，预重整投资人首先应当与管理人以及受理法院提前沟通，取得上述主体对于融资性质的认可，最好取得法院的司法确认裁定书。同时，还应要求管理人与主要债权人就该事项进行沟通、表决，以便保障融资款项的优先地位。

（4）重整计划执行期间的融资款，是否为共益债务？

首先明确一下前提：重整计划执行期间的融资款，应当是用于债务人继续经营，否则没有讨论该问题的必要。

在上述前提下，一种观点认为，债务人在重整计划执行期间，管理人或者自行管理的债务人因继续经营而借款，提供的借款应当为共益债务。另一种观点认为，在重整计划执行期间，债务人虽因继续经营而借款，但如果该借款并未经债权人会议决议通过，或者经人民法院许可，则无法认定为共益债务。

我们倾向性地认为，在债务人因继续经营或执行重整计划而借款，虽然存在未经债权人会议决议通过，或者经人民法院许可的，但考虑到该借款仍是为了全体债权人的利益，同时在重整计划执行期间，管理人仍在履行监督职责，因此不认可融资款为共益债务，对于提供融资款的债权人有违公平，也不利于共益债务融资作为破产重整模式的一种而发挥作用。

另外，最高人民法院民事审判第二庭《关于企业破产法司法解释（三）理解与适用》一书中也认为，对于债务人企业根据重整计划所获融资清偿顺序问题，应当放到重整计划草案制定、表决和裁定认可的法律框架中考虑，不宜简单由法律直接规定其性质及清偿顺位，需要通过债权人、股东等利害关系人在重整计划草案制定、表决范围内充分协商，议定其法律性质及清偿顺位。

总之，这个问题存在一定的争议，但可通过重整计划草案的安排消除争议。

4. 建议及结语

针对法律及司法解释尚未明确规定的共益债融资款清偿顺位、利息是否优先清偿的问题，我们建议共益债投资人在参与程序时应与管理人、受理法院提前进行沟通，获得法院的司法确认，同时对于该事项要获得债权人会议表决通过。

在房地产企业破产的情况下，还要取得建设工程价款优先受偿权人、商品房消费者，甚至拆迁补偿款的权利人放弃优先顺位的承诺。另外，若破产企业还有其他担保物，则优先由该担保物为共益债融资提供担保。与此同时，投资人应在投资协议中明确约定优先返款条款或其他保障措施，甚至可以以代建、项目管理的方式参与企业后续经营，以便最大限度地维护自身的利益。

在很多破产重整案件中，管理人往往大幅度消减一般债权人债权，最终导致债权人血本无归，而重整投资人通过少量投资款换得具有重整价值的破产企业100%股权，赚得盆满钵满，这种简单粗暴的重整模式其实是存在很大问题的。

共益债融资重整模式的推广也因此变得非常重要。因为共益债投资人很可能只是赚取合理的利息，如果国家和地方层面成立共益债纾困基金，专门以低息来为破产企业提供共益债融资，那么也许会拯救很多破产企业，特别是房地产企业，而低息的共益债融资使破产企业重新恢复价值，对保护广大债权人才是根本和最有利的破产重整模式。

五、房企破产中，商品房购房者优先权的有关实务问题

在困境房企破产重整或清算案件中，经常遇到房企迫于现金流压力，已对其所持有的物业进行了违法或合法的预售。在房企散售物业的过程中，会遇到各种各样的购房者，有自然人，有法人；有的购买住宅，有的购买商铺等商业物业；有的支付了部分款项，有的支付了全部款项；有的发生在抵押权设定之前，有的发生在抵押权设定之后。

而房企破产后，这些未拿到房屋的购房人往往会提出执行异议，甚至引发社会矛盾，给当地政府带来很大压力。如何理顺这些购房人的权利？如何区分商品房消费者与一般不动产买受人？他们的权利与建设工程优先受偿权、抵押权孰先孰后？这些往往是房企破产重整中常见的疑难问题。

1. 商品房消费者的优先权

理论上讲，房屋没有过户登记，房屋买受人对所购房屋享有的是"物权期待权"，其本质上属于"债权"。一般情况下，物权优先于债权。但基于社会稳定和"生存利益至上"的考虑，我国司法实践赋予了商品房消费者物权期待权优于抵押权，甚至建设工程优先受偿权的权利。

商品房消费者的优先权的规定最早来源于原《最高人民法院关于建设工程价款优先受偿权问题的批复》（以下简称《建设工程价款优先受偿权批复》）。该批复规定："一、人民法院在审理房地产纠纷案件和办理执行案件中，应当依照《中华人民共和国合同法》第二百八十六条的规定（现《民法典》第807条的规定），认定建筑工程的承包人的优先受偿权优于抵押权和其他债权。二、消费者交付购买商品房的全部或者大部分款项后，承包人就该商品房享有的工程价款优先受偿权不得对抗买受人……"

但这种优先权，突破了物权优先于债权的一般原则，因此，应当严格区分是否属于消费性购房。为此，《最高人民法院关于人民法院办理执行异议和复议案件若干问题的规定》（以下简称《执行异议和复议规定》）第29条规定："金钱债权执行中，买受人对登记在被执行的房地产开发企业名下的商品房提出异议，符合下列情形且其权利能够排除执行的，人民法院应予支持：（一）在人民法院查封之前已签订合法有效的书面买卖合同；（二）所购商品房系用于居住且买受人名下无其他用于居住的房屋；（三）已支付的价款超过合同约定总价款的百分之五十。"

因此，在此类案件中，购房人若要对抗建设工程价款优先受偿权和抵押权等权利的强制执行，则必须同时符合《执行异议和复议规定》第29条的全部规定，也即必须是商品房消费者。若购房人仅符合《执行异议和复议规定》第28条[①]的规定，则属于一般不动产买受人，其享有的物权期待权并非

---

① 《执行异议和复议规定》第28条规定："金钱债权执行中，买受人对登记在被执行人名下的不动产提出异议，符合下列情形且其权利能够排除执行的，人民法院应予支持：（一）在人民法院查封之前已签订合法有效的书面买卖合同；（二）在人民法院查封之前已合法占有该不动产；（三）已支付全部价款，或者已按照合同约定支付部分价款且将剩余价款按照人民法院的要求交付执行；（四）非因买受人自身原因未办理过户登记。"

"超级"优先权，并不优先于建设工程优先受偿权和抵押权。

那么如何认定商品房消费者，实践中也有众多问题，下面笔者就实务中常见的一些问题展开说明。

2. 实务中的常见问题

（1）商品房消费者超级优先权是否仅保护一套房？是否受行政区划限制？

如何理解《执行异议和复议规定》第29条中"买受人名下无其他用于居住的房屋"？对此，《全国法院民商事审判工作会议纪要》（以下简称《九民会议纪要》第125条规定，"买受人名下无其他用于居住的房屋"可以理解为在案涉房屋同一设区的市或者县级市范围内商品房消费者名下没有用于居住的房屋。

那么，第二套房产的购房者是否一定不享有商品房消费者的优先权？其实并非如此。《九民会议纪要》第125条已明确，商品房消费者名下虽然已有1套房屋，但购买的房屋在面积上仍然属于满足基本居住需要的，可以理解为符合该规定的精神。因此，在符合《执行异议和复议规定》第29条第1项和第3项条件的情况下，若查明买受人家人较多，确为适当改善居住条件的，也应赋予其商品房消费者的超级优先权。

（2）如何理解"买受人名下"？

如何理解《执行异议和复议规定》第29条中"买受人名下"？若买受人名下没有房屋，但其配偶、未成年子女名下有房屋，是否能够排除执行？笔者认为，这里的"名下"应作宽泛的理解，应当一并考虑买受人、实行夫妻共同财产制的配偶一方以及未成年子女名下房产情况。若三者之一名下有房屋，则可视为已有居住用房，其生存权已经得到基本保护，而不能享有超级优先权。

（3）已支付的购房款不足50%的，是否一定不享有商品房消费者优先权？

如何理解《执行异议和复议规定》第29条中"已支付的价款超过合同约定总价款的百分之五十"？根据《九民会议纪要》第125条之规定，如果商品房消费者支付的价款接近于50%，且已按照合同约定将剩余价款支付给申请执行人或者按照人民法院的要求交付执行的，可以理解为符合该规定的精神。

（4）商品房消费者是否仅限于自然人？法人或其他组织是否构成消费者？

从《执行异议和复议规定》第29条中"用于居住"的内涵可见，原则上商品房消费者必须是自然人，不包括法人或其他组织。对于非自然人的购房者，因其不具有居住利益，一般不享有上述优先权。但在司法实践中，法人或其他组织以自己的名义购买，为了满足内部个人成员消费且将房屋分配给内部个人居住的，可以考虑认定为商品房消费者。

（5）商品房的范围是否包括二手房、门面商铺、写字楼、商住两用房？

《执行异议和复议规定》第29条及《九民会议纪要》第125条保护的是消费者购房人的期待权，而消费者是与经营者相对的概念，因此，二手房的购房者不享有商品房消费者的超级优先权。

如果购买写字楼、门面商铺等经营性用房，显然不是用于居住，不属于消费者生存权保护的范畴，这类购房者也不享有商品房消费者优先权。

但对于居住的判断，也不能仅限于土地性质为住宅，而应基于房屋的使用目的和功能来判断。购买的房屋不管是住宅，还是商住两用房，只要具备居住属性，即视为用于居住。因此，对于购买商住两用房的购房人，亦应当予以保护。

（6）未取得商品房预售许可证，购房人是否享有商品房消费者超级优先权？

实践中，困境房企未取得商品房预售许可证，违法预售的情形较多。但基于"生存利益至上"的考虑，一般认为，在满足《执行异议和复议规定》第29条规定的情况下，无论困境房企是否取得商品房预售许可证，商品房消费者的权利均应优先于建设工程优先受偿权和抵押权。预售许可证是行政管理手段，未取得预售许可证就进行违法销售的开发商应当受到行政处罚，但不应影响民事合同的效力。且《建设工程价款优先受偿权批复》中也没有对消费者购房人的权利作相关限制规定。

（7）网签是否视为双方签订了合法有效的书面买卖合同？

根据《合同法》[①]第11条和《民法典》第469条第2款[②]的规定，只要买

[①] 现已废止，现为《民法典》合同编。
[②] 《民法典》第469条第2款规定："书面形式是合同书、信件、电报、电传、传真等可以有形地表现所载内容的形式。"

卖合同以有形的方式记录和固定在载体上，即成立书面买卖合同。因此，笔者认为，买卖双方在房屋行政主管部门建立的网络交易平台上，就标的房屋买卖事宜进行的网上签约，在包含《商品房销售管理办法》第16条规定的商品房买卖合同主要内容的情况下，已经以有形的方式将双方的意思表示记录和固定下来，符合书面合同的本质特征，符合《执行异议和复议规定》第29条规定的书面买卖合同。

（8）是否考虑抵押权设立与买卖合同签订的先后顺序？明知存在抵押权的购房者权利能否优先保护？

若房企出售在先、抵押权设定在后，则购房人的权利优先还是抵押权优先？房企出售房产后，未将销售款清偿抵押权，抵押权能否对抗具有物权期待权的消费者主张交房产证或价款返还优先权？如果消费者购房人明知存在抵押权，其权利能否优先保护？

笔者认为，应当区分是否为商品房消费者，如果是一般购房人，其取得的物权期待权，本质是债权，其并不优先于作为物权的抵押权，如果是商品房消费者，基于"生存利益至上"的考虑，其权利优先于抵押权。实际上购房人的权利是否优先于抵押权，取决于购房人是否同时符合《执行异议和复议规定》第29条规定的3个条件，从而被认定为"商品房消费者"，与抵押权设定在出售之前还是之后无关，与房企是否将销售款清偿抵押权、购房人是否明知存在抵押权也无关。

（9）如果主张解除房屋买卖合同，同时主张返还已付全部或大部分购房款，是否优先于抵押权清偿？

主流观点认为，确认消费者物权期待权后，如果存在事实上无法交房办证的情形（如房屋未建成），管理人解除房屋买卖合同的购房款的返还优先于建设工程优先受偿权和抵押权。但是在可以交房办证的情况下，如买受人主张解除合同要求返还购房款，或赔偿损失的属于普通债权。

六、破产案件中建设工程价款优先受偿权实务问题

相较于一般企业的破产案件，房企破产重整和清算案件中，破产债权的

组成中通常会存在工程款这一特殊债权。该债权一般数额巨大，且因为法律赋予了工程款债权优先于抵押权等担保物权的建设工程价款优先受偿权，故其认定结果往往会对其他债权的顺利实现与否产生决定性影响。因此，到底哪些建设工程价款享有优先受偿权，在房企破产重整和清算案件中尤为重要。

(一) 建设工程价款优先受偿权的性质和实现顺位

(1) 建设工程价款优先受偿权的性质

《民法典》第807条规定："发包人未按照约定支付价款的，承包人可以催告发包人在合理期限内支付价款。发包人逾期不支付的，除根据建设工程的性质不宜折价、拍卖外，承包人可以与发包人协议将该工程折价，也可以请求人民法院将该工程依法拍卖。建设工程的价款就该工程折价或者拍卖的价款优先受偿。"

关于建设工程价款优先受偿权的性质主要有留置权、法定抵押权和优先权3种。若将建设工程价款优先受偿权解释为留置权，则违反原《物权法》第230条中留置权仅适用于动产的规定。若将建设工程价款优先受偿权定位为法定抵押权，则既缺乏法定抵押权的法律概念，又不符合不动产须登记才能设立抵押权的规定。

而将建设工程价款优先受偿权解释为建设工程的优先权不仅符合国外立法对优先权的规定，也和我国《企业破产法》《民事诉讼法》《海商法》等法律中对优先权的规定相呼应。因此，将建设工程价款优先受偿权界定为优先权更符合我国有限权制度的理论和司法实践的发展。[①]

(2) 建设工程优价款先受偿权的实现顺位

根据《民法典》第807条和《建设工程价款优先受偿权批复》第1条[②]之规定，建筑工程的承包人的优先受偿权优于抵押权和其他债权。

---

① 上海市高级人民法院:《建设工程优先受偿权的性质及适用条件》，载 http://shfy.chinacourt.gov.cn/article/detail/2015/07/id/1664029.shtml，最后访问时间2020年7月1日。

② 《建设工程价款优先受偿权批复》第1条规定："人民法院在审理房地产纠纷案件和办理执行案件中，应当依照《中华人民共和国合同法》第二百八十六条的规定，认定建筑工程的承包人的优先受偿权优于抵押权和其他债权。"

《建设工程价款优先受偿权批复》中提及的劣后于承包人优先受偿权的他人权利包括承包人承包工程上设立的抵押权和其他债权，但是不包括交付全部或大部分购房款的消费者在购房合同项下的权利。尽管《建设工程价款优先受偿权批复》采用承包人优先受偿权"不得对抗"消费者买受人的措辞，也未明确消费者购房合同权的具体内容，但是基于消费者生存权优先保护的立法原则与司法精神。此处"不得对抗"的消费者购房合同权，一般应理解为既包括交付全部或大部分购房款的消费者依据购房合同产生的房屋交付请求权[1]，也包括因购房合同无效或终止履行所产生的房款返还请求权[2]。

由此引申出的另一个问题：仅支付小部分房款的消费者可否通过追加支付房款达到或超过50%，以获得优先于承包人优先受偿权的房屋交付请求权？有判例表明，裁判者允许当事人补足购房款并视其为全部交付来进行审

---

[1] 《九民会议纪要》第125条规定："实践中，商品房消费者向房地产开发企业购买商品房，往往没有及时办理房地产过户手续。房地产开发企业因欠债而被强制执行，人民法院在对尚登记在房地产开发企业名下但已出卖给消费者的商品房采取执行措施时，商品房消费者往往会提出执行异议，以排除强制执行。对此，《最高人民法院关于人民法院办理执行异议和复议案件若干问题的规定》第29条规定，符合下列情形的，应当支持商品房消费者的诉讼请求：一是在人民法院查封之前已签订合法有效的书面买卖合同；二是所购商品房系用于居住且买受人名下无其他用于居住的房屋；三是已支付的价款超过合同约定总价款的百分之五十。人民法院在审理执行异议之诉案件时，可参照适用此条款。问题是，对于其中'所购商品房系用于居住且买受人名下无其他用于居住的房屋'如何理解，审判实践中掌握的标准不一。'买受人名下无其他用于居住的房屋'，可以理解为在案涉房屋同一设区的市或者县级市范围内商品房消费者名下没有用于居住的房屋。商品房消费者名下虽然已有1套房屋，但购买的房屋在面积上仍然属于满足基本居住需要的，可以理解为符合该规定的精神。对于其中'已支付的价款超过合同约定总价款的百分之五十'如何理解，审判实践中掌握的标准也不一致。如果商品房消费者支付的价款接近于百分之五十，且已按照合同约定将剩余价款支付给申请执行人或者按照人民法院的要求交付执行的，可以理解为符合该规定的精神。"
《九民会议纪要》第126条规定："根据《最高人民法院关于建设工程价款优先受偿权问题的批复》第1条、第2条的规定，交付全部或者大部分款项的商品房消费者的权利优先于抵押权人的抵押权，故抵押权人申请执行登记在房地产开发企业名下但已销售给消费者的商品房，消费者提出执行异议的，人民法院依法予以支持。但应当特别注意的是，此情况是针对实践中存在的商品房预售不规范现象为保护消费者生存权而作出的例外规定，必须严格把握条件，避免扩大范围，以免动摇抵押权具有优先性的基本原则。因此，这里的商品房消费者应当仅限于符合本纪要第125条规定的商品房消费者。买受人不是本纪要第125条规定的商品房消费者，而是一般的房屋买卖合同的买受人，不适用上述处理规则。"

[2] 中国建设工程法律评论第四工作组编著：《建设工程优先受偿权》，法律出版社2017年版，第152—154页。

理[①]。本书认为，在无证据否定买受人属于真实消费者的情形下，应当允许买受人通过补足购房款，获得对抗承包人优先受偿权的房屋交付请求权。理由是：第一，如此更能体现对消费者居住生存消费权的平等保护；第二，消费者补足的房款，本质上属于承包人优先受偿权项下的对应于该房屋的工程折价款或变价款，仍作为承包人的优先受偿款，并不损害承包人优先受偿权。具体怎么样才能认定为商品房消费者，我们在本章第五部分中已经有详细阐述，在此不再赘述。

综上所述，承包人优先受偿权与发包人其他债权人权利保护和实现的一般顺位是：第一，交付全部或大部分购房款的消费者的购房合同权；第二，承包人建设工程价款优先受偿权；第三，承包人完成的建设工程上设立的抵押权；第四，发包人债权人的其他债权。

（二）勘察、设计、监理方是否享有建设工程价款优先受偿权？

原《合同法》第286条和《民法典》第807条的立法初衷是解决发包人拖欠承包人工程款、优先保护低收入的建筑工人，而不优先保护收入较高的勘察、设计人员。此外，和建筑工人建造的特定的建筑工程相比，勘察方的勘察报告和设计方的设计图纸都无法折价或拍卖。因此，虽然《民法典》第788条中提到建设工程合同包括工程勘察、设计、施工合同，但是《民法典》第807条中的建设工程合同应限缩为建设工程施工合同，不包括工程勘察、设计合同。即勘察、设计方原则上不享有建设工程价款优先受偿权。

当然，勘察、设计费用是否属于建设工程价款优先受偿权所涉范围也不能一概而论。根据《民法典》第791条第1款规定，发包人可以与总承包人订立建设工程合同，也可以分别与勘察人、设计人、施工人订立勘察、设计、施工承包合同。因此，总承包人可以直接承包包括勘察、设计与施工在内的所有工程建设工作。在前述情况下，不论总承包人采用设计采购施工总

[①] 中国建设工程法律评论第四工作组编著：《建设工程优先受偿权》，法律出版社2017年版，第182页。

承包模式，还是采用设计采购与施工管理总承包模式，抑或是采用设计和施工总承包模式，总承包合同中约定的勘察、设计费用都应当属于工程款的范围，通常都与工程款同时结算。因此，一种倾向性观点是，总承包人对于总承包模式下的勘察、设计费用均可以主张建设工程价款优先受偿权[1]。

与勘察、设计方不同，监理方通常作为发包人的代理人监督管理工程项目。《民法典》第796条规定："建设工程实行监理的，发包人应当与监理人采用书面形式订立委托监理合同。发包人与监理人的权利和义务以及法律责任，应当依照本编委托合同以及其他有关法律、行政法规的规定。"由此可见，监理方与发包人之间是委托代理关系，监理合同本质上属于委托合同而非建设工程合同。因此，监理方不适用《民法典》第807条之规定，不享有建设工程价款优先受偿权。

（三）装饰装修工程中的承包人是否享有建设工程价款优先受偿权？

装饰装修工程是为了充分发挥建筑物的效用而进行的建设活动，属于建设工程的一种。同一般的建设工程相比，装饰装修工程有其特殊性：一方面，装饰装修工程很多时候是与建筑施工分开的，同时又不能脱离其所依附的建筑物；另一方面，装饰装修工程的发包方不一定拥有建筑物的所有权。因此，在产生工程款纠纷时，装饰装修工程的承包人应否享有工程价款优先受偿权，以及如何行使工程价款优先受偿权，存在诸多掣肘。

《最高人民法院关于装修装饰工程款是否享有合同法第二百八十六条规定的优先受偿权的函复》（以下简称《函复》）中规定："装修装饰工程属于建设工程，可以适用《中华人民共和国合同法》第二百八十六条关于优先受偿权的规定，但装修装饰工程的发包人不是该建筑的所有权人或者承包人与该建筑物的所有权人之间没有合同关系的除外。享有优先权的承包人只能在建筑物因装修装饰而增加价值的范围内优先受偿。"而2021年1月1日生效

---

[1] 最高人民法院民事审判第一庭编著：《最高人民法院建设工程施工合同司法解释（二）理解与适用》，人民法院出版社2019年版，第364—366页。

实施的《最高人民法院关于审理建设工程施工合同纠纷案件适用法律问题的解释（一）》（以下简称《2021年建设工程司法解释》）第37条规定："装饰装修工程具备折价或者拍卖条件，装饰装修工程的承包人请求工程价款就该装饰装修工程折价或者拍卖的价款优先受偿的，人民法院应予支持。"由此，删除了原《最高人民法院关于审理建设工程施工合同纠纷案件适用法律问题的解释（二）》（以下简称《建设工程司法解释（二）》）中装饰装修工程的发包人应是建筑物的所有权人这一限制条件，明确了装饰装修工程的承包人在实现优先受偿权时，应以该工程具备折价或者拍卖条件为前提。

总之，装饰装修工程是以施工建造的建筑物为基础进行的加工和修缮，因此装饰装修工程承包人的建设工程价款优先受偿权范围限于其装饰装修工程使建筑物增值部分。在建筑物折价或者拍卖后的价款中，如果装饰装修工程合同的当事人对于增值部分有约定，应依约定处理。如果当事人没有约定，可以通过技术鉴定或当事人协商确定。无论最终如何认定因装修装饰工程而增值的部分，在整个建筑物折价或者拍卖后所得价款中，只能将与装饰装修工程价款数额对应的部分确定为装饰装修人优先受偿的部分。

（四）实际施工人是否享有建设工程价款优先受偿权？

实际施工人是指建设工程施工合同被依法认定无效后，具体施工的建设单位和个人（如转承包方、违法分包的承包方、挂靠承包方、不具有建筑资质的承包方等，但不包括承包方的履行辅助人、合法的专业分包工程承包方、劳务作业承包方）。

《2021年建设工程司法解释》中第43条规定"实际施工人以转包人、违法分包人为被告起诉的，人民法院应当依法受理。实际施工人以发包人为被告主张权利的，人民法院应当追加转包人或者违法分包人为本案第三人，在查明发包人欠付转包人或者违法分包人建设工程价款的数额后，判决发包人在欠付建设工程价款范围内对实际施工人承担责任"。

但2011年最高人民法院发布的《全国民事审判工作会议纪要》中第29条规定："因违法分包、转包等导致建设工程合同无效的，实际施工人请求依据《合同法》第286条规定对建设工程行使优先受偿权的，不予支持。"因此，实际施工人一般不享有建设工程价款优先受偿权。

（五）建设工程价款债权转让后，受让人是否享有建设工程价款优先受偿权？

建设工程价款优先受偿权是《民法典》第807条为保障承包人及时取得工程款，保护建设工程施工人的劳动报酬而设立的法定优先权。在最高人民法院于（2019）最高法民申3349号案作出的民事裁定书中明确："建设工程价款优先受偿权为法定优先权，其设立初衷意在通过保护承包人的建设工程价款债权进而确保建筑工人的工资权益得以实现，专属于承包人。"虽然最高人民法院还在裁定书中提到"在建设工程价款债权转让时，该工程价款的优先受偿权是否随之一并转让，并无明确的裁判意见"，但就该案而言，最高人民法院还是本着建设工程价款优先受偿权的设立目的认定受让人不享有建设工程价款优先受偿权。

（六）发包人与承包人约定事先放弃建设工程价款优先受偿权的效力

《民法典》第807条为承包人设置建设工程价款优先受偿权，其本质是为保护建筑工人的利益。建筑工人原则上对建设工程价款不享有任何直接权益，承包人可以通过约定或单方面承诺的方式，放弃或限制其享有的建设工程价款优先受偿权。但是，承包人放弃或限制其建设工程价款优先受偿权时，不得违背《民法典》第807条的立法目的，即不能损害建筑工人的权益。

《2021年建设工程司法解释》第42条规定，"发包人与承包人约定放弃或者限制建设工程价款优先受偿权，损害建筑工人利益，发包人根据该约定主张承包人不享有建设工程价款优先受偿权的，人民法院不予支持"。即若承包人同发包人约定或以单方面承诺的方式，放弃或限制承包人的建设工程价款优先受偿权，导致承包人整体的资产负债情况以及现金流情况恶化，以至于无法支付建筑工人的劳动报酬，则人民法院在实务中不会认可此类约定或单方面承诺的效力。

（七）建设工程价款优先受偿权行使的必要条件是什么？

建设工程合同"是否有效""是否解除"并非承包人行使优先受偿权的必要条件。由于建设工程领域存在资质与招投标管理的特殊要求，建设工程合同无效的情况并不少见。在建设工程施工合同实际履行的过程当中，因发包人或承包人的原因，也可能出现建设工程合同被解除的情形。

但上述情形的根本目的是要保证工程质量。根据《2021年建设工程司法解释》第38条、第39条之规定，对处于不同阶段的建设工程，其质量是否合格是承包人能否行使建设工程价款优先受偿权的必要条件。

建筑工程价款优先受偿权，是根据工程建设行为本身的特殊性而设立的，旨在保护承包人为建设工程实际支出的工作人员报酬、材料款等费用，不应以建设工程合同是否有效为适用前提。因此，在建设工程合同虽无效但工程验收合格的情况下，承包人对所建设工程仍享有建筑工程价款优先受偿权。

但实践中未竣工验收的项目如何认定合格呢？

（1）未竣工验收但已经完工的建设工程质量认定标准

实务中，因各种因素导致已完工建设工程未能及时竣工验收的案例屡见不鲜。这类工程虽没有及时进行竣工验收，但承包人已经事实上完成了全部建设工程施工工作，建设工程的质量已经是固定且可以评估的。在进行建设工程质量认定时，不能仅仅因为这类建设工程未经竣工验收就判定其质量不合格，更应结合已完工建设工程的具体情况和质量综合判断。

根据《2021年建设工程司法解释》第14条[①]之规定，发包人擅自使用全部或部分建设工程的，其使用部分可以推定为质量合格，除非发包人能举证证明，否则发包人使用部分的建设工程质量即为合格。

[①] 《最高人民法院关于审理建设工程施工合同纠纷案件适用法律问题的解释（一）》第14条规定："建设工程未经竣工验收，发包人擅自使用后，又以使用部分质量不符合约定为由主张权利的，人民法院不予支持；但是承包人应当在建设工程的合理使用寿命内对地基基础工程和主体结构质量承担民事责任。"

（2）未竣工验收也未完工的建设工程质量认定标准

实务中，未完工工程质量的认定过程十分复杂。由于承包人的原因导致工程未竣工的情况下，发包人为了实现工程建设的目的，通常会将建设工程再次发包给第三人续建。如果未完工的建设工程没有经过第三人续建，则可以综合当事人提供的证据和建设工程的状态，对建设工程质量进行认定。

若发包人将未完工的建设工程再次发包给第三人续建，并最终竣工验收合格，则承包人未完工工程的质量可以视为合格。若由第三人续建的建设工程最终未能通过竣工验收，而发包人也未在续建前对承包人已经施工部分的质量进行认定，则可以推定续建前承包人施工的工程质量合格。

（八）建设工程价款优先受偿权是否及于承包人的垫资款及其利息？

垫资是指在建设工程项目中，承包人为了完成项目，在发包人尚未支付工程预付款或进度款的情形下，替发包人垫付的工程款项的情形。由于其特征与借贷极为相似，垫资行为常常被视为承包人和发包人之间的企业融资。因此，垫资款是否属于建设工程价款优先受偿权的所涉范围一直具有争议。

从一些实务案件[①]来看，垫资行为不包括名为垫资实为借贷的行为，也不包括名为垫资实为房地产投资的行为。垫资本质上可以看作承包人代发包人预先支付了工程款，该款项应包含在承包人竣工后收到的工程款当中。若承包人的垫资款已被承包人实际用于建设工程之中，成为建设工程价值的一部分，则承包人的垫资理应属于建设工程价款优先受偿权范围。

对于垫资利息来说，若承包人与发包人在垫资协议中约定了利息，则该垫资利息应当属于利润范畴，不属于建设工程价款优先受偿权的范围。

（九）建设工程价款优先受偿权是否及于发包人预扣质保金？

在实务中，发包人通常会在合同中约定要求承包人支付工程质量保证金（即质保金）。但通常该款项并非由承包人另行向发包人支付，而是由发包

---

① 案号：（2019）最高法民终 1678 号。

人直接从其应付的工程款中预先扣除，待合同约定或者法定缺陷责任期届满后，发包人再向承包人返还该笔工程质保金。

那么，工程质保金是否可被认定为属于工程价款的一部分，是否能够在工程被折价或者拍卖后，行使优先受偿权？由于现行有效的法律法规对此没有明确的规定，因此实践中对上述问题存在争议，一种观点认为，工程质保金是工程价款的一部分，因此应属于优先受偿权的效力范围；另一种观点认为，工程质保金与违约金类似，不应被纳入建设工程价款优先受偿权的效力范围中。

在实务案例中，法院一般支持的观点是：期满应返还/支付的质保金是工程款的一部分，应属于优先受偿权的效力范围。笔者亦认为，该观点更具有合理性，即在建设工程质量合格的情况下，发包人理应向承包人支付全部的建设工程价款。发包人从建设工程价款中预先扣除的质保金本质上仍是建设工程价款的一部分，发包人向承包人返还这部分预先扣除的工程质保金可以视作附期限支付的建设工程价款。即在一定期限后，若工程质量无问题，发包人向承包人支付剩余建设工程价款。因此，发包人从建设工程价款中预扣的工程质保金应属于建设工程价款优先受偿权范围。

（十）建设工程优先受偿权的期限

根据《2021年建设工程司法解释》第41条规定，承包人应当在合理期限内行使建设工程价款优先受偿权，但最长不得超过十八个月，自发包人应当给付建设工程价款之日起算。但就"应当给付建设工程价款之日"的认定问题，还应当结合具体案例作出判断。

1. 建设工程合同约定了应付工程款日期

"应当给付建设工程价款之日"首先应以发包人与承包人签订的建设工程施工合同约定为准，合同对付款时间及方式有明确约定且合同已正常履行完毕的，应当遵从当事人的约定，工程款的支付时间即为应付工程款之日。有多份建设工程施工合同的，应以最终签署的生效合同为准。依照《民法典》第788条、第799条的规定，已完成的工程质量合格的，发包人应当按照约定支付工程款，应付款日期遵从合同约定。

根据（2019）最高法民终250号案法院观点，若发包人与承包人在所涉建设工程结算期限届满后，因对结算价款存在争议，再次对该问题进行协商，最终以签署补充协议、备忘录等形式对建设工程的工程款数额、付款日期达成新的约定，则在对该优先受偿权的行使期限进行认定时，应尊重双方间的另行约定，以重新订立的协议所确定的付款时间为准。

2.建设工程合同解除或终止履行

根据《全国民事审判工作会议纪要》第4条第2款之规定，非因承包人的原因，建设工程未能在约定期间内竣工，承包人依据《合同法》第286条规定享有的优先受偿权不受影响。[①]承包人请求行使优先受偿权的期限，自建设工程实际竣工之日起计算。但是，若由发包人原因导致合同解除或终止履行的，承包人行使建设工程价款优先受偿权的期限自合同解除或终止履行之日起计算。（2019）最高法民终486号案也依照此观点将合肥建工优先受偿权的起算时间认定为2015年1月其向法院诉请解除案涉合同之时。

3.建设工程合同未约定或约定不明

①建设工程实际交付的，以建设工程交付之日为应付款时间

建设工程实际交付后，发包人对该工程已享有占有、使用、收益等实际控制的权利，在发包人已实际获益的情况下，仍然未向承包人支付工程价款的，其不支付工程价款的行为已使得双方的权利义务明显不对等。在（2019）最高法民申786号案中，法院根据原《建设工程司法解释》第18条之规定，认为此时应该以工程交付时间作为利息起算时间点。[②]

[①]《全国民事审判工作会议纪要》第4条第2款："非因承包人的原因，建设工程未能在约定期间内竣工，承包人依据合同法第二百八十六条规定享有的优先受偿权不受影响。承包人请求行使优先受偿权的期限，自建设工程实际竣工之日起计算；如果建设工程合同由于发包人的原因解除或终止履行，承包人行使建设工程价款优先受偿权的期限自合同解除或终止履行之日起计算。"

[②]《建设工程司法解释》第18条规定："利息从应付工程价款之日计付。当事人对付款时间没有约定或者约定不明的，下列时间视为应付款时间：（一）建设工程已实际交付的，为交付之日；（二）建设工程没有交付的，为提交竣工结算文件之日；（三）建设工程未交付，工程价款也未结算的，为当事人起诉之日。"

②建设工程没有交付的，以提交竣工结算文件之日为应付款时间

承包人提交竣工文件后，发包方未按照约定进行竣工结算的，可以认定该行为构成不当阻止工程价款支付条件的成就，应视为工程价款支付条件已经成就。

在（2019）最高法民终1861号案中，法院根据原《建设工程司法解释（二）》第22条及《建设工程司法解释》第18条认定在承包人已经提交竣工结算文件，发包人却不能在约定期限内予以答复情况下，以提交竣工结算文件之日作为应付工程价款的时间。

③建设工程价款未结算，建设工程未交付，以起诉之日为应付款时间

在工程价款未结算，同时建设工程亦未交付情况下，合同约定的工程价款结算条件未能成就，此时，无法确定应付工程价款的时间。在（2019）最高法民终412号案中，法院根据原《建设工程司法解释》第18条第3项之规定，以一审原告起诉时间作为应付款时间。

（十一）工程价款优先受偿权能否及于建设用地使用权？

《民法典》第807条规定："发包人未按照约定支付价款的，承包人可以催告发包人在合理期限内支付价款。发包人逾期不支付的，除根据建设工程的性质不宜折价、拍卖外，承包人可以与发包人协议将该工程折价，也可以请求人民法院将该工程依法拍卖。建设工程的价款就该工程折价或者拍卖的价款优先受偿。"

《建设工程质量管理条例》（2019年修订）第2条第2款规定："本条例所称建设工程，是指土木工程、建筑工程、线路管道和设备安装工程及装修工程。"即建设工程不包括建设用地使用权。

从前述两规定可以得出，可用于工程价款优先受偿的客体仅限于建设工程，不包括建设工程占用的建设用地使用权。

而且，施工单位的财力、人力、物力仅固化成建设工程本身，并未固化成建设用地使用权。如将建设用地使用权用于工程价款优先受偿，那么将剥夺建设用地使用权之抵押权人的优先受偿权，有违公平原则。

结论意见：建设工程价款优先受偿权不及于建筑物所占用的建设用地使

用权,建设工程及建设用地使用权一并处置的,建设用地使用权对应的价值不可用于工程价款优先受偿。

实务意义:一是在诉讼过程中,不应将建设工程占用的建设用地使用权用于工程价款优先受偿。二是在施工过程中或施工完成后,应尽快将工程款结算,在条件允许时,依法获得建设工程所占用建设用地使用权之抵押权。

七、破产程序中职工债权的四大实务问题

1.引言

职工债权是破产程序中最为常见的一类债权。《企业破产法》第48条第2款规定,债务人所欠职工的工资和医疗、伤残补助、抚恤费用,所欠的应当划入职工个人账户的基本养老保险、基本医疗保险费用,以及法律、行政法规规定应当支付给职工的补偿金,不必申报,由管理人调查后列出清单并予以公示。根据上述规定,对于职工债权的清偿,似乎不会有什么争议或难点。

然而,破产实践中与职工有关的债权往往纷繁复杂,比如长期停业的职工债权如何认定?员工奖金是否可以认定为职工债权?职工报销款是否为职工债权?企业向职工的集资和借贷又如何认定?这些问题都需要破产管理人具备较高的综合法律素养及谈判、心理疏导能力。

本书以笔者处理破产案件的实务经验为依托,重点探讨破产程序中以下职工债权问题。

2.破产程序中的职工债权问题

(1)长期停业的职工债权如何认定?

在笔者处理的破产案件中,尤其是破产清算案件,企业经常在法院受理破产清算前,就已经长期处于停业或歇业状态,或者职工虽在劳动合同存续期间,但早已另谋高就。

根据笔者的实务经验,以及有关司法判例总结出以下认定标准:是否仍然参与劳动(包括辅助性劳动)?是否仍然服从停业企业不时的工作安排?

实践中,不少裁定破产企业的实际控制人认为,企业处于停业状态后,

职工并非每天都有工作安排。即使有，工作量比之前也少很多。但从《劳动合同法》角度来看，上述原因均非不认定职工债权的合理理由。

对于企业停工、停产或歇业状态如何支付工资问题，不少地方政府有更为细化的规定。以江苏省为例，根据《江苏省工资支付条例》第31条规定，用人单位非因劳动者原因停工、停产、歇业，在劳动者一个工资支付周期内的，应当视同劳动者提供正常劳动支付其工资。超过一个工资支付周期的，可以根据劳动者提供的劳动，按照双方新约定的标准支付工资；用人单位没有安排劳动者工作的，应当按照不低于当地最低工资标准的80%支付劳动者生活费。国家另有规定的，从其规定。

因此，对于长期处于停业、歇业的企业，在其被裁定进入破产程序后，管理人应当根据职工是否参与劳动、是否仍然接受该企业的工作安排、未参加劳动是否为其自身原因所致等方面来综合考虑是否认定其职工债权。

当然，职工在停业期间与其他用人单位签订了劳动合同，则与该企业的劳动关系已经终止，不应再认定与其他用人单位成立劳动关系后的职工债权。

（2）员工奖金是否可以认定为职工债权？

在笔者处理过的破产案件中，就有职工要求将其应得奖金作为职工债权进行优先清偿。对此，笔者认为，应根据职工是否具有管理人员的身份、职工工作性质是否应包含奖金进行区分：

根据《最高人民法院关于适用〈中华人民共和国企业破产法〉若干问题的规定（二）》（以下简称《〈企业破产法〉若干问题的规定（二）》）第24条的规定，债务人有企业破产法第二条第一款规定的情形时，债务人的董事、监事和高级管理人员利用职权获取的以下收入，人民法院应当认定为企业破产法第三十六条规定的非正常收入：（一）绩效奖金；（二）普遍拖欠职工工资情况下获取的工资性收入；（三）其他非正常收入。

债务人的董事、监事和高级管理人员拒不向管理人返还上述债务人财产，管理人主张上述人员予以返还的，人民法院应予支持。

债务人的董事、监事和高级管理人员因返还第一款第（一）项、第（三）项非正常收入形成的债权，可以作为普通破产债权清偿。因返还第一款第（二）项非正常收入形成的债权，依据企业破产法第一百一十三条第三款的规定，按照该企业职工平均工资计算的部分作为拖欠职工工资清偿；高出该企业职工平均工资计算的部分，可以作为普通破产债权清偿。

因此，对于具有董事、监事、经理等应被认定为高级管理人员的，若存在正常薪水以外的大额绩效奖金，考虑到企业在其管理下已经面临破产清算或重整，对于上述主体的债权，笔者倾向于将其列为普通债权，按清偿比例进行清偿。

另外，实践中还有一种情况，职工的工资发放金额是由基本工资与奖金构成，甚至奖金为其工资的主要部分，如销售行业。对此，笔者认为，管理人应当仔细核查该职工的工资构成情况以及与工作成果有关的证据，若有证据证明职工的工资应当包含相应比例的奖金或绩效奖励，则应当将该笔奖金或绩效奖励列为职工债权予以清偿。

（3）职工报销款是否为职工债权？

根据笔者的实务经验，笔者认为应当重点审查职工报销款项是否与其开展的工作有关。若经核查确认职工报销款与其开展的工作有关，则应当认定属于职工债权，否则由该职工提供补充证据证明该笔报销款与工作有关。

针对该问题，最高人民法院在2021年6月23日作出的某公路桥梁工程有限公司职工债权纠纷的再审一案[①]中认为，"企业职工为公司垫付的招投标费用、未报销的差旅费用等系基于劳动者履行职务而产生，不同于基于日常交易而与公司发生的一般性债务，垫付款往往来源于职工工资性收入，且该项支出是为了公司的生产经营需要，最终受益人是某公路桥梁工程有限公司，故该笔报销款不应当认定为普通债权"。

（4）职工向企业的借款是否具有职工债权的性质？

职工向企业提供借款在房企中较为常见。众所周知，房企对资金有着巨大的需求。近年来，因市场或政策环境原因导致房企融资受阻，不少房企不得不向其内部员工进行融资，将职工提供的借款冠以"福利借款""保底理财融资"的名义，提高员工的借款意愿。当房企破产时，不少职工提出诉求，要求管理人将上述"福利借款""保底理财款"纳入职工债权范畴优先

---

① 案号：（2021）最高法民申3624号。

清偿。

关于职工集资款问题，在实践中很有争议，是否优先受偿值得商榷。原因是，根据《最高人民法院关于审理企业破产案件若干问题的规定》（法释〔2002〕23号，以下简称《破产规定》）第58条规定，债务人所欠企业职工集资款，参照企业破产法第37条第2款第1项规定的顺序清偿。但对违反法律规定的高额利息部分不予保护。职工向企业的投资，不属于破产债权。从《破产规定》来看，职工集资是纳入职工债权优先受偿的，但这个《破产规定》依据的《企业破产法（试行）》已经废止。另外，如果是职工集资后向企业投资的，显然不属于破产债权。

笔者认为，首先，从法律性质上来说，虽然出借人是企业职工，借款人为职工所在企业，与一般的借贷双方相比，具有特定身份标识，但该身份标识不足以影响双方借贷法律关系性质的界定。其次，2007年6月1日施行的新的《企业破产法》第48条第2款对于职工债权的范围有概述性规定，职工借款显然不在此列。另外，《企业破产法》第113条规定"破产财产在优先清偿破产费用和共益债务后，依照下列顺序清偿：（一）破产人所欠职工的工资和医疗、伤残补助、抚恤费用，所欠的应当划入职工个人账户的基本养老保险、基本医疗保险费用，以及法律、行政法规规定应当支付给职工的补偿金；……"，可见该条对职工的集资款也没有作出特别的规定。最后，参照2021年1月1日生效施行的《最高人民法院关于审理民间借贷案件适用法律若干问题的规定》第11条规定，法人或者非法人组织在本单位内部通过借款形式向职工筹集资金，用于本单位生产、经营，且不存在民法典第一百四十四条、第一百四十六条、第一百五十三条、第一百五十四条以及本规定第十三条规定的情形，当事人主张民间借贷合同有效的，人民法院应予支持。

因此，对于职工向企业的借款，我们一般认定双方的法律基础为民间借贷，债权性质为普通债权。

值得注意的是，针对改制、关闭、破产国有企业所涉职工集资款的问题，可能涉及社会稳定，个别地方层面有不同的认识，需要管理人在处理个案时灵活把握。比如，根据海南省政府在2002年10月29日印发的《海南省改制关闭破产国有企业职工安置办法》(现行有效)第17条规定,企业关闭、破产时,应当清偿拖欠职工的工资或生活费。生活费的计发依本办法第九条规定,企业职工集资款属借款性质的,视为所欠职工的工资。不过,上述地方政府规章依据的也是已被废止的《企业破产法(试行)》。

总之,在新破产法实施之后,《破产规定》第58条是否仍可继续适用值得商榷;在企业破产中职工集资款优先受偿的规定应谨慎适用或者有限制地适用。

3. 结语

与其他类型的破产债权相比,职工债权具有一定的特殊性。首先,职工债权无须职工申报,由管理人予以调查确认。其次,职工债权的确认与劳动有关的法律法规紧密联系,需要管理人具备扎实的劳动法律基础。最后,职工债权的认定往往涉及面较广,处理不慎甚至会对社会稳定产生一定的影响。

因此,管理人处理职工债权时,除应当依据法律规定,准确认定职工债权的范围外,还应当具备谈判能力和心理疏导能力,在勤勉履责的同时做好职工的心理安抚工作。

CHAPTER 17

第十七章

破产清算

一、破产清算快速入门

不同于强制清算,破产清算的前提是企业法人不能清偿到期债务,并且资产不足以清偿全部债务或者明显缺乏清偿能力[1],相当于我们通常所说的"资不抵债"。在此情形下,我们就可以采取向法院申请破产清算的方式,清理该不良资产。

1. 破产清算的申请和受理

根据《企业破产法》第8条规定,向人民法院提出破产申请,应当提交破产申请书和有关证据。破产申请书应当载明下列事项:(1)申请人、被申请人的基本情况;(2)申请目的;(3)申请的事实和理由;(4)人民法院认为应当载明的其他事项。债务人提出申请的,还应当向人民法院提交财产状况说明、债务清册、债权清册、有关财务会计报告、职工安置预案以及职工工资的支付和社会保险费用的缴纳情况。针对有关证据,即是指能够证明被申请人符合破产受理条件的证据。实践中,最为有效和直接的证据就是被申请人有被执行法院作出无任何可供执行财产的执行裁定书。

根据《企业破产法》第10条第1款的规定,债权人提出破产申请的,人民法院应当自收到申请之日起5日内通知债务人。债务人对申请有异议的,应当自收到人民法院的通知之日起7日内向人民法院提出。人民法院应当自异议期满之日起10日内裁定是否受理。当然,在此期间,申请人可以补充、补正申请材料,人民法院认为申请人需要补充、补正材料的,也应在收到破产申请之日起5日内告知申请人。补充、补正材料的期间并不计入上述期限。[2]

---

[1] 《企业破产法》第2条第1款规定。
[2] 《最高人民法院关于适用〈中华人民共和国企业破产法〉若干问题的规定(一)》第7条规定。

人民法院受理破产申请的，会在受理破产裁定书作出之日起5日内送达申请人，并会同时指定管理人，由管理人履行接管债务人财产、印章和账簿、文书等资料的工作。

2. 债权申报

人民法院裁定受理破产清算并同时指定管理人后，债权人应及时向管理人申报债权。对于未到期的债权，在破产申请受理时视为到期，附利息的债权自破产申请受理时起停止计息。附条件、附期限的债权和诉讼、仲裁未决的债权，债权人可以申报。

债权人申报债权时，应当书面说明债权的数额和有无财产担保，并提交有关证据。申报的债权是连带债权的，应当说明。[①]

在此需要提醒不良资产处置的从业人员，无论是债务人自行申请破产清算，还是债权人申请债务人破产清算，债权人都需要在法院确定的债权申报期限内进行债权申报，如果逾期不进行债权申报，有可能会影响债权人在债权人会议上表决权的行使，甚至会造成对已经分配完毕的财产无法进行分配的情况[②]。

3. 破产财产

根据《最高人民法院关于审理企业破产案件若干问题的规定》的相关规定，破产财产包括：（1）债务人在破产宣告时所有的或者经营管理的全部财产；（2）债务人在破产宣告后至破产程序终结前取得的财产；（3）应当由债务人行使的其他财产权利。

此外，还值得注意的是，债务人与他人共有的物、债权、知识产权等财产或者财产权，应当在破产清算中予以分割，债务人分割所得属于破产财产；不能分割的，应当就其应得部分转让，转让所得属于破产财产。

债务人的开办人注册资金投入不足的，应当由该开办人予以补足，补足

[①] 《企业破产法》第49条规定。

[②] 《企业破产法》第56条规定："在人民法院确定的债权申报期限内，债权人未申报债权的，可以在破产财产最后分配前补充申报；但是，此前已进行的分配，不再对其补充分配。为审查和确认补充申报债权的费用，由补充申报人承担。债权人未依照本法规定申报债权的，不得依照本法规定的程序行使权利。"

部分属于破产财产。企业破产前受让他人财产并依法取得所有权或者土地使用权的，即便未支付或者未完全支付对价，该财产仍属于破产财产。债务人的财产被采取民事诉讼执行措施的，在受理破产案件后尚未执行的或者未执行完毕的剩余部分，在该企业被宣告破产后列入破产财产。因错误执行应当执行回转的财产，在执行回转后列入破产财产。

除了上述财产外，债务人依照法律规定取得代位求偿权的，依该代位求偿权享有的债权属于破产财产。债务人在被宣告破产时未到期的债权视为已到期，属于破产财产，但应当减去未到期的利息。

4. 债权清偿

在破产案件中，针对债权清偿存在有无担保之分。对破产人的特定财产享有担保权的权利人，对该特定财产享有优先受偿的权利[1]。而对于没有担保或者没有法定优先权的债权[2]，则需要在优先清偿破产费用和共益债务、破产人所欠职工的工资和医疗、伤残补助、抚恤费用等职工债权以及税款后，以普通债权的性质予以清偿。如果破产财产不足以清偿同一顺序的清偿要求的，则按照比例分配。[3]

在此，我们也提醒不良资产处置的从业人员，在不良资产没有任何抵押物作为增信的情形下，以破产清算的方式处置该不良资产时应慎重考虑，因为没有担保或者没有法定优先权的债权，通常情况下会被归为普通债权。根据我们的实务经验，普通债权的清偿率相对较低，很难充分保障债权人的权益。

二、实战案例：债务人通过申请破产清算获得100%受偿

提到破产清算，不少债权人都有这样的想法：债务人都已经破产清算了，那讨债也是无望了。也是出于这样的认知，很多债权人都非常抗拒申请

---

[1] 《企业破产法》第109条规定。

[2] 法定优先权的债权，指根据法律法规的规定而享有的优先权，如消费者购房款优先权、建设工程价款优先受偿权。

[3] 《企业破产法》第113条规定。

债务人破产清算，尤其在强制执行仍无执行款项的前提下。我们希望以我们作为管理人办理的以下案例，来纠正债权人的上述认知。债权人需要知道，债务人破产清算，也有可能实现100%受偿。

案件背景是这样的：债务人成立于2016年，经营不久便由于股东出资纠纷造成公司治理僵局。从成立之日起短短1年，公司就有了8笔债权，经司法文书确认，债权金额达到800多万元。更糟糕的是，该公司名下没有任何动产或者不动产，因此8家债权人申请强制执行的结果均为"无财产可供执行"。各家债权人均不愿提起破产清算，因为担心破产清算程序终结后，他们的债权更无法清偿了，因而各债权人只能向公司法定代表人施压，以期法定代表人个人能够有所"补偿"，但根本没有效果，也没有其他更好的办法。在债权人均不愿提起该公司破产清算的情况下，竟是该公司的员工抱着试一试的想法，向人民法院申请了该公司破产清算。法院受理该案后，指定我们作为破产管理人。

接受指定后，管理人初步了解了该公司的经营状况与财产状况，似乎确实没有什么可供分配的财产。但是，当管理人调取了该公司的基本账户流水，以及通过多种渠道核查，发现了2条财产线索：1.从该公司的流水反馈，有100余万元的资金去向存疑；2.公司股东认缴出资1亿元，但从流水反馈出资远远不足。

基于上述第一条线索，我们顺藤摸瓜，找到了最终接收该资金的主体。经过我们多次谈判、协调，最终通过非诉讼的手段成功追回了该笔100多万元的资金。

虽然管理人追回了100多万元，但追回的资产还不足以清偿债权。因此，我们基于对股东出资的调查情况，对各股东提起追缴注册资本的诉讼。诉讼策略上，我们在平衡各股东利益的情况下，着重要求有资金实力的国企背景大股东带头履行缴纳注册资金的义务，最终股东们不得不纷纷出资，取得了非常好的效果，各债权人最终实现了100%清偿。

本案中，除实现了债权人100%清偿外，我们认为还有两点值得和读者分享：

①在保护债权人利益的同时，兼顾保护各股东的利益，因此开展追缴工

作在一定程度上也获得了股东的配合。在追缴股东出资的案件中，管理人考虑到各股东认缴出资1亿元，而经法院确认的债权总额为800余万元，为了缓解各股东的资金压力，避免占用多余的资金，管理人选择以债权总额以及产生的破产费用的总金额为暂定诉讼金额，在充分保障债权人利益的同时，兼顾保护各股东的利益。

②由于追回出资后，债务人就不存在资不抵债的情况，破产清算程序也无法继续，债务清偿也不适用破产程序。在可以100%清偿所有债权额的情况下，如何处理该破产程序则是管理人面临的最为重要的问题。在与受理法官充分讨论可行性的前提下，管理人创造性地提出由管理人作为协议一方，组织债务人与各债权人签署"和解协议"，"和解协议"载明各债权人的清偿金额及方式，以及清偿完毕后债权人应当履行的申请撤回强制执行措施等条款。最终，受理法官裁定确认了该"和解协议"的效力，并以此为基础终结了破产清算程序，同时高效、灵活地实现了结案。

三、破产清算中的实务问题

1. 在提出破产申请的债权人的债权因清偿或者其他原因消灭的情况下，人民法院是否还会继续受理该破产申请？

实务中，我们常会遇到这样一种情形：债权人对债务人申请了破产清算，债务人迫于清算的压力而选择优先清偿掉申请人的债权，但担心申请人的债权清偿完毕后，人民法院仍然继续受理，因为申请人提供的申请材料中，还有债务人尚未清偿其他债权人的证据材料。

在以往实践中，确实也有部分法院认为，这种方式会变相鼓励债务人通过对提出破产申请的债权人进行个别清偿，或者通过其他方式消灭债权人的债权。此时，如果债务人已经具备破产原因，人民法院却不予受理，那么会损害全体债权人的利益。

2019年11月8日，最高人民法院发布的《九民会议纪要》对该审判实践中的问题进行了规范和统一。《九民会议纪要》第108条第1款规定，人民法院裁定受理破产申请前，提出破产申请的债权人的债权因清偿或者其他原因消灭的，因申请人不再具备申请资格，人民法院应当裁定不予受理。但该裁定不影响其他符合条件的主体再次提出破产申请。破产申请受理后，管理人以上述清偿符合《企业破产法》第31条①、第32条②为由请求撤销的，人民法院查实后应当予以支持。

2. 债务人相关人员下落不明或者财产状况不清，公司主要财产、账册、重要文件灭失，终结破产清算后，能否主张债务人的股东承担连带清偿责任？

根据《最高人民法院关于适用〈中华人民共和国公司法〉若干问题的规定（二）》（以下简称《公司法司法解释（二）》）第18条第2款的规定，有限责任公司的股东、股份有限公司的董事和控股股东因怠于履行义务，导致公司主要财产、账册、重要文件等灭失，无法进行清算，债权人主张其对公司债务承担连带清偿责任的，人民法院应依法予以支持。

除《公司法司法解释（二）》上述规定，《最高人民法院关于债权人对人员下落不明或者财产状况不清的债务人申请破产清算案件如何处理的批复》（以下简称《批复》）第3款也规定，债务人的有关人员不履行法定义务，人民法院可依据有关法律规定追究其相应法律责任；其行为导致无法清算或者造成损失，有关权利人起诉请求其承担相应民事责任的，人民法院应依法予以支持。

在不良资产处置的实践中，不少债权人也是依据上述规定以及破产终结裁定书诉请债务人股东对债务承担连带责任，不少法院也对此作出了支持的生效判决。然而，《九民会议纪要》也对该审判实践进行了重新规范和统一。《九民会议纪要》第118条第2款规定，人民法院在适用《批复》第3款的规定，判定债务人相关人员承担责任时，应当依照企业破产法的相关规定来确定相关主体义务内容和责任范围，不得根据公司法司法解释（二）第18条第

---

① 《企业破产法》第31条规定："人民法院受理破产申请前一年内，涉及债务人财产的下列行为，管理人有权请求人民法院予以撤销：（一）无偿转让财产的；（二）以明显不合理的价格进行交易的；（三）对没有财产担保的债务提供财产担保的；（四）对未到期的债务提前清偿的；（五）放弃债权的。"

② 《企业破产法》第32条规定："人民法院受理破产申请前六个月内，债务人有本法第二条第一款规定的情形，仍对个别债权人进行清偿的，管理人有权请求人民法院予以撤销。但是，个别清偿使债务人财产受益的除外。"

2款的规定来判定相关主体的责任。

  换句话说，以往通过破产清算的手段，来要求股东承担连带责任的不良资产处置方式已经无法得到司法实践的支持。对于债权债务的清理，破产清算具有终局性的法律效力。

CHAPTER

第十八章

境外债券之"维好协议"
如何成为救济手段

一、"维好协议"产生的背景

实践中,境内企业发行境外债券惯常的架构包括:红筹结构下的境外主体发行债券、直接担保架构、直接发行架构以及"维好协议"(Keepwell agreement)架构。其中,"维好协议"近年来最为常见。所谓"维好协议"架构,简单来说,就是境外关联企业作为发行主体发行境外债券时,境内企业作出承诺,在境外发行主体发生偿付问题时,境内企业予以支持,保证发行主体会保持适当的权益和流动资金,从而保障正常到期兑付。

2013年开始,内地房企存在巨大的融资需求,但国内债市无法满足其需求,在此背景下,不少房企选择去海外发"便宜"的债券,以满足自身的资金流需求。早前,境内企业在境外直接发行债券需要经过国家发改委乃至国务院的事前审批,发行门槛较高;如采用"内保外贷"模式间接发行,融到的资金未经批准不得调回境内使用,只能用于与境内企业存在股权关联的境外投资项目。为了规避境内企业对外直接发债或对外提供担保时面临的审批困难和资金回流限制,"维好协议"应运而生。境内企业对外出具"维好协议"〔通常还伴有股权回购承诺(Equity Interest Purchase Undertaking, EIPU)〕规避了国家发改委和国家外汇管理局的监管和规制。因此,"维好协议"架构取代了境内母公司担保,为房企们在境外融资打开了一道方便之门,一度成为中资房企境外发债中广泛采用的架构。

南财集团旗下21世纪资管研究院通过万得(Wind)等公开渠道对中企海外债券违约情况进行了统计发现:2020年,中资美元债违约金额104.19亿美元,涉及违约债券32只,首次违约主体15家;2021年是中资美元债集中爆发的一年,违约金额合计274.36亿美元,同比大幅增长163%,折合人民币约1740亿元(按照1月20日汇率6.34计算),涉及违约债券63只,首次违约主体14家。其中，房地产企业占据了中资美元债违约的绝大部分，2021年房企违约金额244.78亿美元，占比90%；涉及违约债券55只，占比87%。

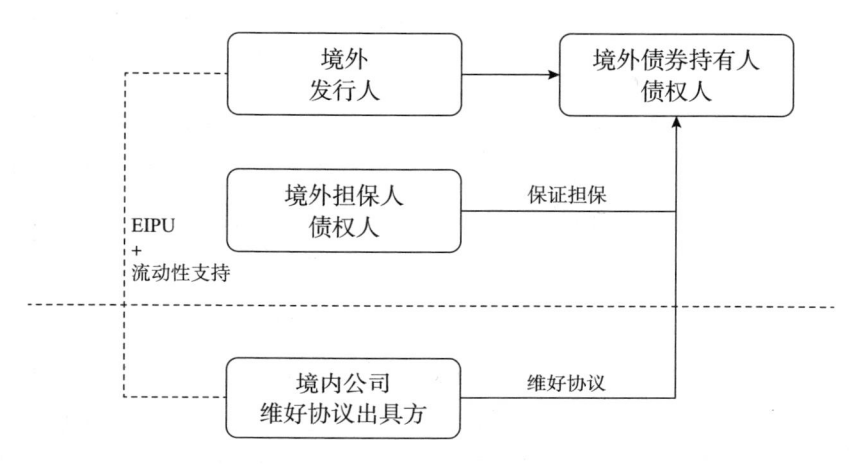

图18-1 中国企业"维好协议"海外发债架构

2021年下半年以来，重庆协信、中国泛海控股、华夏幸福、苏宁电器、蓝光发展、新力地产、南通三建、阳光城集团、花样年、佳兆业、恒大、当代置业、启迪科技、阳光100、新华联、祥生控股、奥园均涉及海外债务违约。

据同策研究院监测数据显示，从80多家内资房企海外债到期余额来看，2021年至2025年为兑付高峰期，到期余额分别为14.94亿美元（2021）、273.25亿美元（2022）、182.8亿美元（2023）、190.32亿美元（2024）及179.94亿美元（2025）[①]。因此近几年，房企都面临着美元债偿付压力。

近年来，部分境内房企现金流也出现了问题，经营困难，面临重组甚至破产重整的困境。

在境外债券发行主体无力偿付债券的情况下，境外债券持有人的利益如何保护？是否可以通过"维好协议"，向境内母公司主张权利或者在该企业进入破产程序后参与破产财产分配？本书将结合实践中的案例，为境外债券

---

① 李寿双：《中企境外债券违约潮来袭！维好协议如何成为救济手段？| 大成实践指南》，载 https://new.qq.com/rain/a/20220514A0B0CL00，最后访问时间2022年7月29日。

持有人提供一些建议。

二、"维好协议"的法律效力分析

根据笔者案件检索结果发现，目前已决的判决文书中，法院尚未对境外发债"维好协议"的性质及其效力作出明确认定。不过，从法院在相关案件中的裁判观点来看，可以揣测出当前司法实践中对"维好协议"是否构成保证担保的态度。

从法律规定上看，保证是指保证人和债权人约定，当债务人不履行债务时，保证人按照约定履行债务或者承担责任的行为。基于此，保证具有从属性，必须"依附于"某项主债务而存在，承诺的内容最终表现为承担或代为履行主债务，不符合这一法律结构的承诺则不适用保证的法律规定。因此，法院通常会通过承诺内容判断承诺方是否具有在债务人不履行债务时承担或代为清偿债务的意思表示，而只有该等意思表示足够明确时，该承诺才构成一项保证。[1]

在（2004）民四终字第5号最高人民法院公报案例中，法院认为：与借贷合同无关的第三人向合同债权人出具承诺函，但未明确表示承担保证责任或代为还款的，不能推定其出具承诺函的行为构成担保法意义上的保证。在（2014）民四终字第37号保证合同纠纷案中，最高人民法院也认为，辽宁省政府对债权人出具的"承诺函"仅仅写明"协助解决"，没有对债务人的债务作出代为清偿的意思表示，"承诺函"不符合《担保法》第6条有关"保证"的规定，不能构成法律意义上的保证。

此外，在（2011）民申字第1412号保证合同纠纷案中，最高人民法院认为：从广州市对外贸易经济合作局向境外贷款人出具承诺函的内容看，外经局只是承诺督促借款人切实履行还款责任，按时归还贷款本息。如借款人出现逾期或拖欠贷款本息的情况，外经局将负责解决，不让贷款人在经济上蒙

---

[1] 廖荣华、赵宇先：《保证担保还是独立合同？——"维好协议"在中国法下的性质及违约救济》，载 https://xueqiu.com/7289558063/163494274，最后访问时间2023年5月24日。

受损失。其中并未明确表示当债务人不履行债务时由承诺人（外经局）履行债务或承担责任的担保意愿。因此，该承诺函不构成保证担保。

由前述案例可见，境外发债中，如境内企业对外出具"维好协议"，是否负有保证义务，最终取决于其是否在"维好协议"下有提供保证或代为清偿债务的明确意思表示。考虑到"维好协议"中有常见条款"不应被视为一项保证[①]"的表述，以及承诺的内容并非代为清偿担保人或发行人在债券项下的债务，而是维持担保人和发行人偿付该等债务的能力，中国境内法院通常不会将"维好协议"认定为担保法下的保证担保。因此，如果境外债券违约，债券持有人要想依据"维好协议"，通过境内法院向境内主体追索权利，具有较大的诉讼风险。换句话说，"维好协议"恐怕缺乏法律上的效力，可能只有道义上的约束力。

三、从两个不同案例看"维好协议"的维权效果

1. 某企业破产重整案

境外债券持有人持有的不良债权处置问题，在某企业破产重整一案中尤为引人关注。

2020年2月，北京市第一中级人民法院（以下简称北京一中院）依法裁定对该企业进行重整。2020年7月，北京一中院又裁定对其4家子公司进行实质合并重整。

根据公开信息显示，截至2021年3月，各债权人向管理人申报的债券金额已经接近2500亿元。其中，合计本金5亿美元的五只债券采用了中资美元债常见的"维好协议"结构。这些通过"维好协议"形成的对境内企业所谓的追索权在债权申报中最终未获管理人的确定，管理人的理由是"维好协

[①] 以美元债 CEFCIG 5.950% 25Nov2018 为例，其募集说明书对"维好协议"的描述包括："The Keepwell Deed is not, and nothing therein contained and nothing done pursuant thereto by the Company shall be deemed to constitute, a guarantee by the Company of the payment of any obligation, responsibilities, indebtedness or liability, of any kind or character whatsoever, of the Issuer or the Guarantor under the laws of any jurisdiction"。

议"无法作为认定持有人享有破产债权的依据且未取得境内法院确权,因此目前无法在境内重整方案中受偿。

尽管"维好协议"债权人正在采取境外申请清盘其离岸发行主体,但由于境外发行主体偿付能力极为有限,通过此路径维权可以预见效果会极不理想。

2. 甲集团破产清算案

与上述重整一案相比,境外债权在甲集团破产清算案中的处置结果,则让境外债券持有人看到了另外一条充满希望的途径。

2017年10月,上海某国际集团有限公司(以下简称甲集团)设立于英属维京群岛的全资子公司——乙国际有限公司(以下简称乙公司)发行境外债券,发行本金为29910000欧元。丙投资基金(以下简称丙基金)购买了丁公司发行的欧元债券。同时,甲集团作为其母公司,与丙基金签订了相应的"维好协议",承诺将采取增信措施,维持丁公司合并净值并保障足够的流动性,以保障债券持有人的利益。

2018年8月,因兑付违约,丙基金依据"维好协议"向甲集团在香港提起诉讼。香港特别行政区高等法院在甲集团缺席的情况下,作出HCA 1712/2018号民事判决,判令甲集团应向丙基金支付债券本金、利息及特定费用,涉及金额为2900万欧元,该金额通过香港特别行政区高等法院签署的第三债务人暂准令(garnishee order nisi)的方式,由甲集团的债务人直接向其支付。

判决生效后,甲集团未履行该判决项下义务。2019年5月,丙基金向上海金融法院申请认可和执行香港特别行政区高等法院的判决,最终该请求获得了上海金融法院的裁定认可。

2019年11月15日,上海市第三中级人民法院(以下简称上海三中院)裁定受理了甲集团破产清算一案,并依法指定了破产管理人。

甲集团破产管理人根据香港特别行政区高等法院作出的判决以及上海金融法院作出的认可裁定,确认了丙基金的债权。

另外,值得一提的是,该破产管理人还向香港特别行政区高等法院申请认可内地破产管理人的法律地位,在此基础上申请香港特别行政区高等法院中止暂准令，避免继续个别清偿，而是依照《企业破产法》的相关规定，将此破产财产向全体债权人予以清偿。

至此，由于丙基金的债权有香港特别行政区高等法院的判决及上海金融法院的裁定背书，其在甲集团破产中取得了普通债权人的身份，最终获得了救济。

四、境外债券处置建议

同样都是境外债券持有人，为什么获得的救济程度却有天壤之别？这给了广大境外债券持有人足够多的启发。

从上面的案例中我们可以察觉到，在"维好协议"承诺主体进入破产程序的情况下，面对违约的境外债券，要么持有人选择向管理人申报债权；要么通过域外司法确认途径，对该债权进行司法确认。

从实践结果来看，在"维好协议"架构下，该境外债权获得境内管理人的直接认可的希望不大，因为，根据中国大陆法律，"维好协议"并不具有担保效力，出具"维好协议"的境内企业也不存在保证义务。

相反，"维好协议"，域外司法救济途径可能是最为有效的。若采取司法确认的方式，以下两点需要境外债券持有人予以考虑：

1.在非内地法院管辖的情况下，司法确认的判决在何处取得至关重要。在甲集团一案中，上海金融法院援引了《最高人民法院关于内地与香港特别行政区法院相互认可和执行当事人协议管辖的民商事案件判决的安排》（以下简称《认可和执行安排》），据此认可了香港某法院的判决，以此支持了丙基金的执行请求。若"维好协议"的管辖法院非香港某法院，那么境外债券持有人也应当将管辖机构约定在《承认及执行外国仲裁裁决公约》（以下简称《纽约公约》）的缔约国。《纽约公约》解决的是外国仲裁裁决的承认和仲裁条款的执行问题，而中国于1986年12月2日加入了该公约。受到《纽约公约》约束的国家目前达到了172个，除中国外，还包括新加坡等。此外，基于互惠、双边协定，与中国达成司法判决或裁定的承认和执行的协约国，也可以作为管辖法院。除此之外的域外判决或裁决，将无法获得中国境内法院的认可，自然无法在中国境内执行。

2.司法确认的时间也尤为重要。丙基金在香港取得生效判决并经上海金融法院裁定确认的时间早于甲集团被受理破产清算的时间，从而避免了与《企业破产法》及相关司法解释针对破产程序下债权确认司法程序管辖规定的冲突。根据《企业破产法》第21条规定，人民法院受理破产申请后，有关债务人的民事诉讼，只能向受理破产申请的人民法院提起。从目前司法实践来看，"维好协议"很难在内地法院被认定为保证担保。因此，如果提交至内地法院，很难取得像丙基金达到的效果。

对于有仲裁条款的约定而言，虽然最高人民法院关于适用《中华人民共和国企业破产法》若干问题的规定（三）（2020修正，以下简称《企业破产法司法解释（三）》）第8条的规定，当事人之间在破产申请受理前订立有仲裁条款或仲裁协议的，应当向选定的仲裁机构申请确认债权债务关系。但是否适用域外的仲裁机构，如何适用仲裁机构，以及适用时相关费用如何承担等问题，仍有待实践中进一步探索。

当然，不仅仅在破产程序中，在维好协议承诺人未进入破产程序的情形下，若债券持有人取得了境外法院或仲裁机构的胜诉判决，同时该判决也得到了内地法院的认可，则也可依据该认可的裁定，向法院申请予以执行。

图书在版编目(CIP)数据

不良资产处置与催收法律实务 / 莫非编著 .—北京：中国法制出版社，2023.8
（大成·集）
ISBN 978-7-5216-3307-8

Ⅰ.①不… Ⅱ.①莫… Ⅲ.①不良资产－资产管理－法律－案例－中国 Ⅳ.① D922.291.05

中国国家版本馆 CIP 数据核字（2023）第 032513 号

策划 / 责任编辑：刘 悦（editor_liuyue@163.com） 封面设计：汪要军

不良资产处置与催收法律实务
BULIANG ZICHAN CHUZHI YU CUISHOU FALÜ SHIWU

编著 / 莫非

经销 / 新华书店

印刷 / 三河市国英印务有限公司

开本 / 710 毫米 ×1000 毫米 16 开 印张 / 16.75 字数 / 256 千

版次 / 2023 年 8 月第 1 版 2023 年 8 月第 1 次印刷

中国法制出版社出版

书号 ISBN 978-7-5216-3307-8 定价：59.00 元

北京市西城区西便门西里甲 16 号西便门办公区
邮政编码：100053

网址：http://www.zgfzs.com	传真：010-63141600
市场营销部电话：010-63141612	编辑部电话：010-63141819
	印务部电话：010-63141606

（如有印装质量问题，请与本社印务部联系。）